BUZZ

© 2022, Buzz Editora
©2018, John Rossman
Título original *Think Like Amazon*

Publisher ANDERSON CAVALCANTE
Editoras SIMONE PAULINO, LUISA TIEPPO
Assistente editorial JOÃO LUCAS Z. KOSCE
Projeto gráfico ESTÚDIO GRIFO
Assistente de design NATHALIA NAVARRO
Preparação MARINA MUNHOZ
Revisão TAMIRES CIANCI, ELENA JUDENSNAIDER, PAOLA CAPUTO

Dados Internacionais de Catalogação na Publicação (CIP)
de acordo com ISBD

R837p
    Rossman, John
    Pense como a Amazon: 50 ideias e ½ para se tornar
    um líder de mercado/John Rossman.
    São Paulo: Buzz Editora, 2022
    288 pp.

    ISBN 978-65-80435-56-2

    1.Negócios. 2. Mercado. 3. Amazon. I. Título.

    2020-362   CDD 658.4012
                                CDU 65.011.4

Elaborado por Vagner Rodolfo da Silva, CRB-8/9410

Índices para catálogo sistemático:
1. Negócios 658.4012
2. Negócios 65.011.4

Todos os direitos reservados à:
Buzz Editora Ltda.
Av. Paulista, 726 – mezanino
CEP: 01310-100 São Paulo, SP

[55 11] 4171 2317
[55 11] 4171 2318
contato@buzzeditora.com.br
www.buzzeditora.com.br

pense como a
amazon

50 IDEIAS E ½ PARA SE TORNAR UM LÍDER DE MERCADO

John Rossman

Introdução

07   **O que Jeff faria?**

CULTURA

13   **IDEIA 1** Zere seus relógios

19   **IDEIA 2** Guiado por uma missão ou por um impulso mercenário?

24   **IDEIA 3** Siga em frente para voltar ao Dia 1

30   **IDEIA 4** Obcecado é diferente

34   **IDEIA 5** Não siga o fluxo para seguir em frente

38   **IDEIA 6** Entregue resultados

43   **IDEIA 7** Mentalidade de dono para todos

46   **IDEIA 8** Evite clubes de campo

50   **IDEIA 9** Faça a dança do elefante

55   **IDEIA 10** Você é o executivo de produto

58   **IDEIA 11** Você está disposto a ser mal interpretado?

63   **IDEIA 12** Chegue ao sim

66   **IDEIA 13** Destrua os organogramas

70   **IDEIA 14** Jogos para inovação

75   **IDEIA 15** A mesa-porta

ESTRATÉGIA

83   **IDEIA 16** Introdução à missão impossível

89   **IDEIA 17** Experimente, fracasse, enxágue, repita

97   **IDEIA 18** Então você quer ser uma plataforma?

100   **IDEIA 19** Sim, você é uma empresa de tecnologia

104   **IDEIA 20** Pizza para todos!

108   **IDEIA 21** Nunca diga nunca

112   **IDEIA 22** Incansável.com

118   **IDEIA 23** OPW

123   **IDEIA 24** A mágica de forçar funções

129   **IDEIA 25** Qual é seu *flywheel*?

134   **IDEIA 26** Por que é tão difícil?

141   **IDEIA 27** Concedendo superpoderes aos clientes

145	**IDEIA 28**	Pense diferente
149	**IDEIA 29**	Lance e aprenda
156	**IDEIA 30**	Não abra mão do sistema operacional

NEGÓCIOS E TECNOLOGIA

165	**IDEIA 31**	Mentiras, malditas mentiras e indicadores
172	**IDEIA 32**	Processo *versus* burocracia
178	**IDEIA 33**	Faça as contas
183	**IDEIA 34**	A experiência do cliente importa
189	**IDEIA 35**	Qual é sua tecnologia *Just Walk Out*?
196	**IDEIA 36**	A segurança da informação precisa morrer
201	**IDEIA 37**	OP1
206	**IDEIA 38**	Planejamento estratégico de *headcount*
209	**IDEIA 39**	A arquitetura é a estratégia do negócio
218	**IDEIA 40**	As perguntas que você faz
222	**IDEIA 41**	O fim da inteligência artificial artificial

TÁTICA E EXECUÇÃO

229	**IDEIA 42**	Uma porta de mão única ou dupla?
234	**IDEIA 43**	Eleve o padrão
240	**IDEIA 44**	Uma narrativa sobre narrativas
247	**IDEIA 45**	*Press release* futuro
251	**IDEIA 46**	FAQs
264	**IDEIA 47**	Escreva o manual do usuário
268	**IDEIA 48**	Você é o que você come
272	**IDEIA 49**	Finanças para principiantes
277	**IDEIA 50**	A última palavra em tornar-se digital
281	**IDEIA 50½**	Princípios não são um pôster

INTRODUÇÃO

50 IDEIAS E ½ PARA SE TORNAR UM LÍDER DE MERCADO

pense como a amazon

INTRODUÇÃO

50 IDEIAS E ½ PARA SE TORNAR UM LÍDER DE MERCADO

pense como a amazon

O QUE JEFF FARIA?

Nos anos 1990, o acrônimo "WWJD?"["*What Would Jesus Do?*", ou "O que Jesus faria?"] começou a aparecer em adesivos de carro e camisetas pelos Estados Unidos. As variações não demoraram a vir. Cientistas perguntavam: "O que Darwin faria?". Fãs do Grateful Dead questionavam: "O que Jerry faria?". O conceito foi tão longe que uma vez vi um adesivo que dizia: "O que Atticus Finch* faria?". Enfim, você entendeu.

Nos últimos 5 anos, clientes e leitores dos meus dois livros anteriores se fizeram diversas versões desta pergunta: "O que Jeff faria?". Claro que, quando as pessoas me interrogam sobre isso, o que elas de fato querem saber é: "O que significa 'tornar-se digital'?", "Como posso evitar a disrupção?", "A Amazon vai entrar neste negócio ou nesta região?", "Como a Amazon consegue esses resultados?", "Será que ela está interessada em fazer uma parceria comigo?", "Em adquirir nossa empresa?", "Como faço para que minha atividade seja tão simples quanto uma compra na Amazon?". Há centenas de perguntas nessa mesma linha, mas todas podem ser resumidas em: "O que Jeff faria?".

Por que acredito que posso responder a essas perguntas? Pensando bem, o que me leva a crer que posso escrever um livro que reúne 50 ideias e 1/2 para ajudá-lo a ser competitivo na era digital? Desde que deixei a Amazon, passei muito tempo respondendo a esse tipo de pergunta para clientes de diversos mercados, com diferentes objetivos, numa variedade de cenários. Mas o verdadeiro segredo para responder "O que Jeff faria?" é reconhecer que Jeff Bezos e a Amazon conseguem, de forma impressionante e consistente, encarar e vencer desafios, operar seus negócios e sua tecnologia e pensar em novas ideias, mercados e crescimento.

---

* Personagem do romance *O sol é para todos* (1960), da autora norte-americana Harper Lee. [N.E.]

Em outras palavras, há um manual ou um sistema de crenças e métodos para a forma como eles conseguem resultados e pensam sobre seus negócios. Se você tem acompanhado isso, também é capaz de aprender a pensar como a Amazon. A ampla gama de cenários e exemplos em *Pense como a Amazon* pode não responder diretamente uma questão específica sua, mas entender a visão de mundo geral de Jeff fará com que você aplique melhor essas ideias e esses princípios às suas circunstâncias.

Atacar melhor é atacar mais

Por que 80% das empresas da lista Fortune 1000 serão substituídas nos próximos 10 anos? Por que "disrupção" é uma ameaça real? Com o risco de responder uma pergunta complexa com uma resposta simples demais, aqui está minha resposta. Primeiro, as empresas se apaixonam por seus modelos, pensamentos e enfoques iniciais; segundo, mudar é bem difícil. O conceito de "transformação" soa ótimo, mas na realidade ele é muito incerto. Com bastante frequência, essa ideia brilhante de revitalização organizacional e de negócios tende a se materializar em projetos e energia de curto prazo, sem que se criem mudanças duradouras ou valores de longo prazo.

"Empresas têm vida útil curta, e a Amazon um dia passará por uma disrupção", Bezos disse numa entrevista em 2013. "Não me preocupo com isso porque sei que é inevitável. As empresas vêm e vão. Ainda que sejam as mais brilhantes e essenciais em cada era, elas se vão, é só esperar algumas décadas. Eu adoraria que [a disrupção da Amazon] acontecesse depois da minha morte."[1]

Empresas que não deixam antigos modelos e sucessos do passado definirem quem elas são retêm o potencial para permanecer líderes e definir a próxima era, sendo capazes de mudar e crescer em tempos turbulentos. Estimular e manter esse potencial requer uma agilidade mental de primeira. Então, em vez de aproveitar o *momentum* dos negócios existentes, que ainda estão crescendo e tentando aumentar a lucratividade, a Amazon investe hoje em iniciativas que podem não trazer retorno por muitos anos – talvez nunca.

A aquisição da PillPack pela Amazon, em junho de 2018, é um exemplo de "atacar mais". A PillPack separa os medicamentos prescritos por dose e entrega na porta do cliente, implementando uma abordagem centrada no cliente tanto na embalagem quanto na entrega. Se você toma muitos remédios, mas não quer ir até a farmácia ou tem mobilidade reduzida, a PillPack representa um grande avanço na forma como as farmácias operam. A Amazon não precisa entrar no mercado de saúde neste momento, mas esse passo relativamente pequeno vai fazer com que a empresa entenda o negócio e saiba alavancar as atividades e as licenças estaduais da PillPack para entregar itens farmacêuticos como parte de uma estratégia maior, com muitos ângulos e modelos de negócios.

Por que eu deveria pensar como a Amazon?

A Amazon Web Services (AWS) é a maior das empresas *on demand* em nuvem. Foi também a pioneira. No entanto, esse negócio não se originou de uma estratégia disruptiva quando subverteu o tradicional modelo de aquisição, licenciamento e gestão de indústria de hardware e software. Essa estratégia veio depois. Em vez disso, o negócio nasceu da necessidade da Amazon, como varejista, de alavancar sua infraestrutura de computação.

Foi assim que aconteceu: durante o fim de ano de 2003, a época mais crucial e movimentada do ano, nós enfrentávamos problemas com a confiabilidade do site. Péssima notícia. Logo depois da época das festas, criou-se uma força-tarefa para cuidar do crescimento e da confiança do site. Essa equipe decidiu centralizar a gestão de infraestrutura de computação. Nós iríamos atender os clientes internos. Descobrimos que esses clientes não eram exigentes – apenas os clientes externos são realmente exigentes. Disso veio a ordem de inverter a infraestrutura e oferecê-la para desenvolvedores externos. Aprendemos então que os desenvolvedores adoram os recursos *on demand*. E foi assim que a estratégia da AWS foi desenvolvida.

Pense em todos os negócios em que a Amazon está envolvida hoje: varejo em quase todas as categorias possíveis; marketplace; computação em nuvem; produção de filmes e TV; publicação de livros; *smart speakers*; aparelhos como Echo, Kindle e as campainhas Ring; cadeias de logística e de fornecimento; supermercado; mais de oitenta marcas particulares; sistema de saúde. A Amazon é um conglomerado que se orgulha de ser empreendedor e centrado no cliente, com pouca burocracia. Cada um desses negócios tem clientes externos e pode, conceitualmente, ser uma empresa independente atendendo outras unidades da Amazon, assim como outras empresas e clientes. A Amazon administra isso sem se perder em infinitas camadas de burocracia, em grande parte por causa de seus princípios de liderança... E de muitas outras ideias que vamos explorar neste livro.

Claro, pensar na Amazon não é apenas pensar em inovação. Tudo isso é sustentado por operações fanáticas de primeira grandeza. Relentless.com [Incansável.com] foi o nome registrado por Bezos para sua start-up, e o endereço da web ainda direciona para o site da Amazon. com. Incansável é a atitude da Amazon quanto à excelência operacional. A Amazon é uma das cinco empresas que o Gartner lista como "mestre" em *supply chain*. A consultoria Gartner, líder mundial na área, descreveu a Amazon como uma empresa de *supply chain* "bimodal", única tanto em sua habilidade de operar em escala como na de inovar. Em 2016, a Amazon tinha oitenta patentes só em tecnologia de *supply chain*![2]

O que todo CEO quer não é a habilidade tanto de operar com qualidade de primeira, quanto de ser um inovador sistemático que é apaixonado por seus clientes? É por isso que "pensar como a Amazon" é vital.

Como ler *Pense como a Amazon*?

Esquipei este livro com 50 ideias e 1/2. Não acredito muito em programas de transformação massiva. A jornada digital se baseia tanto na mudança da companhia quanto na mudança individual. Você precisa desenvolver sua própria jornada, ser firme sobre as mudanças e criar novos hábitos. Precisa ter simultaneamente paciência e uma noção de urgência. Deve estar preparado para entregar o melhor de você e da sua empresa.

Há diversas formas de encarar *Pense como a Amazon*. Ler do começo ao fim. Saltar pelo livro. Ler como um guia, alimentando sua equipe com ideias conforme necessário. Melhor ainda: construir coesão de equipe lendo este livro como um todo e discutindo uma ideia por semana durante um ano. Ou leia numa sentada só e discuta sobre as ideias que podem ser aplicadas.

No fim das contas, quero ouvir que cópias rabiscadas de *Pense como a Amazon* provocaram conversas profundas e ideias-chave para ajudar você e sua equipe a competir de outra forma, e que você se divertiu durante o processo. Tenha em mente que este é um livro de ideias, não um plano-mestre para estratégias ou mudanças. Depende de *você* se desenvolver, usando os ingredientes únicos da sua situação, com suas limitações e oportunidades, além de seus talentos e ideias particulares.

CULTURA

50 IDEIAS E ½ PARA SE TORNAR UM LÍDER DE MERCADO

pense como a
amazon

CULTURA

50 IDEIAS E ½ PARA SE TORNAR UM LÍDER DE MERCADO

pense como a
amazon

CULTURA

IDEIA 1
ZERE SEUS RELÓGIOS
Sua jornada não será uma linha reta ou curta

Nem todos os que vagam estão perdidos.
J.R.R. Tolkien

Além de ter sido uma sacada publicitária muito popular, dominando as manchetes pelo mundo todo, o que foi o "concurso" da Amazon para sua segunda cidade quartel-general? Essa iniciativa, chamada de "HQ2" [do inglês *headquarters*, ou QG em português], foi uma das propostas mais singulares na história dos negócios.

Fiz parte de uma mesa de entrevistas da CNBC que debateu os atributos de diferentes cidades que concorriam ao HQ2. Enquanto meus outros dois interlocutores discutiam qual localização seria mais atraente para os clientes da "geração selfie", minha opinião era de que tudo deveria se basear no risco de longo prazo, para que a Amazon pudesse contratar e manter talentos tecnológicos de primeira grandeza.

Existem precedentes para o fato de as empresas estarem mudando suas sedes. A Boeing mudou sua sede de Seattle para Chicago em 2001. Mais recentemente, a GE mudou seu QG de Fairfield, Connecticut, para Boston, Massachusetts. E, sim, empresas solicitaram lances de cidades e estados com incentivos fiscais interessantes para construir um novo espaço e criar empregos, mas essa combinação de empregos em potencial com um processo transparente de licitação nunca havia tido repercussão tão grande na mídia.

Pense desta forma: a cidade vencedora do concurso da Amazon ganharia um prêmio bem mais valioso do que aquele que Chicago recebeu quando a Boeing se mudou de Seattle. O HQ2 prometia um investimento de 5 bilhões de dólares, 50 mil empregos de altos salários e uma expectativa de gerar ainda mais crescimento, além do prestígio imediato de abrigar uma liderança da tecnologia digital.

IDEIA 1 Se você conseguir criar estratégias e avaliar seus planos por um longo período, será capaz de fazer investimentos e "apostas" que outros negócios não conseguem fazer. Identifique os riscos e as limitações de longo prazo em seu negócio. Se prestar atenção a eles logo no início, poderá encontrar uma alavanca estratégica de emergência.

Mas qual era o problema que a Amazon tentava resolver? O ressentimento crescente de algumas divisões em Seattle em relação ao impacto local da Amazon? A tensão com a cidade de Seattle e o estado de Washington? A Amazon estava ficando cansada das trevas de Puget Sound? Por que passar por isso?

Responder qual era a verdadeira motivação da Amazon para o HQ2 requer primeiro uma pergunta mais profunda: "Qual é o acelerador ou o limitador do crescimento da Amazon no longo prazo?". Creio que a Amazon fez a si mesma esse questionamento, e a resposta principal girava em torno de ser capaz de recrutar e reter talentos – especialmente talentos de tecnologia de primeira grandeza – na área de Seattle. Seattle é um lugar bonito, mas não é para todo mundo. Fica muito distante, com uma diferença de dez horas em relação à maior parte da Europa, e não está localizada no centro dos Estados Unidos. O custo de vida em Seattle é elevadíssimo. Uma matéria de março de 2017 do *NW REporter* apurou que o preço médio de um imóvel em Seattle saltou para 777 mil dólares.[3] Resumindo, uma casa comum em Seattle custava 100 mil dólares a mais que um ano antes.

Entre 2015 e 2017, o número de funcionários da Amazon cresceu de pouco mais de 200 mil para 541 mil.[4] No estado de Washington, a Amazon estima que o número seja de 40 mil, com 25 mil desses funcionários localizados nos QGs de Seattle.[5] E a Amazon espera continuar com esse crescimento tórrido ou até (pasme!) acelerá-lo.[6] Como a companhia espera recrutar e reter funcionários com altos padrões de vida?

O que a maioria dos líderes e das empresas faria sob essas circunstâncias? Alguns nem reconheceriam o risco de longo prazo pairando como um iceberg à noite, a muitos quilômetros de distância de seu Titanic pessoal. Muitos o identificariam, mas ficariam em silêncio, puxariam o freio de mão e pensariam no curto prazo. Por que não passar a bola para a próxima geração de liderança da companhia? Por que assumir os custos, a má publicidade e a atenção da gerência se só estariam no comando por 5 ou 10 anos? Essa é uma questão comum nas salas de diretoria.

O segundo princípio de liderança da Amazon é "Mentalidade de dono", que faz com que os líderes da empresa se esforcem para nunca sacrificar valores de longo prazo por resultados de curto prazo. O HQ2 significava ter um pensamento de longo prazo e lidar com um assunto sob um enfoque que traria muitos outros benefícios, em vez de esperar até que o potencial de crescimento diminuísse a zero. Os líderes da Amazon não estavam passando a bola nessa limitação de longo prazo.

Princípios de liderança da Amazon

A Amazon tem catorze princípios de liderança. Quando eu estava lá, eles não estavam formalizados, mas conversávamos sobre eles diariamente e os usávamos para tomar decisões. A certa altura, depois que saí de lá, os princípios de liderança foram compilados. Os PLS, como são chamados, desempenham um papel crucial em alavancar a Amazon, mantendo o equilíbrio de velocidade, prestação de contas, tomada de riscos e obtenção de resultados certos. É preciso ter cuidado para não se apoiar demais num PL em detrimento de outros. Devem ser usados com sabedoria.

1 Obsessão pelo cliente

2 Mentalidade de dono

3 Inventar e simplificar

4 Estar certo, e muito

5 Aprender e ser curioso

6 Contratar e desenvolver os melhores

7 Insistir nos padrões mais altos

8 Pensar grande
9 Ter iniciativa
10 Frugalidade
11 Ganhar confiança
12 Mergulhar fundo
13 Ser firme, discordar e se comprometer
14 Entregar resultados

FONTE: Amazon Jobs. Disponível em: <amazon.jobs/en/principles>.

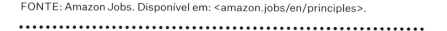

Jeff Bezos avalia as coisas num intervalo que permite que ele invista no longo prazo – um prazo bem longo, em alguns casos. É de conhecimento geral que Bezos é fortemente associado à Long Now Foundation, cujos membros se preocupam com a falta de foco da sociedade. Numa propriedade de Bezos no oeste do Texas, a empresa construiu um relógio que avança uma vez por ano. O ponteiro do século avança a cada 100 anos, e o cuco vai aparecer uma vez a cada milênio pelos próximos 10 mil anos.

Não é preciso dizer que Jeff gosta muito de símbolos. O relógio de 10 mil anos é um símbolo de seu desejo por sempre pensar grande e olhar no longo prazo – como empresa, como cultura, como mundo:

> *Se tudo o que você faz precisa funcionar num horizonte de 3 anos, então você está competindo com muita gente. Mas, se está disposto a investir num horizonte de 7 anos, você estará competindo contra uma fração dessa gente, porque poucas empresas estão dispostas a fazer isso. Aumentar o horizonte de tempo permitirá que você se empenhe em atividades que de outro modo jamais buscaria. Na Amazon, nós gostamos de que as coisas funcionem num prazo de 5 a 7 anos. Estamos dispostos a plantar sementes e deixá-las crescer – somos bem teimosos.*[7]

Tornando-se digital

Como isso se aplica à sua estratégia digital e aos seus concorrentes numa era digital? Bem, primeiro é preciso nos perguntar sobre *o que é digital*.

A maioria das empresas está sob pressão para inovar e ser digital. Como consequência, esse é um questionamento que motivou muitas das minhas palestras. Mas o que significa "ser digital"? Há empresas que acreditam que significa investir em experiência *mobile*, dispositivos móveis e e-commerce. Outras acham que se baseia em tecnologia de nuvem, recursos *on demand* e interfaces de aplicação de programas (*Application Programming Interfaces*, ou APIs). Embora sejam capacitadores importantes, eles *não* significam ser digital.

Indo mais fundo, o digital se baseia em duas coisas: velocidade e agilidade – externamente, para seus clientes e o mercado, e internamente, na sua empresa. Para ser mais específico, baseia-se em velocidade e agilidade envoltas em novos modelos de negócios, em inovação e na coleta e no uso de uma quantidade imensa de dados. *Velocidade* é um movimento repetitivo muito preciso. É mover-se numa direção de forma bem eficiente, com precisão. Excelência operacional em escala é o equivalente nos negócios à velocidade. *Agilidade*, por outro lado, é o atributo ou a habilidade de perceber fatores, indicadores e mudanças cruciais no mercado e rapidamente fazer mudanças e ajustes. A inovação em seu negócio é movida pela agilidade, isto é, pela habilidade de fazer tanto mudanças grandes quanto pequenas acontecerem.

O DNA da Amazon é definido por estes dois traços: velocidade e agilidade. Mas como a Amazon opera e alavanca operações de primeira grandeza com rapidez e simultaneamente inova de forma sistemática, ano após ano? Não acontece só uma vez ou por acidente. Para a maioria das empresas, isso é como brincar com fogo. Ainda assim, a Amazon criou seu sistema mundial de velocidade e agilidade usando muitas das ideias apresentadas neste livro, articuladas em seus princípios de liderança. Tornar-se digital significa construir esses traços no seu negócio para competir de forma diferente.

Enxergando longe

Desenvolver esses traços dentro da sua própria empresa não é um projeto simples. Vai ser difícil desenvolver um *business case* e prever resultados. Encontrar previsibilidade será quase impossível. Mas você precisa acreditar nos poderes de transformação dos dados, da tecnologia, da inovação e da busca por perfeição – aplicados a todas as áreas.

Para ter sucesso, é vital enxergar longe. As constantes reações precipitadas à mentalidade de trimestre em trimestre, que impulsionam a maior parte dos negócios norte-americanos, não são apenas ineficientes, mas sim tóxicas para a sua cultura. Liberte seu pensamento. Se você considera o digital uma iniciativa de curto prazo ou se pensa que vai ver os benefícios e resultados em pouco tempo, você ainda não entendeu a jornada que está começando a trilhar e não vai ter a paciência ou o apoio necessário para vê-la dar frutos.

Vamos começar a desenvolver velocidade e agilidade falando sobre a obsessão pelo cliente. Afinal, foi assim que a Amazon começou.

Questões a considerar

1 Quais são os riscos de longo prazo que sua área e sua empresa enfrentam?

2 O que significa "ser digital" para você?

3 Essa definição é compartilhada e usada pela diretoria para criar estratégias?

IDEIA 2
GUIADO POR UMA MISSÃO OU POR UM IMPULSO MERCENÁRIO?

Seja estratégico e honesto em sua obsessão, depois tenha obsessão por vencer

*O homem é feito de tal forma que, quando
alguma coisa incendeia sua alma,
as impossibilidades desaparecem.*
Jean de La Fontaine

No primeiro ano do fundamental, eu tinha um amigo que sabia que queria ser cirurgião. Não apenas médico, veja só, mas cirurgião. E ele se tornou. Eu sempre tive inveja dessa certeza e da clareza em sua missão.

Como você cria paixão e desenvolve uma missão se o caminho não estiver claro internamente? É uma pergunta que fiz para mim mesmo e que faço para líderes. Digo a eles que, talvez, a arte da liderança seja a habilidade de descobrir as paixões de cada indivíduo e encontrar formas de alinhar e construir valor a partir da força de cada pessoa para conquistar a missão de sua empresa.

IDEIA 2 Você vai conseguir enfrentar as dificuldades se tiver paixão pela causa e pelo cliente. Informar de forma consistente sobre a missão vai fazer com que a maioria dos funcionários "levemente interessados" de grande parte das empresas se tornem fanáticos por seu negócio, pela vitória e pela missão.

Não há nada de errado em ser motivado por outras prioridades, como a habilidade de buscar paixões pessoais, adquirir influência ou conquistar estabilidade financeira. Na verdade, para muitos modelos de negócios, carreiras e vidas pessoais, esses, provavelmente, são requisitos para o sucesso. Olhando para trás na minha própria carreira, fica claro que meu interesse intrínseco foi melhorar o desempenho do negócio por meio de três enfoques: (1) eficiência, ou criar processos que trouxessem mais qualidade com custos menores; (2) integração em processos de dados, sistemas e ecossistemas díspares, para criar capacidades ininterruptas; e (3) desenvolvimento de novos modelos de negócios e capacidades, permitindo que o negócio compita de maneira diferente.

Tive um colega que definia "mercenário" como alguém que era "operado por moedas". Com isso, ele queria dizer que a única coisa com que os interesseiros se importam é fazer dinheiro. O termo carrega conotações negativas. Se está disposto a criar uma cultura forte, você provavelmente não vai querer chamar um bando de mercenários.

Em última análise, retorno financeiro e vendas são indicadores de *inputs*. Como líder, você não tem controle sobre isso. Elas são resultado de muitas outras coisas que você faz. Mas você pode controlar os *outputs*. Para vencer no digital, é preciso estar profundamente conectado com seus clientes e usuários, porque as ideias vêm deles.

Em suma, o sucesso é medido principalmente pelos resultados financeiros. Acionistas costumam gostar de mercenários porque uma equipe de mercenários pode provocar uma explosão de receita no curto prazo. Como resultado, ter colaboradores com uma pegada mercenária não é a pior coisa do mundo. É possível criar um híbrido. A chave é se certificar de que seu mercenário é um patriota. O que é um patriota?

Construindo um patriota

Jeff fala em como equipes guiadas por uma missão constroem melhores produtos. Isso é ótimo, mas o que significa ser guiado por uma missão?

É sabido que guerras são vencidas por patriotas, não por mercenários. Nós lutamos e nos importamos de formas diferentes se temos uma participação no resultado da guerra, se o comprometimento é cimentado por algo pessoal. E se é ótimo que o cimento seja misturado com uma paixão profunda pelo cliente, um cimento misturado com outros ingredientes pode ser tão forte quanto, além de benéfico à causa.

A situação é a seguinte: a maioria dos funcionários não começa como patriota. Em geral, eles são gratos pelo emprego, mas estão pouco interessados na missão e normalmente se sentem um pouco confusos. Se faltar inspiração, eles costumam dar de ombros e se concentram em fazer o trabalho bem o suficiente para continuar recebendo o salário no fim do mês.

Como líder, é sua responsabilidade transformar esses mercenários autocentrados em patriotas com raízes profundas. Mas como converter funcionários levemente interessados nos embaixadores apaixonados de que você precisa para que a empresa seja capaz de competir com sucesso na era digital? Você precisa definir sua missão com clareza, depois introduzir nela uma noção de legado e importância e, então, descobrir como conectar essa missão a cada um deles.

Eu me juntei à Amazon no começo de 2002 para liderar o lançamento do Amazon Marketplace. Hoje, a plataforma, que é responsável por 50% de todas as unidades vendidas na Amazon, tem mais de 3 milhões de vendedores. Porém, quando subi a bordo, duas tentativas anteriores com um negócio "terceirizado" haviam fracassado, e o eBay ocupava uma posição que parecia imbatível. Era preciso ter uma estratégia diferente, e a equipe de liderança da Amazon esperava que uma empresa terceirizada desse conta do recado. Claro que, quando cheguei, fui recebido com ceticismo. Sim, a "obsessão pelo cliente" estava viva, mas eu descobri uma profunda indiferença interna pelos vendedores. Senti que a empresa os via como cidadãos de terceira classe. Aquelas eram as pessoas com que contávamos para povoar o negócio que estávamos construindo. Eles eram a força vital.

A empresa precisava convencer esses comerciantes a investir na construção de seu próprio negócio para servir aos clientes da Amazon. Nós tínhamos de vender a eles as ferramentas e os recursos incríveis que iríamos criar para que eles tivessem sucesso. Precisávamos capacitá-los com tudo o que pudéssemos para ajudá-los a entregar nos padrões exigidos. Resumindo, era necessário construir, quase do zero, uma obsessão pelos comerciantes.

Comecei a escrever essa visão, esse entendimento, e fui a várias reuniões na Câmara Municipal, tentando estabelecer que a "obsessão pelo comerciante" era crucial para vencer naquele modelo de negócio. E, cara, nós tínhamos de fazer aquilo funcionar. A pressão era imensa.

Conforme eu construía a organização de comerciantes, precisava de uma ampla variedade de gestão técnica e de projeto, e também de habilidades comerciais. Sim, eu poderia (talvez devesse) ter insistido em que todos tivessem uma paixão inacreditável por clientes e vendedores, mas não acredito que "feito é melhor que perfeito". Se eu contratasse pessoas motivadas, empolgadas e talentosas, achava que podia conduzi-las a essa missão. Era vital estreitar o relacionamento com os colaboradores como indivíduos. Eu tinha de conhecer suas paixões pessoais, seus potenciais e suas motivações. A chave do sucesso era encontrar as conexões individuais e únicas que eles tinham com a missão e guiar suas paixões para esse legado. E o processo nunca acabava. Exigia que eu sempre levantasse a bandeira da obsessão pelo vendedor diante deles, como um lembrete constante para inspirá-los a crer que estávamos fazendo algo revolucionário, algo que mudaria o mundo.

O ponto de vista de Bezos

Jeff fala sobre a necessidade de uma equipe comprometida, obcecada pelo cliente. Honestamente, é um de seus maiores sucessos, e ele bate sempre nessa tecla.

> *Acredito piamente que missionários fazem produtos melhores. Eles se importam mais. Para um missionário, a questão não é só o negócio. Tem de haver um negócio, e esse negócio tem de fazer sentido, mas essa não é a razão que o mantém ali. Ele faz o que faz porque há algo significativo que o motiva.*[8]

O ponto de vista de Jeff é claro, e é difícil discordar dele. Mas também é incompleto, porque não explica que a missão do negócio ou da equipe tem de estar alinhada com cada missão individual. Além disso, se o ponto é que as pessoas não conseguem desenvolver essa missão se já não acreditarem nela ao entrar no negócio, então contratar uma equipe de transição é algo delicado. Defina a missão, descubra como isso se conecta com as paixões, os interesses e as missões pessoais e integre de forma consistente a missão em comunicados e reuniões. Você será capaz de tirar muito mais da equipe.

Se você continuar a extrair empolgação e propósito de si mesmo e da sua equipe, construirá um produto melhor, uma experiência melhor e um negócio melhor ao servir os clientes. E estará abrindo espaço para ser um negócio Dia 1.

Questões a considerar

1 Qual é a obsessão que move o seu negócio?

2 Essa obsessão é definida e comunicada de forma consistente?

3 Há patriotas o suficiente na sua empresa?

IDEIA 3
SIGA EM FRENTE PARA VOLTAR AO DIA 1
Mude a cultura do *status quo*

A dor é temporária. Desistir é para sempre.
Lance Armstrong

Sou fã de ciclismo. Por anos, curti subir e descer morros e montanhas numa bike no Noroeste Pacífico. Minha esposa e eu nos tornamos fãs do Lance Armstrong quando ele vestiu o colete de arco-íris depois de ganhar o Campeonato Mundial de Ciclismo em Oslo, na Noruega, em 1993. Isso foi bem antes de ele ganhar seu primeiro Tour de France, em 1999. Nosso filho mais velho nasceu em 1998, e quase o batizamos de Lance – mas graças a Deus não o fizemos. Eu me arrepio ao pensar no pobrezinho "Lance Rossman". Que legado sombrio e complexo para se carregar apenas porque seus pais gostavam de ver gente competindo em bicicletas.

Lance Armstrong detém o recorde de sete vitórias consecutivas no Tour de France, de 1999 a 2005. Porém, em 2012, foi banido de esportes olímpicos para o resto da vida e perdeu os títulos do Tour de France por ter feito uso de doping por longos períodos. Como resultado, todas as suas vitórias desde 1998 foram canceladas.

IDEIA 3 Se seu negócio está estagnado ou corre risco de comoditização ou emperramento, encare a situação, mude as perguntas que está fazendo e seja resoluto em sua comunicação.

Hoje moro no sul da Califórnia e passo tempo demais dirigindo. Gosto de ouvir podcasts e estou sempre em busca de ótimos conteúdos e aprendizados. Quando um amigo recomendou o podcast de Lance Armstrong, *The Forward* [O avanço], relutei em ouvir, mas, adivinhe, eu adorei. *The Forward* trata de admitir seu passado e decidir seguir em frente. Não importa qual seja sua história, você decide como viver com ela e como quer escrever a história do seu avanço. Se percebeu que os seus melhores dias estão ficando para trás, se decidiu acomodar-se a uma lenta e dolorosa resignação ou se vai descobrir uma forma de reinventar-se e seguir em frente. Esse é o resumo da história. E é um tema com o qual Armstrong obviamente tem familiaridade.

Ele entrevista os convidados muito bem, analisando o passado deles e examinando as histórias de como seguiram em frente. Ao mesmo tempo, Armstrong é sincero e modesto em relação ao próprio passado complexo. O podcast claramente funciona como terapia para ele.

Quando você tratar de erros pessoais, o primeiro passo em direção à reparação é uma autoavaliação honesta. Com empresas grandes e bem-sucedidas não é diferente. Não importa o que houve no passado nem o nível dos resultados, as decisões que você toma definem como vai seguir em frente. Elas podem ser conscientes ou inconscientes, mas têm de ser tomadas mesmo assim.

Bezos delineou a perspectiva de que há basicamente dois tipos de empresas: empresas de Dia 1 ou de Dia 2. Numa carta para acionistas da Amazon em 2016, ele escreveu:

Jeff, como é o Dia 2? Essa é uma pergunta que acabei de receber na nossa última reunião anual. Tenho lembrado as pessoas de que estamos no Dia 1 há algumas décadas. O prédio da Amazon em que trabalho é chamado de Dia 1 e, quando nos mudamos de prédio, levei o nome junto. Passo bastante tempo pensando nesse assunto.

O Dia 2 é a estagnação. Seguida pela irrelevância. Seguida por um doloroso e sofrido declínio. Seguido pela morte. E é por isso que estamos sempre no Dia 1. Certamente esse tipo de declínio aconteceria numa câmera lenta extrema. Uma empresa estabelecida pode cultivar o Dia 2 por décadas, e o resultado final continuaria vindo.

A pergunta que me interessa é: como se afasta o Dia 2? Quais são as técnicas e táticas? Como se mantém a vitalidade do Dia 1, mesmo dentro de uma empresa grande? Tal pergunta não tem uma resposta simples. Haverá muitos elementos, múltiplos caminhos e diversas armadilhas. Não sei a resposta completa, mas conheço algumas partes dela. Eis aqui o essencial para a proteção do Dia 1: obsessão pelo cliente, visão cética quanto aos servidores, ávida adoção de tendências externas e tomada rápida de decisões.[9]

O que acho interessante nessa lista de essencial do Jeff é que são todos elementos de cultura. Isso define nossas prioridades e como trabalhamos em conjunto. Não são objetivos financeiros nem de mercado e estão *totalmente* dentro do controle dos líderes, e não do mercado ou da concorrência.

Enquanto Jeff está comprometido em afastar o Dia 2, estou interessado nas seguintes perguntas: o que você faz se já é uma empresa de Dia 2? Como muda o curso? Você aceita seu destino? Se sim, isso não é uma forma de desistir? Ou você aceita o risco e a dor e descobre como seguir em frente?

Seguindo em frente

Se você é uma empresa de Dia 2, este livro foi escrito para você! Aplique essas ideias com propósito e paciência. Eis aqui como voltar para o Dia 1:

Comprometa-se com um caminho

Inovação e renovação podem e devem vir de qualquer lugar, de dentro ou de fora de sua empresa, mas apenas a equipe de liderança e a diretoria têm propósitos específicos. Você provavelmente já sabe quais passos dolorosos precisa dar para seguir em frente; está apenas relutando em fazer isso.

Comprometa-se com um caminho, reúna a coragem de que precisa o quanto antes e então comece a inovar. Talvez signifique vender um negócio, despedir-se de um líder ou admitir a realidade do fim de um canal de negócios.

Reconheça e transmita as más notícias

As más notícias não melhoram com o tempo. Quais são os sinais de estar no Dia 2? Crescimento lento, serviços e produtos tornando-se comoditizados, perdas crescentes em novas oportunidades ou ainda o feedback que você escuta de seus clientes.

Além de admitir a situação, você precisa assumir responsabilidades. Deve entender quais são as suas crenças e o que está disposto a fazer. Aquilo com que você está disposto a se comprometer pessoalmente define em grande parte as opções que tem à disposição. Ao transmitir as más notícias, você as coloca no passado: "A situação atual não é mais aceitável. Nós temos uma nova missão e precisamos fazer melhor".

O princípio de liderança 11 da Amazon é "Ganhar confiança", que significa fazer "autocríticas abertamente, mesmo que isso seja incômodo ou constrangedor. Líderes sabem que nem seus times são perfeitos. Eles se comparam com os melhores".[10] Comece cada análise de conjuntura com perspectivas como "Foi assim que minha equipe/negócio/operação se ferrou", depois exponha os números e as causas do problema. Discuta possíveis soluções e deixe claro o que precisa ser feito pelos outros. Se começar "transmitindo as más notícias", o estigma vai embora, mas é preciso mostrar-se uma liderança forte.

Mude as perguntas que está fazendo

Faça perguntas que imponham restrições ("Como fazer para nosso produto/serviço/habilidade ser completamente 'autogerenciável'?"). Faça perguntas que criem mais empatia pelo cliente ("O que de pior poderia acontecer para nosso cliente?"). Faça perguntas que mostrem uma realidade diferente ("Como ter um produto ou serviço totalmente 'definido por software'?").

Seja objetivo e espontâneo ao mostrar os potenciais cenários e respostas a essas perguntas. Use narrativas (ideia 44) ou *press releases* futuros (ideia 45).

Mire sempre na comunicação

Sua equipe, seus investidores, sua diretoria, seus clientes – todo mundo que tenha um papel de liderança precisa se comprometer e estar afiado na comunicação. A mudança não acontece a partir de um memorando ou de uma reunião. Suas prioridades, suas ações e sua comunicação precisam estar sempre alinhadas com seu plano. As comunicações precisam ser, ao mesmo tempo, agendadas e planejadas, mas também espontâneas.

Equipe a si e a seus líderes com pontos de mensagem para incorporar em tudo o que você e eles fazem. Repita.

Dito isso, a história das empresas que viraram o jogo e se reinventaram é repleta de fracassos. Dois exemplos de empresas que foram bem-sucedidas ao mudar de rumo são a Apple e, mais recentemente, a Microsoft. Não foram apenas transições de produtos, mas culturais. Mudança é algo difícil e arriscado. Talvez seja mais fácil simplesmente deixar a próxima gerência lidar com isso. É possível evitar isso por anos. Mas como viver sabendo que você preside uma empresa de Dia 2?

Até a Amazon está passando por uma situação assim. Das empresas que constam da lista da Fortune 1000, apenas o Walmart tem uma receita anual de mais de 400 bilhões de dólares. Ele cresce menos de 2% numa média de 5 anos. Enquanto isso, a receita prevista da Amazon para 2018 era de 240 bilhões de dólares, com um crescimento anual de 38%. Em poucos anos, talvez menos de 3, a Amazon vai ter mais de 400 bilhões de dólares em receita anual. Os líderes da Amazon se questionam sobre como administrar um negócio assim, porque não há muitas lideranças que o fizeram, em especial com uma dinâmica de crescimento dessa. Independentemente disso, eles seguem comprometidos com o longo prazo e permanecem uma empresa de Dia 1.

Fora da Amazon, em suas empreitadas filantrópicas, Bezos aplica muitos desses valores e crenças, porque quer ampliar a perspectiva e reinventar-se a serviço do cliente. Anunciado em setembro de 2018, o Bezos Day One Fund teve como objetivo principal discutir a epidemia de sem-tetos e a educação pré-escolar. "Vamos usar o mesmo conjunto de princípios que guiou a Amazon. O mais importante de todos é a genuína e intensa obsessão pelo cliente", ele tuitou. "A criança será o cliente."[11]

Permanecer uma empresa de Dia 1 é difícil. Haverá dias bons e dias ruins. Algumas pessoas podem desistir no meio do caminho. Vai ter de ser obcecado. Felizmente falaremos mais sobre isso no próximo capítulo.

Questões a considerar

1 Sobre quais más notícias você não está sendo honesto?

2 Está lidando de forma direta e honesta com questões relacionadas a seus funcionários?

3 Você é uma empresa de Dia 2 e está mais interessado em manter o *status quo*?

IDEIA 4
OBCECADO É DIFERENTE
No seu negócio, crie uma obsessão pelo cliente

A obsessão é a nascente da genialidade e da loucura.
Michel de Montaigne

O capitão Ahab, personagem monomaníaco de *Moby Dick*, de Herman Melville, era obcecado pela baleia-branca. Não apenas interessado ou fascinado. Ele estava totalmente obcecado pela fera que havia arrancado sua perna. Quando Ahab decidiu atravessar sua obsessão com um arpão, ele delegou o trabalho de encontrar a baleia-branca? Claro que não. A tripulação do *Pequod* achou que estava caçando cachalotes, e não viajando aos confins da Terra para perseguir a obsessão de seu capitão.

Ahab provavelmente não é o melhor exemplo de um líder. A obsessão desse capitão louco era mortífera, e ele ganhou uma viagem só de ida para o fundo do mar, preso à baleia. Ainda assim, quando se trata da verdadeira obsessão, às vezes pode ser difícil discernir entre genialidade e loucura.

IDEIA 4 Ter empatia e paixão pelo cliente é trabalho de todos. Certifique-se de que as pessoas estejam cientes de seus trabalhos. Procure formas de exercitar e cultivar essa expectativa. Mergulhe fundo nas questões vivenciadas por clientes (ou outras partes importantes) e não delegue a busca pela raiz do problema. Conheça os detalhes da experiência do cliente e saiba o que causa atrito nela.

Com certeza você lidou com pessoas que são obcecadas por algo. Esportes, por exemplo. Afinal, a palavra "fã" é uma abreviação de "fanático". Qual foi sua reação à obsessão delas? Elas pareceram estranhas, distraídas, esquisitas, empolgadas ou difíceis de entender? Aparentavam se importar com qualquer outra coisa? Talvez essa obsessão tenha até criado algum conflito entre vocês.

Há catorze princípios de liderança na Amazon, mas o princípio de liderança 1 é "Obsessão pelo cliente". "Focar no cliente" ou "escutar seu cliente" não são medidas boas o bastante? Para subir de nível e enxergar além pelo seu cliente,[12] ou então para mudar a cultura interna, a obsessão traz novos insights.

Executivo de clientes – eca!

Procura-se: Executivo experiente para tornar-se um campeão do cliente. Deve ser perito em quebrar silos organizacionais para criar uma mentalidade persistente de cliente-em-primeiro-lugar por canais físicos e digitais. Requisitos incluem habilidades diplomáticas, espírito inovador, excelência no serviço com o cliente e uma mentalidade baseada em dados.[13]

No eterno espírito da revista *Mad*, digo "eca!" sempre que escuto o título da última tendência na administração: o *Chief Customer Officer* (CCO), ou executivo de clientes. Não me entenda mal. A descrição do cargo e as habilidades requeridas são ótimas. Mas não seria melhor se *todos* na empresa agissem como executivos de clientes?

Entendo que ter um CCO na empresa pode ajudar a instaurar e a acelerar a obsessão pelo cliente, mas minha preocupação é que isso passe o recado justamente oposto para o restante da empresa. Se todo mundo pensa que ficar obcecado pelo cliente é trabalho de outra pessoa, muitos de sua equipe não vão cuidar disso. Se você tiver um CCO, certifique-se de que a primeira prioridade dele seja criar a cultura de obsessão pelo cliente, para que todos trabalhem na defesa do cliente. Se der certo, o papel de CCO se torna irrelevante. Por quê? Porque todos estão fazendo isso.

Faça acontecer

Como criar e praticar sistematicamente a obsessão pelo cliente? Aqui está um resumo de opções:

1 **Use métricas para medir a experiência do cliente.** Vamos falar mais sobre isso na ideia 31, mas crie métricas para *todas* as fases da experiência do cliente. Encontre uma forma de medir, mais do que apenas por meio de pesquisas. Isso levará à inovação. Seja criativo e meça tanto quanto puder da experiência do cliente, mesmo em experiências não digitais. Você *pode* medir o tempo de espera dos clientes em tempo real. Não use "Não somos um negócio ou produto digital" como desculpa.

2 **Crie um programa para coletar as opiniões do cliente.** Ele não deve apenas ressaltar os problemas do cliente, mas sim cuidar de ações prioritárias e auxiliar as equipes necessárias a encontrar a raiz do problema.

3 **Comece descrevendo a "satisfação do cliente".** Em suas narrativas, seus resultados, suas cartas para acionistas, seus planos, suas estratégias ou sua documentação, comece descrevendo o que agrada seu cliente nesse tópico. Se não consegue identificar o impacto no cliente, por que está perdendo tempo com isso?

4 **Administre vivendo na pele.** Aja como cliente por algum tempo, interagindo com as equipes de vendas e de suporte, e entreviste a linha de frente de seus colaboradores. Não se apoie demais em pesquisas, porque elas não fornecem muitos insights profundos. Além disso, não se apoie apenas em ferramentas comuns, como relatórios de mercado ou outros materiais resumidos, porque elas normalmente só confirmam nossa opinião. Em vez disso, procure desmentir suas crenças e opiniões e entender os momentos específicos em que deixa um cliente decepcionado, reunindo o máximo de detalhes da situação que puder. *Managing by Walking Around* (MBWA) é uma prática em que a gerência sai de sua torre de marfim e vê de perto os consumidores em campo, e assim tem mais insights e olha com empatia para o que está realmente acontecendo.

Os resultados não se resumem à satisfação do cliente

Ao tornar a obsessão pelo cliente um trabalho de todos, você espera que a satisfação do cliente aumente. A obsessão pelo cliente leva à excelência operacional, que vamos discutir mais na ideia 22. Porém, o *home run*, ou melhor, o *grand slam* da obsessão pelo cliente é basear-se na satisfação do cliente e na excelência operacional. A grande sacada é ter inovação e evolução no modelo de negócio – inspirar-se a desenvolver e expandir para além de seus produtos, serviços e modelo de negócio atual.

A expertise sofisticada de logística da Amazon não veio da intenção de ser uma empresa de rede de fornecimento, mas de entender que a experiência do cliente foi fortemente afetada pela flexibilidade, velocidade e qualidade da entrega. O Amazon Web Services (AWS) não surgiu pela pretensão de ser uma empresa de tecnologia de nuvem, mas por necessitar de uma infraestrutura escalonável para fornecer a melhor experiência on-line ao cliente.

Aonde a obsessão pelo cliente pode levá-lo? Uma dica: não é para o fundo do mar, preso a uma baleia. Porém, como descobriremos no próximo capítulo, não é nada mal ter pessoas com certo espírito de Ahab a bordo. Como vamos discutir, ser "legal" o tempo todo pode ser uma falha em sua equipe.

Questões a considerar

1 Se a obsessão pelo cliente fosse um valor compartilhado em sua empresa, o que seria diferente?

2 Você tem métricas profundas para todos os aspectos da experiência do consumidor, mesmo nas áreas não digitais de seu negócio?

3 Você se apoia demais em pesquisas, inteligência competitiva e outras ferramentas para extrair a experiência do cliente?

IDEIA 5
NÃO SIGA O FLUXO PARA SEGUIR EM FRENTE
O risco que a coesão social oferece para conquistar resultados consistentes

Gerenciar é fazer corretamente as coisas.
Liderar é fazer as coisas corretas.
Peter Drucker

A Amazon é conhecida como uma empresa exigente com seus funcionários. Não é para todo mundo. Eu poderia dizer que a empresa é "agressiva". Agressiva por resultados – isto é, os tipos certos de resultado. Agressiva para que as pessoas produzam e dominem em suas áreas. Agressiva para que equipes e líderes conquistem o impossível: a perfeição.

Pense em como a maioria das grandes empresas operam. Políticas de grandes empresas tendem a ditar as regras. O debate não é franco. As reuniões são repletas de tanto exibicionismo e trapaças sutis que são quase shakesperianas. Ser sênior e ter títulos importam mais que ter as ideias ou os dados certos. As pessoas falam demais. Sorriem e assentem sem concordar. Nesse mundo, civilidade é mais importante do que estar certo. Resultados sofrem pelo bem da harmonia.

Mas, veja só, as coisas são assim. Jeff reconheceu essa condição infeliz muito cedo e decidiu que preferia formar uma empresa que não apenas parecesse boa, mas que também inovasse, operasse extremamente bem e evoluísse com o tempo.

IDEIA 5 Faça com que estar certo seja a coisa mais importante. Estabeleça o tom desde o início: é preciso vencer fazendo a coisa certa, tendo conversas honestas, conduzindo com obsessão pelo cliente e com da-

> dos, buscando perfeição por meio dos dados e ignorando a arquitetura dos cargos, mas sem deixar de tratar as pessoas com respeito. Muitas das ideias contidas neste livro vão ajudar a reforçar esse princípio.

De todas as noções de gestão de Jeff, talvez a mais distinta seja sua crença de que a harmonia costuma ser supervalorizada no local de trabalho, e isso pode sufocar a crítica sincera e encorajar os elogios educados a ideias e execuções falhas. Em vez disso, os amazonianos são instruídos a "Discordar e se comprometer" (princípio de liderança 13), ou seja, debater vigorosamente as ideias dos colegas com feedbacks bastante diretos antes de se envolver numa decisão.

"Nós sempre quisemos chegar à resposta correta", disse Tony Galbato, o vice-presidente de recursos humanos da Amazon, numa declaração por e-mail. "Com certeza teria sido muito mais fácil e socialmente aceito apenas se comprometer, sem debater, mas isso poderia levar à decisão errada."[14]

A Amazon tem até um nome para essa postura autocrítica e baseada em honestidade intelectual. Ela é conhecida como "busca pela verdade" e tem como objetivo evitar coesão social baseada em consenso, em que não se pode estar errado e chegar à resposta ou ideia correta. A crença de Bezos é que se você é uma empresa buscando a verdade, competindo contra uma empresa comprometida, você vencerá. Não seja uma grande empresa comprometida apenas quando for possível medir e definir a verdade. Isso é "comunicar más notícias".

E cuidado para não distorcer essa ideia e acreditar que ser um bom colega de trabalho ou ter respeito pelos outros não é importante. A questão é que só isso não é suficiente, não é a prioridade. Ser legal e se dar bem com as pessoas é necessário e válido. É impossível atingir os resultados certos se você é intratável. No entanto, ser simplesmente sociável não é a coisa *mais* importante. Pense nas prioridades e nas normas sociais da sua empresa. Se ser sociável é mais valorizado do que estar certo, a cultura do negócio vai se basear mais em diplomacia do que em fazer a coisa certa. Esse valor se infiltra aos poucos, mas definitivamente.

O escritor Brad Stone juntou alguns dos maiores sarcasmos de Bezos nas reuniões, de acordo com alguns dinossauros da Amazon:

"Você é preguiçoso ou só incompetente?"

"Desculpe, será que tomei meus comprimidos de idiotice hoje?"

"Preciso ir lá pegar o certificado que diz que sou o CEO da empresa para que você pare de me afrontar nisso?"

"Se eu ouvir essa ideia mais uma vez, vou ter de me matar."

Após a apresentação de um engenheiro: "Por que você está desperdiçando minha vida assim?".

FONTE: STONE, Brad. *A loja de tudo: Jeff Bezos e a era da Amazon*. Rio de Janeiro: Intrínseca, 2019.

Bezos tem horror do que ele chama de "coesão social" – isto é, o impulso natural de buscar consenso.[15] Para ele, seria preferível que seus colaboradores duelassem com espadas numéricas e paixão pelo consumidor. Ele listou essa postura num dos catorze princípios de liderança da Amazon – os valores mais significativos da empresa, que são disseminados desde as novas contratações e discutidos durante o ciclo de vida de cada funcionário na organização.

O consenso oferece dois perigos para o negócio que tenta ser inovador. O primeiro é que não há conversas duras, honestas e diretas. O segundo é que as ideias que são, de fato, inovadoras tendem a ser contraintuitivas e frequentemente são vistas como idiotas, impossíveis e contraproducentes – ou os três juntos.

O que fazer?

1 **Teste na prática.** Tente identificar momentos em que faltaram conversas honestas. Seja resoluto em comunicar que ambas as partes exigem pensamento e execução rigorosos. E, ao passo que ambas as partes devem ser respeitosas, o negócio precisa tanto de conversas exigentes quanto de respeito.

2 **Desacelere certas conversas e reuniões.** Debata o problema e reveja o tipo de conversa que está proporcionando e os princípios ou a

postura que está tendo ao tomar decisões. Isso ajuda a equipe a compreender melhor a maneira como determinada decisão foi tomada.

3 **Use métricas e *Service Level Agreements* (SLAs, ou acordos de nível de serviço).** Controle por meio de métricas, SLAs e conversas profundas, que busquem a raiz do problema. Essas conversas muitas vezes demandam um esforço considerável, e você precisa ser disciplinado para compreender os diversos aprimoramentos que podem sair dali. Você pode, por exemplo, perguntar os "cinco porquês": questionar "Por que isso aconteceu?" ou "Por que permiti que isso afetasse meu negócio?" cinco vezes para ir além das respostas superficiais e chegar à raiz do problema.

Muitas das ideias deste livro forçam melhores conversas e, com sorte, melhores decisões e ações. Ideias como escrever narrativas (ideia 44) e construir métricas continuamente (ideia 31) são cruciais para lutar contra a coesão social. É uma forma de "forçar funções" para um conflito saudável.

Como líder, você pode hesitar em criar um conflito interno. Isso é compreensível. Ainda assim, emprestando uma máxima do mundo dos esportes, o que importa é vencer, o resto é consequência. Todo mundo socializa bem quando a equipe é vencedora, e ter um bom relacionamento interpessoal é um subproduto de fazer as coisas corretamente, o que requer um conflito saudável. Se você conseguir criar o hábito de ter conversas mais honestas para fazer a coisa certa, em pouco tempo vai incorporar à maneira como trabalha a obtenção de bons resultados. Isso vai ser explorado em seguida.

Questões a considerar

1 Como sua empresa prioriza estar certo e comunicar com clareza?

2 A cultura da sua empresa permite que todos os dias haja discussões diretas e sinceras?

3 Relacionar-se bem com os outros é mais importante do que estar certo?

IDEIA 6
ENTREGUE RESULTADOS
Reconheça suas limitações para superá-las e ter sucesso

Quando uma equipe toma posse do problema,
ele é solucionado. É verdade no campo de batalha,
é verdade nos negócios e é verdade na vida.
Jocko Willink

A Amazon é ao mesmo tempo uma operação de escala mundial e uma inovadora sistemática. Mesmo sendo uma empresa tão imensa, ela empodera as pessoas para tomar decisões num ambiente que é surpreendentemente livre de burocracia. Para isso funcionar, a cultura permite e capacita líderes que serão responsáveis por chegarem aos resultados certos.

Mas uma coisa é dizer "Você é responsável", outra é de fato criar um método sistemático que permita que líderes administrem melhor e influenciem riscos-chave, entregando assim resultados sólidos com responsabilidade. Qual é o método da Amazon?

IDEIA 6 Estabeleça a premissa de que líderes não podem apontar o dedo para os outros que não atingirem os resultados esperados. Demonstre como administrar melhor as limitações para que possam entregar resultados impressionantes em empresas distribuídas, ou seja, aquelas em que metade da equipe trabalhe remotamente.

Assumindo a responsabilidade

Jocko Willink comandava o Task Unit Bruiser, a unidade de operações especiais mais condecorada da Guerra do Iraque. Ele também é coautor de *Extreme Ownership*, best-seller do *The New York Times*.

Como é de se esperar de um SEAL da Marinha, a mensagem do livro é dura e fala em disciplina pessoal e responsabilidade. "A guerra é um inferno", Wilink diz. "É um aprendizado brutal."[16] É claro que os negócios nunca serão como a guerra – e Willink deixa isso bem, bem claro –, mas não há razão para não transpor essa intensidade, essas limitações intransponíveis, para a sua empresa. O livro de Willink me fez lembrar de uma história de Adam Lashinsky sobre Steve Jobs e os vice-presidentes e faxineiros da Apple que vou parafrasear aqui.

De acordo com Lashinsky, Steve Jobs contava uma breve história aos funcionários quando eram promovidos a vice-presidentes na Apple. Jobs dizia que se o lixo de sua sala não fosse esvaziado, ele naturalmente iria pedir uma explicação ao faxineiro. "Bom, a fechadura da porta foi trocada", o faxineiro podia responder de forma razoável. "E eu não consegui a chave." Era irritante para Jobs, mas a resposta do faxineiro era razoável. Era uma desculpa compreensível. O faxineiro não pode fazer seu trabalho sem a chave. Como faxineiro, ele pode ter desculpas. "Quando você é o faxineiro, os motivos importam", Jobs contava a seus novos vice-presidentes. "No meio do caminho entre o faxineiro e o CEO, os motivos deixam de ser importantes." Em outras palavras, a linha de responsabilidade é "cruzada quando o funcionário se torna vice-presidente. Ele ou ela precisa afastar todas as desculpas para o fracasso. Um vice-presidente é responsável por quaisquer erros que aconteçam, não importa o que você diga".[17]

Suas próprias limitações

Se cruzar essa linha de responsabilidade e não der desculpas, você estará agindo com mentalidade de dono. No negócio, um depende do outro para alcançar o sucesso. As pessoas ao seu redor – colegas, membros da equipe, fornecedores terceirizados, colaboradores, funcionários de outros departamentos com quem você trabalha às vezes – contribuem com elementos essenciais que o tornam eficiente. Então, quando eles o decepcionam, isso também pode significar o seu fracasso – e ele pode ser dos grandes.

Uma das diretrizes principais da Amazon é identificar e administrar com firmeza qualquer limitação sua que possa tirar o negócio dos trilhos. Não é legal falhar por causa de um conflito de limitações. Isso é uma falha de liderança.

Quando for chamado para lidar com um problema causado em parte ou totalmente por alguma limitação do seu trabalho, você deve ser capaz de dizer: "Fiz isso para administrar minhas limitações. Fui além do razoável no esforço de administrá-las". Isso significa ter contratos sólidos, SLAs e penalidades estabelecidas, assim como uma gestão contínua e ativa de comunicação. Não se pode supor nada.

Em 2003, numa reunião do S Team, Jeff destrinchou o processo de administrar limitações em três passos simples:

1 Sempre que possível, assuma para si as limitações, para que não tenha de depender de outra pessoa.
2 Se isso for impossível, negocie e administre de forma clara e nada ambígua o comprometimento dos outros.
3 Crie barreiras sempre que possível. Para cada limitação, crie um plano reserva – uma redundância numa cadeia de fornecimento, por exemplo.

Assumir total responsabilidade por cada limitação possível sob seu alcance não é uma tarefa pequena. Isso é o que faz com que poucos tenham o rigor, a determinação e a tenacidade para galgar uma liderança na Amazon. É uma empresa cheia de controladores administrada por controladores e governada pelo rei dos controladores. É como diz uma frase conhecida de um ex-engenheiro da Amazon: Jeff Bezos é tão maníaco por controle que "faz maníacos comuns parecerem hippies chapados".[18]

E como sua equipe é uma das limitações mais importantes sob sua autoridade, sua habilidade de orientar os que estão ao seu redor é um indicador crucial na sua avaliação anual. Isso significa que seu sucesso é intrinsecamente ligado ao sucesso que seu time atinge no curso de suas carreiras na Amazon.

Esse conceito de administrar limitações de forma proativa está longe de ser uma expectativa normal e encontra correspondência em líderes motivados. Eles muitas vezes se perguntam como conquistar isso. Existem diversas formas, mas comece fazendo mais perguntas do que você normalmente faz a seus colegas. Elas ajudam a minimizar as suposições e as surpresas. Segundo, não confie apenas. Em vez disso, confie e verifique.

Pense em Jocko Willink. Ele diz que, mesmo quando os líderes não são diretamente responsáveis por todas as consequências, é a forma como eles comunicam e direcionam – ou a falta disso – que traz os resultados. Quando isso se torna uma norma na empresa, indagar detalhes não é mais visto como desconfiança da competência de alguém. Torna-se parte da cultura.

Entregue resultados

Amazon é sinônimo de entregar resultados. Com aproximadamente 11 milhões de metros quadrados de depósitos distribuídos pelos Estados Unidos, a Amazon envia uma média de 608 milhões de encomendas por ano.[19] Isso representa cerca de 1.600.000 pacotes por dia. Ainda que seus prazos de entrega estejam entre os melhores do mundo, a empresa quer lançar seu próprio serviço de entregas para deixar de depender da FedEx e da UPS, diminuindo custos e melhorando a performance da entrega.

Enquanto isso, a AWS vai ter gerado estimados 24 bilhões de dólares em vendas líquidas em 2018, contra 17,5 bilhões de dólares em 2017. Isso a coloca como um dos mais populares provedores de nuvem e plataforma de aplicativos do mundo.[20] A AWS inclui um contrato de nível de serviço com seus usuários para manter uma porcentagem mensal de pelo menos 99,99%.[21]

Só se consegue esse tipo de resultado administrando as limitações de forma agressiva. E grande parte dos princípios de liderança da Amazon apoia e facilita este princípio final e indispensável: entregar resultados.

Claro, se você é um líder que consegue resultados como esses, o rumo da conversa vai mudar para recompensas e compensações.

Questões a considerar

1 Sua equipe entrega grandes resultados no dia a dia?

2 Os membros da sua equipe acusam uns aos outros quando os resultados não aparecem?

3 Você administra as limitações de maneira incisiva para melhorar as chances de sucesso?

IDEIA 7
MENTALIDADE DE DONO PARA TODOS
Estratégia de compensação para levar à otimização de operações

Devemos de fato ficar todos juntos, ou, com toda a certeza, ficaremos todos separados.
Benjamin Franklin

Muito foi escrito sobre a estrutura de compensação da Amazon. A crença comum é de que o maior salário da empresa é de 165 mil dólares por ano. A única outra compensação possível é com ações. Embora isso já não seja universalmente praticado na Amazon, a empresa evita sistemas de bônus individuais ou de equipes e mantém salários baixos em relação ao mercado. Por quê?

As pessoas transformam o sistema num jogo. É da natureza humana otimizar as funções pelas quais são avaliadas e recompensadas. É apenas parte da natureza humana.

Isso era uma necessidade biológica quando vivíamos nos clãs de coletores-caçadores pré-históricos. E hoje é especialmente verdade para uma gestão superior ou mediana. Ah, talvez você pense que possa evitar essa mentalidade "dinheirista" na sua empresa. Mas, no longo prazo, de forma consciente ou inconsciente, a natureza humana supera a sua síndrome de Poliana. As equipes passam a querer atingir metas que otimizem compensações variáveis. É mais forte que elas.

IDEIA 7 Crie uma estrutura de compensação incentivando operações que criem valores de longo prazo. Fale de tempos em tempos sobre a estratégia e o valor de sua estrutura de compensação para criar sintonia. Quando mudanças dramáticas são necessárias num negócio, mudanças dramáticas na estrutura de compensação também se tornam necessárias.

CULTURA

Então o que guia a estratégia de compensação da Amazon? Mentalidade de dono – também conhecida como o princípio de liderança 2 da Amazon. Ele diz: "Líderes agem como donos do negócio. Eles pensam longe e não sacrificam valores de longo prazo por resultados de curto prazo. Tomam atitudes em nome de toda a empresa, e não apenas do próprio time. Eles nunca dizem 'este não é meu trabalho'".

"Nós pagamos uma compensação em dinheiro muito baixa em relação à maioria das outras empresas", diz Bezos. "Nós também não temos nenhum outro tipo de incentivo compensatório. E o motivo pelo qual não o temos é porque é prejudicial ao trabalho de equipe."[22]

Para criar comprometimento – e comprometimento com mudanças difíceis –, é provável que você precise alinhar sua estrutura de compensação. Deixar claro que todos iremos ganhar, mas só quando tivermos conquistado nossos objetivos como empresa. Se algumas pessoas quiserem ir embora por isso, melhor irem embora logo.

Ganhe alinhamento com seus tenentes

A Amazon é um exemplo interessante e radical de estrutura de compensação, e esse esquema tem funcionado. Especialmente desde 2008, as ações passaram por um aumento meteórico, com a participação indo de 41 dólares para mais de 2 mil dólares em 2018. Talvez essa não seja a receita certa para qualquer empreendimento. Mas se um CEO ou líder de equipe precisar fazer uma mudança rápida e decisiva, e quando o "negócio-padrão" não funcionar mais, deverá repensar a estrutura de compensação da equipe executiva e certificar-se de que (a) nós ganharemos apenas se mudanças drásticas forem feitas e (b) nós venceremos apenas com melhorias na operação. Conquistas de equipe ou individuais não serão recompensadas.

É como W. Edwards Deming disse: "Subotimização é quando todos estão trabalhando para si mesmos. Otimização é quando todos estão trabalhando para ajudar a empresa".[23] E sabe o que mais uma estratégia pobre de compensação pode arrumar para você? Um clube de campo. Descubra o que quero dizer no próximo capítulo.

Questões a considerar

1 A compensação está otimizando os resultados da operação?

2 Você vê a subotimização acontecendo devido a objetivos e compensações?

3 Estão todos alinhados a fim de aumentar o valor da operação?

IDEIA 8
EVITE CLUBES DE CAMPO
Não perca a fome mesmo quando chegar ao sucesso

Ironicamente, num mundo em transformação, apostar no que é seguro é uma das coisas mais arriscadas a fazer.
Reid Hoffman

Eu tive sorte de ser um líder na Amazon durante um período de grande curvatura para a empresa. Em seguida, fui bastante privilegiado por passar 12 anos como diretor de gestão da Alvarez and Marsal, ou A&M, como é conhecida. A A&M é uma empresa de gestão de crises e de serviços de reestruturação profissional. É procurada quando mudanças rápidas e drásticas nos negócios são necessárias, muitas vezes requerendo uma liderança interina. Eu trabalhei com clientes que se reestruturavam, clientes de participações privadas e clientes de corporações saudáveis.

Adivinhe com qual tipo de cliente é mais fácil operar mudanças significativas de impacto? Aquele que está em crise e se reestruturando. Por quê? Porque não tem nada a perder. Corporações saudáveis dizem que querem mudar, mas resistem à verdadeira essência de se tornar digital e abrir mão de muitas de suas antigas práticas e crenças.

Por que é mais difícil que as empresas saudáveis e suas equipes de liderança mudem as tradições para atender à demanda dos negócios digitais? Pense desta forma: por que os músicos costumam lançar segundos álbuns terríveis? Por que atletas têm dificuldades quando têm um grande contrato? Bom, eles passam anos criando ou treinando para terem sucesso. Quando de fato *conquistam* o sucesso, algo mais profundo acontece. Eles não estão mais tão famintos. De repente, eles querem proteger o que têm, querem sentir-se seguros, sem se machucar. A noção de urgência e desespero que possibilitou o mindset "vai nessa" pode mudá-lo para "não arrisque" ou "vamos aproveitar isso um pouquinho".

> **IDEIA 8** Empresas que tiveram sucesso e que se beneficiaram de um aumento nas ações correm o risco de se acomodar. Encontre formas de manter a tensão por crescimento, inovação e objetivos de longo prazo.

Como bandas de rock de sucesso recente ou atletas, esses clientes de empresas saudáveis têm todas as opções diante deles. Eles podem fazer investimentos de longo prazo e têm o luxo de um *momentum* positivo. Eles reconhecem as oportunidades, dizendo que querem mudar. Mas, na realidade, perderam a atitude contestadora. Eles começam a apostar no que é seguro, ficam confortáveis. Resumindo, criam uma cultura de clube de campo. Sem nem ter consciência disso, uma atitude de "não arrisque" influencia subconscientemente a forma como o negócio é tratado.

Há uma lenda urbana que conta que, nos anos 1990, os funcionários da Microsoft eram vistos usando camisetas com a sigla "FYIFV", que era uma abreviação de "F*&? You, I'm Fully Vested" [Fod*-se, já sou financeiramente independente].[24] Esse conceito, sobre colaboradores que já tinham atingido certo patamar na empresa e que poderiam falar o que bem entendessem, já era bem conhecido em Seattle e desde cedo foi um referencial para Bezos. Eu fui citado num artigo do *The New York Times* em 2015 sobre o assunto:

> *O sr. Rossman, o antigo executivo, disse que o sr. Bezos estava participando de uma reunião em 2003 quando se virou na direção da Microsoft, do outro lado do lago, em Seattle, e disse que não queria que a Amazon se tornasse "um clube de campo". Se a Amazon ficar parecida com a Microsoft, "nós vamos morrer", o sr. Bezos acrescentou.[25]*

No mesmo artigo, o autor escreveu:

CULTURA

De acordo com antigos executivos e funcionários, o sr. Bezos, quase desde o momento em que fundou a Amazon, em 1994, estava determinado a resistir às forças que com o tempo ele achou que drenavam o negócio: burocracia, desperdício nos gastos, falta de rigor. Conforme a empresa crescia, ele desejava organizar suas ideias sobre o local de trabalho – algumas delas orgulhosamente contraintuitivas – em instruções simples o bastante para que um colaborador novo entendesse, genéricas o suficiente para que se apliquassem a um número quase infinito de negócios futuros, e rigorosas a ponto de afastar a mediocridade que ele tanto temia.[26]

Warren Buffett se refere a essa condição como "o ABC da decadência corporativa: arrogância, burocracia e complacência".[27]

Há muitas formas de se evitar ou de se recuperar do "vírus" do clube de campo. A cura começa com a percepção. Como você percebe os primeiros sintomas da "clube-de-campotite"? Excesso de autocongratulação; atenção demais a Wall Street e aos preços das ações; foco maior em questões internas do que em clientes. Outros sintomas incluem diminuir expectativas de crescimento, reduzir riscos e começar a otimizar para resultados financeiros de curto prazo em vez de investir agressivamente em novos negócios. Basicamente "jogar para não perder", buscando segurança.

E você, o que faz? Aqui vai um exercício. Juntando líderes internos e conselheiros externos – um líder de start-up ou um operador de capital de risco –, faça com que o grupo desenvolva planos específicos aos responder a perguntas tais como: "Como você apresentaria a um investidor ou a um concorrente um negócio capaz de competir e romper com nosso negócio atual?". Prefiro fazer essa atividade durante um retiro, para que o mindset esteja longe do padrão do dia a dia.

É simples: construa planos para ser disruptivo com seu próprio negócio. Depois, repasse esses planos com a ajuda de outros líderes externos (pensamento interno é limitado e parcial). Então, faça um retiro com a diretoria e os líderes para discutir a fundo essas ideias. Use narrativas (ideia 44) e *press releases* futuros (ideia 45). Parta para o ataque!

Em 2018, a marca de cerveja Dos Equis veiculou uma campanha publicitária que trazia "o homem mais interessante do mundo". Ele aconselhava: "Permaneçam famintos, meus amigos". Se mesmo dentro de grandes empreendimentos você permanecer com fome, então estará pronto para o próximo passo: mover-se rapidamente para mudar e inovar, mesmo em empreendimentos do tamanho de um elefante.

Questões a considerar

1 O sucesso passado, especialmente a valorização do patrimônio, fez com que os líderes e a diretoria sejam avessos ao risco?

2 Você sente que a empresa está acomodada?

3 Há algum aspecto de "clube de campo" na sua empresa?

IDEIA 9
FAÇA A DANÇA DO ELEFANTE
Estratégia de portfólio
e governança para inovação

Não importa se elefantes podem ou não
vencer as formigas. Importa se um elefante
em particular pode dançar. Se ele puder,
as formigas precisam deixar a pista de dança.
Louis V. Gerstner Jr.

Como uma empresa do tamanho da Amazon inova de forma consistente? Como você faz um elefante dançar? Se você estudar a Amazon como eu fiz, vai perceber que há alguns truques e táticas que podem ajudar um elefante – ou qualquer outra empresa – a inovar.

As decisões mais importantes que gerentes executivos tomam é em que alocar recursos. A estratégia essencial é decidir para o que dizer sim e para o que dizer não. Como em qualquer portfólio de investimentos, há investimentos prováveis de baixo risco e de baixo rendimento, e investimentos de maior risco e maior retorno. Aqui estão algumas dicas:

IDEIA 9 Inovar requer uma mentalidade de investimento e governança diferente da que a maioria das empresas tem. Se você definir, gerenciar, designar uma equipe e avaliar investimentos em inovação da forma como faz com investimentos de menor risco, o sistema não vai levar aos resultados que você pretendia. Você precisa de uma estrutura diferente de governança.

Invista como uma firma de capital de risco e crie um portfólio de inovação

Muitas empresas acabam com a inovação e a invenção porque esperam resultados previsíveis: prazo previsível, investimento previsível, retorno financeiro previsível com risco moderado. É assim que uma empresa de capital fechado investe. E, às vezes, essa mentalidade está certa.

Por exemplo, você deveria entender os retornos e os riscos quando melhora e automatiza um processo interno, constrói um novo centro de distribuição ou implementa um sistema de marketing. Estes precisam ter um projeto claro de negócios, além da compreensão do que é necessário para o sucesso acontecer. Mas quando você está criando características inovadoras para o cliente ou desenvolvendo novas linhas de negócios, seus investimentos, riscos e retornos serão mais difíceis de prever. Nesse caso, o trabalho de um inovador bem-sucedido é agir como uma empresa de capital de risco.

O segredo é ter um portfólio de investimentos equilibrado e compreender as diferenças entre seus segmentos (Figura 9.1). Investimentos de alto risco precisam ser experimentos pequenos para testar aspectos cruciais antes de crescerem. Pense grande, mas aja pequeno.

Considere autonomia e separação

Para criar mudança significativa e romper práticas atuais de negócios, as equipes dentro de sua empresa que são dedicadas à inovação precisam ser separadas de equipes que representam o *status quo*. No caso da Amazon, a empresa tem uma equipe especial chamada LAB126, focada apenas em criar inovações em seus equipamentos. Emblematicamente, a equipe fica na Califórnia, longe da base da empresa, em Seattle.

Embora a separação física possa ser importante, o foco deve ser a independência em relação ao antigo modelo de negócio, a comunicação clara e a colaboração do CEO ou de um líder sênior da empresa. Jeff Bezos costuma ser citado como um "diretor de produtos" para projetos. Seu trabalho é conservar aquela equipe isolada enquanto mantém um canal de colaboração e visibilidade detalhadas com uma liderança sênior. A separação pode ser física ou apenas institucional. Mas se lembre de quão difícil é pedir que uma equipe administre um negócio enquanto concebe formas de reinventá-lo.

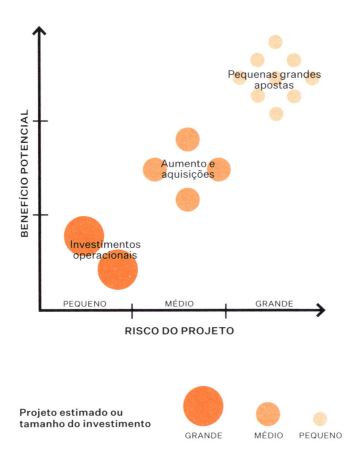

FIGURA 9.1: Portfólio de projeto digital

Dedique à iniciativa um líder sênior e capaz

Em muitas empresas, você pode distinguir a marca característica de um líder pelo número de cabeças e pelo orçamento que ele ou ela administra. Não na Amazon, porque lá o pessoal sênior costuma dedicar-se a conduzir as novas apostas. Veja, por exemplo, Steve Kessel, o executivo experiente que lançou o primeiro Kindle. Seu projeto mais recente é uma nova loja da Amazon lançada em Seattle.[28] Steve começou com uma equipe bem pequena, mas uma missão crucial. Agora, alguns anos depois, Kessel novamente comanda uma grande empreitada.

Jeff e a Amazon acreditam no poder de fazer com que equipes-chave e líderes se abram para focar em algo novo. "Obsessão" é uma palavra fundamental dentro da Amazon – um líder de primeira é obcecado por seus objetivos. Se a iniciativa for apenas mais uma equipe ou os objetivos que o líder administra, ela não se beneficiará do nível de obsessão que a dedicação completa traz.

Crie as métricas e os objetivos certos

Dica: eles não são comumente baseados em lucro. Muito antes de um novo projeto ser lançado na Amazon, a equipe por trás dele delineia seus objetivos – crescimento, performance operacional, experiência do cliente, custos – e cria um conjunto de métricas para medir esses objetivos com o tempo.

A ideia é que, se os objetivos e as métricas estiverem certos, a equipe pode ter sucesso com mais independência e menos governança. Essa independência também aumentaria a criatividade dos membros da equipe, que buscam novas formas de atingir esses objetivos.

Construa pequenas equipes multidisciplinares integradas

A Amazon tem dois princípios básicos para montar equipes que pensam e agem de forma inovadora. O primeiro é criar uma equipe composta de gente com variedade disciplinar e de história de vida. Ideias únicas e a habilidade para executá-las geralmente derivam de equipes que conseguem pensar de maneira ampla.

O segundo princípio básico é focar em pequenas equipes. A Amazon muitas vezes quantifica isso como uma "Equipe de Duas Pizzas". Em outras palavras, você deveria conseguir alimentar toda a sua equipe com duas pizzas – ela deve ter de oito a dez pessoas, no máximo. Equipes de Duas Pizzas não têm apenas uma capacidade. Elas também são responsáveis por tudo, desde a definição de marketing e o trato com produtos à construção e operações. (Veja ideia 20, "Pizza para todos!".)

CULTURA

Crie um produto ou serviço insanamente melhor

No final, os ingredientes já citados podem simplesmente não gerar um bom produto ou serviço. Ele deve ser *insanamente bom*. Bom de cair o queixo. Mas essa não é uma melhoria incidental. Isso não é um produto "completamente novo, mas ainda na média". Resultados bem-sucedidos em inovação ocasionam uma experiência incrível por um preço certo. Surpreende usuários, e muito rapidamente se torna indispensável aos seus clientes.

Essas são algumas ideias para fazer o grande animal se mover. O sucesso das estratégias depende de uma liderança forte – os enfoques certos possibilitados por uma liderança inábil irão fracassar. Líderes devem estar profundamente envolvidos, ter um instinto forte e estar dispostos a permanecer nisso quando a coisa está difícil.

Questões a considerar

1 Você tem um processo definido para inovação, incluindo um portfólio de investimentos mais bem caracterizado como apostas?

2 As apostas são gerenciadas de forma diferente de outros projetos comuns, de modo que apoiem testes de hipóteses e um processo ágil?

3 As equipes são focadas em apostas constituídas primariamente por funcionários de tempo integral e que sejam obcecados pelo sucesso das iniciativas?

IDEIA 10
VOCÊ É O EXECUTIVO DE PRODUTO

A nova ciência de gestão de ser um construtor

Construir produtos não se baseia em ter uma grande equipe para administrar. Baseia-se em ter uma equipe pequena com as pessoas certas.
Fred Wilson

Um amigo meu me contou a história de como, após pegar seu diploma de graduação, em 1994, aceitou um emprego numa pequena empresa de engenharia em Los Gatos, Califórnia, que desenvolvia ultracapacitores. Quando esse novo patrão mostrou a ele o local de trabalho, nas paredes havia mapas da área da baía de São Francisco.

"Desculpe pela bagunça", o gerente disse, enfiando os mapas numa lata de lixo.

"Para que são os mapas?"

"Tivemos de demitir o último cara porque ele não parava de trabalhar em seus projetos pessoais aqui no trabalho", disse o gerente. "Isso era dele." Quando meu amigo se estabeleceu em seu novo local de trabalho, ele tirou a placa com o nome do funcionário demitido e colocou a sua. Anos depois, é claro, MapQuest, Tesla e SpaceX seriam nomes familiares, mas, na época, era apenas um nome memorável:

"Elon Musk", meu amigo disse. "Nome esquisito. Cara esquisito."

Mesmo hoje, décadas depois, Musk supostamente passa 80% de seu tempo envolvido com engenharia e design.[29] Pense nisso. Um dos mais poderosos líderes globais de negócios gasta apenas 20% de seu tempo gerenciando pessoas. Esse é o tamanho da importância que Musk dá ao produto.

IDEIA 10 Líderes que criam produtos, definem arquiteturas e compreendem profundamente e articulam o que precisa ser entregue são valiosos na operação digital. Isso é uma mudança na perspectiva tradicional de supervisionar de longe e esquivar-se dos detalhes. É preciso ter as habilidades, o interesse e os insights para poder mergulhar fundo, e você precisa ser o designer.

O princípio de liderança 4 da Amazon é "Estar certo, e muito". Para estarem muito certos na Amazon, os líderes precisam ter expertise e atenção profunda aos detalhes. O tradicional (leia-se "ultrapassado") modelo de gestão baseia-se em gerenciar orçamentos, pessoas e locais. Quanto maior a carga gerencial, maior o líder. Só o que importa é o número de pessoas ou o orçamento do qual você é encarregado. Historicamente, esses tipos de líderes diriam a subordinados e consultores "vão lá e façam". Por mais que pareça tranquila no começo, essa liderança supercontroladora exige muita confiança naqueles que recebem a tarefa. Às vezes dá certo; às vezes, não. De toda forma, esses líderes raramente compreendem *por que* algo funcionou ou não.

Na Amazon, um líder sênior costuma ser encarregado de ter a "grande ideia" inicial do projeto, em geral com uma equipe pequena e um orçamento curto. Esses líderes seniores se envolvem pessoal e intimamente em detalhes, avaliando e inventando cada aspecto do projeto desde o começo. Eles são os "diretores de produto" da ideia.

Ser executivo de produto requer certas habilidades, algumas das quais podem atrofiar no decorrer dos anos enquanto as pessoas avançam na hierarquia da empresa. A nossa versão mais jovem poderia ter sido um executivo de produto muito talentoso. Ainda assim, quando migramos para longe do trabalho real e adentramos o mundo nebuloso do gerenciamento, acabamos perdendo a ousadia. De repente, como executivo de produto, você precisa escrever a ideia (veja a ideia 44 sobre narrativas), conduzir entrevistas, criar a experiência do usuário, descobrir as necessidades técnicas, racionalizar as necessidades de mercado e definir os custos do produto. Você precisa ser o "construtor".

Há muitos benefícios em se tornar um executivo de produtos e tirar o pó da velha maleta de ferramentas do construtor. Primeiro, o projeto vai se beneficiar de seus anos de expertise. Sua atenção aos mínimos detalhes vai estabelecer um novo tom para a empresa. Todo mundo precisa mergulhar fundo e entender todos os detalhes. Você pode saltar livremente pela hierarquia da empresa. Desenvolva relações pessoais e influencie membros de equipe de todos os níveis, pessoas com as quais você não trabalharia normalmente de maneira ativa.

Por exemplo, Musk ao que parece passou meio período toda semana trabalhando diretamente no estúdio com o guru de design da Tesla, Franz von Holzhausen.[30] Musk mergulhou de cabeça nos problemas sobre produtos que precisa resolver. É parte do processo criativo. Ele trata pelo primeiro nome todos da equipe, da qual o rosto dele é o cartão de visitas. Isso é intencional.

Como executivo de produto, você também precisa dar o exemplo. Mas não é o suficiente oferecer expertise e ter um olho atento a detalhes. Você também precisa demonstrar responsabilidade, principalmente figurar bem nas listas de desempenho. Não há nada pior do que um líder que se coloca numa outra escala em relação aos outros membros da equipe. Vocês estão todos juntos nisso, e seu papel como executivo de produto é provar isso.

Quando se trata de criar um produto excelente, é importante que sua equipe entenda que você está na trincheira com eles. Porém, como vamos discutir no próximo capítulo, se quiser inovar de forma a mudar o jogo, precisa estar disposto a ser mal interpretado pelos críticos.

Questões a considerar

1 Os líderes mergulham nos detalhes do produto e na experiência do cliente?

2 Os líderes entendem bons designs e criam um ambiente que valoriza o design?

3 No design de produto, há detalhismo o suficiente para criar um produto insanamente bom?

IDEIA 11
VOCÊ ESTÁ DISPOSTO A SER MAL INTERPRETADO?

Lições das maiores inovações da Amazon

Os haters *vão*
odiar, odiar, odiar, odiar.
Taylor Swift

Quais são as maiores inovações da Amazon? Drones? Computação na nuvem? Echo e Alexa? Todas elas impressionam; algumas são até revolucionárias. Porém, eu acredito que as maiores inovações da Amazon foram aquelas que alteraram as bases da competitividade a ponto de hoje parecerem banais.

Minha lista das maiores inovações da Amazon inclui Free Everyday Shipping [frete grátis todos os dias], Prime Loyalty [lealdade premiada] e Item Authority [autoridade de item]. Terrivelmente simples: o Item Authority evidencia múltiplos vendedores do mesmo item para aumentar a seleção, a disponibilidade e a competição por preço. Foi o "recurso matador" que levou a Amazon a ultrapassar o eBay na metade dos anos 2000 como a meca dos vendedores terceirizados. A Amazon recebeu feedbacks negativos de muitas partes, internas e externas, enquanto o implementava.

Quais os traços comuns que essas inovações compartilham, além de serem da Amazon? Para começar, tudo é experiência do cliente e inovação do modelo de negócios. Não são de fato tão técnicas. O que elas também têm em comum é que encarregados e estudiosos da indústria infelizmente subestimam seu impacto na indústria e no resultado final.

IDEIA 11 O aspecto mais impactante e menos valorizado da inovação é que ela desafia suposições comuns, cultivadas há muito tempo, sobre o funcionamento das coisas. Quando você cria alternativas para essas suposições, muitos podem torcer o nariz.

Quando as inovações foram implementadas, a Amazon era jovem e pequena e ainda não era nem respeitada nem temida pela indústria da forma como é hoje. Aqui estão alguns exemplos:

- "A Amazon está levando todo mundo para o buraco com esse jogo [de frete grátis]." – Bob Schwartz, ex-presidente da Magento e fundador da Nordstrom.com[31]
- "Um assistente de voz pode ser de fato útil, mas isso não significa que você não vai mais querer telas. Então acho que o fato de [o Echo] não ter uma tela não se encaixa em muitas situações." – Philip Schiller, vice-presidente mundial sênior de marketing da Apple[32]
- "Histórias e relatos recentes de que uma nova entidade está competindo com as três maiores empresas de logística e distribuição dos Estados Unidos geram manchetes, mas a realidade é que seria assustadora a tarefa de construir uma escala com densidade suficiente para replicar redes existentes como a FedEx, exigindo muitos anos e dezenas de bilhões de dólares em capital." – Mike Glenn, vice-presidente executivo da FedEx[33]
- "Não acreditamos que o fato de nossos vendedores anunciarem seus produtos diretamente na Amazon seja uma ameaça iminente. Não há nenhum indício de que nossos vendedores pretendam vender os produtos esportivos premium que oferecemos, como tênis de mais de 100 dólares, diretamente por meio daquele tipo de canal de distribuição." – Richard Johnson, CEO e presidente da Foot Locker[34]
- "Quando você pensa na experiência on-line *versus* a off-line, a inteligência artificial em nossas lojas se torna desnecessária. Temos inteligência. Temos 4.500 conselheiros de estilo vivos e pulsando em nossas lojas." – Marc Metrick, presidente da Saks Fifth Avenue[35]

CULTURA

- "Que merda é essa nuvem de computação? [...] Quero dizer, isso não passa de papo furado." – Larry Ellison, presidente executivo e diretor-chefe de tecnologia da Oracle[36]
- "Não me importo muito [com a AWS], para ser sincero com você. Precisamos nos preocupar com nós mesmos. Estamos numa posição interessante." – Mark Hurd, CEO da Oracle[37]

Todas essas declarações públicas de grandes líderes da indústria me lembraram da citação clássica de Thomas Watson, presidente da IBM, que disse em 1943: "Acho que há um mercado mundial para cinco computadores talvez".

No decorrer dos anos, a Amazon perturbou o *status quo* e rompeu a estabilidade dos negócios tradicionais com inovação, e o *establishment* revidou com zombaria e desprezo. Na mente de Bezos, isso é ser "mal interpretado". Para inovar, você precisa não apenas estar disposto a ser mal interpretado, mas também a ser casca-grossa. Para muitos dos concorrentes, a Amazon não faz sentido. "É a empresa mais desconcertante, ilógica, dispersa e, para uma quantidade cada vez maior de concorrentes, brusca do mundo."[38] Se você não está irritando alguém, você provavelmente não está sendo disruptivo.

> *Uma coisa que aprendi logo nos primeiros anos após abrir uma empresa é que inventar e ser pioneiro envolve uma propensão para ser mal compreendido por um longo período. Um dos primeiros exemplos são as resenhas dos clientes. Alguém me escreveu: "Você não entende do seu negócio. Você faz dinheiro quando vende coisas. Por que permite essas resenhas negativas de clientes?". Quando li essa carta, concluí que não fazíamos dinheiro quando vendíamos coisas. Fazíamos dinheiro quando ajudávamos clientes a fazer compras.[39]*

Considere o fator Look Inside the Book [ou "Dê uma olhada", em português]. Em 2001, a Amazon lançou esse programa baseado num conceito simples: a ideia de emular a experiência de livraria, permitindo que os clientes virtuais da Amazon olhassem algumas páginas de um livro antes de comprá-lo. Claro, isso exigiu que a Amazon mantivesse o conteúdo do livro on-line, o que levantou questionamentos sobre se isso iria expor as obras à pirataria. Os editores estavam preocupados e céticos. O programa também seria bastante caro. Cada livro teria de ser escaneado digitalmente e indexado, um desafio logístico enorme.

Jeff deu o sinal positivo para um lançamento de larga escala, reconhecendo que essa era a única forma de ver se daria certo com os então 43 milhões de contas ativas de clientes da Amazon.[40] A função estreou com mais de 120 mil livros. Impressionante. A base de dados ocupava vinte terabytes, cerca de vinte vezes mais que o maior banco de dados existente quando a Amazon foi fundada.

David Risher foi o primeiro vice-presidente de produto e desenvolvimento de loja da Amazon, responsável por aumentar a receita da empresa de 16 milhões de dólares para mais de 4 bilhões de dólares. Ele descreve a estratégia por trás do lançamento do Look Inside the Book desta forma: "Se tivéssemos experimentado timidamente, num pequeno número de livros, digamos mil ou 2 mil, não teria tido a mesma repercussão na imprensa e entre os clientes. Há um fator decisivo: como vai ser quando estiver em escala? É um investimento grande, e uma grande oportunidade de custo. É preciso confiar. Jeff está disposto a fazer essas apostas".[41] No final, os editores viram no programa uma vantagem nas vendas:

Toda vez que você faz algo grande, é disruptivo: Kindle, AWS. Sempre haverá críticas. E haverá pelo menos dois tipos de críticos: os bem-intencionados, que genuinamente não compreenderam o que você está fazendo ou até têm mesmo uma opinião diferente, e também os críticos com interesse próprio, que não gostam do que você está fazendo e que têm motivos para compreender mal. Você tem de estar disposto a ignorar esses dois tipos de críticos. Você os escuta, porque quer saber, sempre testando, se é possível que eles estejam certos. Mas se você se mantiver firme e disser: "Não, nós acreditamos nisso", abaixe a cabeça, permaneça focado e construa aquilo em que acredita.[42]

Um exemplo atual que mostra que a Amazon está disposta a ser "mal compreendida" é sua estratégia no ramo da saúde. Ao fechar uma parceria com a Berkshire Hathaway e a JP Morgan Chase para abrir a empresa da área da saúde que ainda não tem nome, encabeçada por Atul Gawande, como a Amazon vai fazer para mudar os serviços de seguro e plano de saúde para seus funcionários? A estratégia deles é vender produtos para hospitais? É integrar a aquisição da PillPack e dar aos clientes entregas mais baratas de remédios prescritos (junto com um novo livro)? Ou transformar a experiência do cliente como um todo no setor de saúde e de seguros e mudar a estrutura de custos, que suga muito de empresas e funcionários? Ou seria outra coisa? Duvido de que a Amazon vá esclarecer isso no curto prazo, e eu de fato espero que eles acrescentem mais investimentos em saúde a seu portfólio.

Há dois lados de "ser mal interpretado" a se considerar. O primeiro é que seu objetivo é uma *grande* inovação, na qual a experiência do cliente e o modelo de negócios mudam drasticamente, então se os acionistas não forem pessimistas, você deve se preocupar. O segundo lado é planejar e preparar seus acionistas – investidores e sócios, por exemplo – para reações negativas. A Amazon, muitas vezes por meio da carta anual de acionistas, costuma relembrar que a empresa busca resultados de longo prazo e não sacrifica valores de longo prazo para obter resultados de curto prazo, e isso será sempre mal interpretado. Você está disposto a ser mal interpretado?

Questões a considerar

1 Quando foi a última vez que você fez algo que beneficiou os clientes, mas irritou as tradições do mundo dos negócios?

2 Quais aspectos de sua experiência do cliente seriam diferentes se você começasse do zero?

3 Quais modelos de inovação seriam aplicados a seu ramo de negócio?

IDEIA 12
CHEGUE AO SIM
Financeiro, tributário, jurídico e recursos humanos são importantes

Se tivesse uma hora para resolver um problema,
eu passaria 55 minutos pensando no problema e
cinco minutos na solução.
Albert Einstein

Dentro das empresas mais tradicionais, um tópico, projeto ou função é de "propriedade" do *core business*. Nesse modelo, esse núcleo recebe apoio de equipes funcionais, como o financeiro, o jurídico e os recursos humanos.

Marginalizadas na empresa e muito limitadas, essas equipes de apoio são com frequência consideradas peritas apenas em uma disciplina específica. Naturalmente, essas funções acabam se vendo da forma como são vistas, recusando-se a contribuir muito além das limitações das suas atribuições de trabalho.

Muitas vezes essas são as pessoas que vão relatar à equipe responsável pelo *core business* da empresa os motivos pelos quais um objetivo não pode ser alcançado ou vão apresentar exigências muito específicas para atingir o objetivo. Em outras palavras, elas tendem a barrar o avanço e representam apenas outro obstáculo ao *core business*.

Quantas vezes negociar dentro de sua própria empresa se revelou a parte mais intimidadora de um projeto? Em outras empresas, muitos de meus colegas se referiam à nossa equipe jurídica como a "equipe para lidar com rejeição". Embora administrar riscos jurídicos seja parte do trabalho, o mais seguro é não agir. Como resultado, o "não" se torna a resposta automática da equipe jurídica para qualquer problema se as condições não são as ideais. Da mesma forma, quando encaro um desafio, também ouço muitos líderes de tecnologia ou CIOs dizerem "É decisão da empresa", como se a empresa fosse uma entidade totalmente separada. Adivinha só? Minha vontade é dizer a eles: "*Você* é parte da empresa tanto quanto qualquer outra pessoa".

IDEIA 12 É trabalho de todos descobrir como chegar ao sim. Equipes tradicionais de apoio precisam entender que também estão envolvidas na empreitada de ajudar os clientes internos a conseguirem um sim. Passe mais tempo entendendo os reais objetivos, e mais opções vão se abrir.

Não há "não"

Quando Kimberly Reuter se juntou à Amazon, ela era uma especialista em logística internacional e legislação com mais de 15 anos de experiência liderando empresas de frete. Por causa dessa expertise, a Amazon encarregou Reuter de expandir drasticamente os negócios transfronteiriços da empresa, para clientes e vendedores terceirizados. Na época, Reuter via alfândegas e legislações como um sistema transacional de procedimentos e regulamentos fixos. Porém, em seu novo cargo como diretora da cadeia global de fornecimento da Amazon, esperava-se que esses processos e procedimentos aumentassem. Radicalmente. O modelo que ela levou para a Amazon de repente era lento e pesado demais.

"Foi bem confuso. Passei os primeiros meses dizendo: 'Não, isso não é possível'. Fiquei bem frustrada logo que entrei, e ninguém escutava minhas decisões", disse Reuter. "Meu mentor se sentou comigo e me informou que não existia 'não' na Amazon. Se eu quisesse ter sucesso, tinha de descobrir soluções, por mais complicadas que fossem, e teria de ser logo."[43]

Seu mentor disse a Reuter que se ela fosse inovar, teria de ser capaz de apresentar opções, escolhas, acordos e oportunidades. Resumindo, na Amazon ninguém foge da responsabilidade. Todos trabalham para chegar ao sim. A Amazon exige a mentalidade de que "nós" precisamos chegar ao sim. Todos nós. É trabalho de todos conseguir o sim. Era trabalho de Reuter, assim como era trabalho dos recursos humanos, do jurídico e do financeiro. Todos tinham a mesma responsabilidade em chegar ao sim, como se sua área fosse o *core business* da Amazon.

Reestruture a questão

Como você leva sua equipe ao sim? Encontrar soluções nem sempre é o obstáculo. Muitas vezes, a questão é de fato entender a situação ou as necessidades. "Por que isso falhou?" ou "Como projetamos algo que permita que aquele componente fracasse?". É correto perguntar "Como evitamos esse risco?" ou "Como aceitamos e diminuímos esse risco?". Esses leves ajustes no tratamento dado ao problema fazem toda a diferença na hora de encontrar soluções. Quais são os passos para conseguir um sim com mais eficiência? Aqui estão algumas sugestões:

1   Reestruture a questão e faça mais perguntas sobre a situação e os objetivos.
2   Mergulhe fundo na verdadeira raiz do problema *versus* os sintomas. Pergunte os cinco porquês (veja a ideia 5).
3   Delineie e desafie suas suposições de maneira bem planejada.
4   Articule e quantifique os riscos reais. Frequentemente os riscos percebidos podem ser aliviados, tornando as dificuldades um fator mínimo.
5   Traga expertise externa, imparcial, de outras áreas para complementar as mentalidades especializadas na sala.
6   Crie um concurso ou um *hackathon* para desenvolver alternativas e soluções.

Há muitos obstáculos para se criar uma cultura do sim. Antes de tudo, requer uma comunicação direta e honesta dentro da empresa, além de enxergar-se como coproprietário do resultado do negócio. Você tem de chegar ao sim. Qual é o inimigo mortal da comunicação direta? A burocracia.

Questões a considerar

1 Suas equipes de apoio, como os recursos humanos, o jurídico e o financeiro, são verdadeiras parceiras no negócio?

2 As equipes de apoio participam da iniciativa ou apenas em certos pontos?

3 Você convoca reuniões para resolver problemas e lançar ideias com a mentalidade de "não existe não"?

IDEIA 13
DESTRUA OS ORGANOGRAMAS
Não deixe que a estrutura organizacional e os títulos fiquem no caminho

O burocrata perfeito é o homem que consegue não tomar decisões e escapar de todas as responsabilidades.
Brooks Atkinson

Qual é a maior preocupação da liderança sênior da Amazon em seu negócio? Um concorrente? Segurança digital? Regulamentação ou interferência do governo? Eles certamente levam tudo isso em consideração enquanto caminham para mudar todas as indústrias do mundo. Porém, acredito que a ameaça de atolar a máquina de inovação da Amazon em burocracia seja a maior preocupação.

A burocracia é traiçoeira. Ela pode crescer e florescer como um câncer. Pode entrar nos gráficos organizacionais com uma determinação sombria até sufocar a eficiência e a inovação de sua empresa.

IDEIA 13 Organogramas, títulos e cargos servem a propósitos importantes. Use-os para o bem. Não deixe que o impeçam de fazer a coisa certa. Monte estratégias para contrabalançar estruturas organizacionais.

Não importa o cuidado que você tenha ao desenhar o organograma da empresa, não importa com que frequência você faça uma reorganização (espero que não anualmente) e não importa quanta experiência de arquitetura de cargos tenha: você é, na melhor das hipóteses, preparado para situações previsíveis e para os negócios de hoje. Quando as coisas vão para outro caminho ou uma mudança de iniciativa acontece, você corre o risco de um estrangulamento interfuncional burocrático.

Em sua carta para acionistas de 2016, Bezos advertiu que a forma mais rápida para se tornar uma temida empresa de Dia 2 era se basear em processos tradicionais. Bons processos servem ao negócio para que o negócio possa servir aos clientes, Bezos disse, mas, se você não tiver cuidado, o processo vai consumir o resultado. "Isso pode acontecer muito facilmente em empresas grandes. O processo se torna a ferramenta para alcançar o resultado que você quer. Você para de olhar para os resultados e apenas se certifica de que está fazendo o processo corretamente. Ops. Não é raro ouvir um líder júnior defender um resultado ruim com algo como 'Bem, nós seguimos o processo'. Um líder mais experiente vai usar uma situação assim como uma oportunidade de investigar e melhorar o processo. O processo não é a questão. Sempre vale perguntar: nós possuímos o processo ou o processo nos possui? Numa empresa de Dia 2, você pode achar que a segunda opção é a verdadeira",[44] escreveu Bezos.

A Lei de Conway e a empresa de consulta

A Lei de Conway declara que "empresas que projetem sistemas [...] serão limitadas a produzir um desenho cuja estrutura é uma cópia da estrutura de comunicação da empresa". Apesar de esse parecer um papo meio zen, esse princípio de 1967 da programação de computadores tem uma conclusão útil para os negócios. Resumindo, declara que múltiplos autores devem se comunicar com frequência uns com os outros para garantir a funcionalidade de um módulo de software. Como o design a que se chega primeiro quase nunca é o melhor possível, o conceito predominante de sistema pode ter de ser mudado. Assim, flexibilidade de organização é importante para o design efetivo.[45]

De acordo com Nigel Bevan, um especialista em usabilidade, a Lei de Conway é evidente no design de muitos sites corporativos. "As empresas muitas vezes produzem sites com um conteúdo e uma estrutura que espelham suas preocupações internas, mais do que as necessidades dos usuários do site", diz Bevan.[46]

A forma como uma prática de consultoria é organizada e implementada oferece conceitos úteis para nós. Uma prática de consultoria costuma estar alinhada com um eixo central, como geografia ou indústria, e então a um segundo eixo, como solução. Esses alinhamentos tão antigos da empresa são utilizados na gestão de talentos – contratação e treinamento – e no desenvolvimento de propriedade intelectual (PI). Um consultor muitas vezes é designado como gerente de performance como parte desse alinhamento da empresa. Mas o negócio da consultoria é baseado em clientes e projetos ou em uma missão. Muitas vezes um requer pessoas de fora da estrutura organizacional principal. Um projeto tem um começo e um fim. E um projeto tem um líder. Então o organograma formal da empresa ajuda a mandar as mensagens certas para o mercado; ajuda a definir e contratar as indústrias e as soluções certas; cultiva expertise e comunidades ao redor dessa expertise; e ajuda as pessoas a crescer. Mas não é assim que os verdadeiros projetos com clientes acontecem. No mundo real, a equipe de projetos se reporta ao líder de engajamento do cliente. Quando feito corretamente, os envolvidos apresentam todos os tópicos para conquistar os resultados certos para o cliente. Servir o cliente, cumprindo o projeto da missão, é a orientação primária, não os organogramas da empresa.

Instituições que não prestam consultoria deveriam se aconselhar com este manual. Mantenha seu modelo normal de organização e hierarquia de prestação de contas. E quando houver um projeto ou uma missão para cumprir ou um problema para resolver, reporte ao líder da iniciativa. O sucesso do projeto é medido apenas pelo sucesso da iniciativa, com sorte para a satisfação do cliente. Essa tática de "juntos venceremos" é limpa, clara e simples. Corta incontáveis horas de reuniões e comunicações falhas. Alavanca os talentos mais experientes de sua equipe. Promove a cultura do sim.

Mesmo com a estrutura organizacional de pequenas equipes da Amazon, os líderes às vezes percebem que o organograma da empresa e as atribuições dos cargos não fazem sentido para determinadas situações imediatas. Quando isso acontece, rapidamente se formam equipes de projeto com pessoas de outras partes da empresa. O segundo princípio de liderança, "Mentalidade de dono", declara que um líder nunca pode dizer "este não é o meu trabalho". A obsessão pelo cliente e as métricas favorecem a mentalidade de não deixar as atribuições do cargo e o organograma institucional atrapalharem a tarefa de fazer a coisa certa.

Cumpra a expectativa

Mas como você institui uma cultura antiburocracia? Na Amazon, essas normas e expectativas culturais não são pressupostas ou tidas como naturais. Elas são reforçadas e passadas adiante numa empresa dinamicamente crescente por meio de comunicados, tradições e exemplos de liderança. Não suponha que só passar a ideia adiante já resolve a situação. Repita, repita, repita... Como fazem as marcas bem-sucedidas, esteja presente na mensagem que você quer passar.

Talvez você já tenha ouvido um ditado que diz: "Trabalhe com o que você ama e nunca mais precisará trabalhar na vida". Este livro pretende inspirar sua equipe a amar resolver problemas e desafios como se fossem um cubo mágico, examinando cada possível troca até encontrar a solução perfeita. Essa paixão por resolver problemas canaliza a energia para os tipos certos de resultado e colaboração e destrói a mentalidade burocrática que organogramas e dinâmicas organizacionais podem criar. É assim que a inovação acontece. É assim que o sim acontece. As apostas são altas, mas tudo ainda é um jogo. Ensine seu pessoal a gostar do jogo. Eles nem sempre têm de vencer. Só precisam vencer bastante. Quais jogos podem ajudar a criar inovação?

Questões a considerar

1 Atribuições de cargos e organogramas reduzem a efetividade na resolução de problemas, na excelência operacional ou no serviço ao cliente?

2 Quais estratégias para reduzir fronteiras organizacionais você pode adotar para obter resultados mais rápidos?

3 Sua estrutura organizacional atravanca a inovação? Se sim, como você contrabalanceia isso?

IDEIA 14
JOGOS PARA INOVAÇÃO
Estimule a invenção
com diversão

O presente é deles; o futuro, pelo qual eu
realmente trabalhei, é meu.
Nicola Tesla

Uma das maiores honrarias que um funcionário da Amazon pode receber é uma peça de quebra-cabeça feita de acrílico azul ou transparente. Fora da Amazon, o troféu é basicamente inútil. Dentro da Amazon, é uma medalha de honra. Eles são conhecidos como "prêmios patente": os inventores da Amazon o recebem quando uma de suas invenções é registrada. Se a patente dá certo, eles ganham uma peça azul com nome, número da patente e data de registro.

Alguns dos inventores mais bem-sucedidos da Amazon têm grandes quebra-cabeças com dúzias de peças em suas mesas. Mas ninguém inventa mais do que o cara: na sala de conferências do Jeff há a palavra "patente" formada por peças azuis e emoldurada por peças transparentes.[47] Versões digitais desses prêmios de patente também circulam na intranet da empresa. Elas aparecem no perfil de um funcionário da mesma forma que pontos de experiência ou itens coletados aparecem no perfil de um jogador de *video game*. Isso não é mera coincidência.

> **IDEIA 14** Patente nada mais é que "uma grande ideia que agrega valor." Para a maioria das empresas e equipes, buscar patentes não é realista nem fundamental na estratégia, mas incentivar as "grandes ideias que agregam valor" é. Encontre formas divertidas e coerentes para estimular e recompensar as inovações.

Designers de games há muito entenderam que se você constrói uma interação no seu jogo, os jogadores vão interagir com ela. Toda vez que um jogo responde a seus jogadores, eles continuam jogando. Dê a eles uma porta e eles vão passar por ela. Dê uma arma e eles vão usá-la. Dê um incentivo para inventar e eles vão inventar. É a natureza humana. Em resumo, é assim que a Amazon gera um número absurdamente grande de invenções e patentes. A empresa transformou o processo num jogo (Figura 14.1).

FIGURA 14.1: Parabéns por ser um inventor da Amazon!
FONTE: Adaptado de Todd Bishop, "Legal Puzzle: Amazon and Former Employee Set for Trial in Unusual Patent Dispute". GeekWire, 8 jul. 2013.

O jogo do futuro

Numa carta de 2013 para acionistas, Bezos descreveu a Amazon como "uma equipe grande e inovadora" que tem "uma cultura de paciência, pioneirismo e obsessão pelo cliente". Ele descreveu como, em nome dos clientes, ótimas inovações – grandes e pequenas – acontecem todos os dias, em todos os níveis e por toda a empresa.[48] "Essa distribuição descentralizada de invenção, não limitada aos líderes seniores da empresa, é a única forma de conseguir inovações robustas e de alto rendimento. O que fazemos é desafiador e divertido. Nós trabalhamos no futuro", escreveu Bezos.[49]

Claro, em todo jogo há vencedores e perdedores. Isso não preocupa Bezos. Na verdade, ele abraça o fato de que o fracasso é parte da invenção. Ele entende que o fracasso não é opcional.

Nós sabemos disso, e preferimos fracassar cedo e fazer de novo até acertar. Quando esse processo funciona, significa que nossos fracassos são relativamente pequenos em tamanho (a maior parte dos experimentos pode começar pequeno), e quando atingimos algo que está de fato funcionando para os clientes, damos o melhor na esperança de tornar o sucesso ainda maior. Porém, não é sempre tão simples assim. Inventar é complicado, e com o tempo decerto vamos fracassar em algumas das apostas também.[50]

O que eu ganhei?

Quando se é funcionário de uma empresa, a propriedade intelectual que você desenvolve geralmente é propriedade dela. Então o que fica para o colaborador? Às vezes reconhecimento não é o suficiente, especialmente se seu funcionário cooperou com sua cultura e está pensando no futuro (em ser acionista futuramente). Mas há inúmeras formas de motivar colaboradores e gamificar a inovação na empresa.

Além de encontrar um modo de reconhecer a inovação – com um pedaço de resina acrílica, por exemplo –, há muitas maneiras de inspirar a colaboração e a empolgação das pessoas com o processo. Jogos e concursos podem ser entusiasmantes porque possibilitam um mindset diferente e quebram o *status quo* operacional.

Um *hackathon*, que exige colocar o trabalho "de lado" por três dias para focar num desafio específico, é uma dessas formas. O concurso pode ser moldado de acordo com seus objetivos – criar um novo modelo de negócios, melhorar a experiência do consumidor, eliminar um problema operacional ou um risco. Como limitador, imponha um prazo para a realização da atividade. Isso vai fazer as pessoas se desdobrarem, buscando atalhos e novas ideias.

Batizado com uma palavra japonesa que signfica "mude para melhor", o programa Kaizen da Amazon permite que funcionários se juntem em pequenas equipes para identificar desperdícios e propor pontos de melhora. Em 2014, mais de 2300 associados participaram de 725 atividades do Kaizen, de acordo com o site da Amazon. "Uma equipe do centro de distribuição da Amazon de Las Vegas aperfeiçoou o processo de devolução do cliente, aumentando a produtividade em 345%, eliminando distância excessiva de caminhada em 42 mil metros por dia e reduzindo o *work in process* em 46%."[51]

Um estudo detalhado da IBM, publicado no *Journal of Socio-Economics* e conduzido pelos economistas comportamentais Susanne Neckermann e Bruno Frey, descobriu que anunciar funcionários vencedores de alguma premiação com uma cerimônia pública tem tanto efeito em motivar pessoas quanto aumentar em até mil dólares o valor de uma recompensa financeira.[52]

A Amazon promove uma grande variedade de premiações e méritos. Muitas dessas honrarias são anunciadas por Jeff Bezos ou outro líder sênior em reuniões gerais trimestrais. Cada uma tem seu próprio subtexto. Por exemplo, o prêmio Just Do It [Apenas faça] é dado ao funcionário que é descoberto demonstrando o princípio de liderança de mentalidade de dono. A mensagem implícita é que nunca "não é seu trabalho" fazer a coisa certa. O prêmio Bar Raiser [Elevando o padrão] é concedido aos funcionários que foram capazes de identificar e contratar talentos que comprovadamente aumentaram a competência, as habilidades e o QI coletivo da empresa. O subtexto desse prêmio é que o motor por trás da Amazon está em constante aperfeiçoamento. Jeff tem uma anedota célebre sobre a filosofia do Bar Raiser. Cinco anos depois que um funcionário tiver sido contratado, ele deve pensar: "Estou feliz por ter sido contratado naquela época, porque agora eu não seria."[53]

Nem sempre precisa ser um prêmio. Na época das festas, quando as operações logísticas se preparam para administrar o estoque e enfrentar outro pico de pedidos, Jeff Wilke usa camisa de flanela, uma tradição que reconhece o trabalho duro e os sacrifícios de centenas de milhares de trabalhadores nos centros de distribuição da Amazon e passa o recado de que a segurança vem sempre em primeiro lugar.

E há também a "cadeira vazia". Bezos é conhecido por deixar sempre uma cadeira vazia na mesa de reunião, para que todos os presentes não se esqueçam de que ela é ocupada pelo cliente, "a pessoa mais importante na sala".[54]

No fim das contas, esses gestos simbólicos são altamente calculados e reforçam mensagens criadas para reforçar os princípios de liderança da Amazon. É uma tática que Bezos usa desde o começo. Com isso, ele continua provando que se você der ao funcionário – qualquer funcionário – uma porta, ele vai passar por ela. E, em alguns casos, esses incentivos têm um impacto considerável no resultado final. Isso nos leva à mesa-porta.

Questões a considerar

1 Você valoriza equipes e pessoas que vão além das expectativas?

2 Um *hackathon* poderia ajudar a gerar ideias inovadoras?

3 Tempo livre dedicado a resolver problemas e propor inovação traria resultados diferentes para sua empresa?

IDEIA 15
A MESA-PORTA

Force inovações por meio da frugalidade

*A frugalidade encerra
em si as demais virtudes.*
Cícero

Jeff Bezos há muito acredita que uma das grandes *forcing functions* para a inovação é a frugalidade. Nas palavras dele: "Uma das únicas formas de sair de uma caixa apertada é inventar sua fuga".[55] Cada dólar economizado é uma oportunidade de investir no negócio. Eliminar custos estruturais do negócio leva a preços baixos, que leva a um *flywheel* virtuoso. Ele também acredita que a preocupação com a frugalidade minimiza o que mais teme e odeia: complacência.

Bezos adora simbologias. Um dos símbolos icônicos associados à Amazon é a mesa-porta. No começo da história da empresa, Bezos era taxativo ao dizer que mesas grandes e elaboradas eram desnecessárias no escritório. Para ele, aquilo de que todos precisavam – e isso incluía líderes seniores – era um local de trabalho. A certa altura, alguém parafusou pernas em portas que estavam sobrando para criar mesas. Elas acabaram se tornando o símbolo da cultura igualitária e de baixo custo que Bezos tentava criar. Na verdade, a empresa ainda entrega o prêmio Door Desk [Mesa-porta], uma honraria concedida a colaboradores que apresentem uma "ideia bem construída", que gera economia significativa para a empresa e possibilita preços mais baixos para os clientes.[56]

Embora tenha origem humilde, o conceito de mesa-porta é flagrante para compreender como uma empresa tão complexa e vasta como a Amazon foi capaz de galgar alturas tão elevadas.

Bezos sabia que economizar dinheiro era apenas um benefício secundário da frugalidade. O valor mais importante vem na forma de eficiência.

IDEIA 15 Economizar é mais do que uma questão de competitividade. Frugal não é o mesmo que sovina. Aprenda a economizar e, assim, construir uma cultura de eficiência e inovação. Criar com limitações – financeiras, por exemplo – ajuda a pôr a situação em perspectiva e estimula a inovação.

Enxergando longe

A frugalidade, um dos valores centrais da Amazon, também é diretamente ligada à ideia da empresa de Dia 1 e à visão de longo prazo. Em sua carta de 1997 aos acionistas – que passou a ser anexada a todas as outras cartas desde então –, Bezos explicou que a forma como a Amazon tomava decisões e avaliava *trade-offs* era diferente em relação a algumas empresas. E então ele compartilhou com seus acionistas a abordagem fundamental de gestão e tomada de decisões da Amazon.

O primeiro item da lista era: "Vamos continuar focando incansavelmente em nossos clientes". O segundo: "Vamos continuar tomando decisões sobre investimentos considerando uma liderança de mercado de longo prazo, mais do que uma lucratividade de curto prazo ou reações de curto prazo em Wall Street". Ele continuou: "Vamos trabalhar duro para gastar com sabedoria e manter uma cultura enxuta. Nós entendemos a importância de reforçar continuamente uma cultura de custo consciente, principalmente num negócio que causa perdas líquidas".[57]

Frugalidade requer uma atitude de cortar o supérfluo, aproveitar tudo ao máximo, ser humilde e inovador, criando uma cultura que presta atenção aos detalhes e entende a excelência operacional. Frugalidade e experiência do cliente são ingredientes mágicos tanto para inovar, quanto para crescer. Até hoje, essa insistência na frugalidade faz com que os funcionários tenham em mente que a Amazon é de fato uma empresa diferente, com um missão focada em clientes e inovação.

Questões a considerar

1 Frugalidade é apenas um tipo de limitação. Que limitações você poderia estabelecer para apoiar a excelência operacional e a inovação em sua empresa?

2 Quais símbolos, como a mesa-porta da Amazon, você pode usar para reforçar as limitações que deseja em seu negócio?

3 Propor como exercício a pergunta "Como podemos cortar custos em 50% e aumentar a satisfação do cliente e a receita?" poderia resultar em inovação?

Notas

INTRODUÇÃO [p. 07]

1 Charlie Rose, "Amazon's Jeff Bezos Looks to the Future". *60 Minutes*, 1º dez. 2013.

2 CB Information Services, "Amazon's 'Beehive,' Drone-Carrying Trains Reinforce Focus on Logistics Tech". *CB Insights*, 3 ago. 2017. Disponível em: <cbinsights.com/research/amazon-warehouse-patent/>. Acesso em: 25 jan. 2020.

IDEIA 1 [p. 13]

3 Beth Billington, "Housing Inventory Reaches Record Low, but Brokers Expect Spring Bounce". *NW REporter*, 7 mar. 2017. Disponível em: <bethbillington.com/housing-inventory-reaches-record-low-brokers-expect-spring-bounce/>. Acesso em: 25 jan. 2020.

4 Seth Fiegerman, "Amazon Now Has More Than 500,000 Employees". *CNN Business*, 26 out. 2017. Disponível em: <money.cnn.com/2017/10/26/technology/business/amazon-earnings/index.html>. Acesso em: 25 jan. 2020.

5 Todd Bishop, "Amazon Soars to More Than 341K Employees — Adding More Than 110K People in a Single Year". *GeekWire*, 2 fev. 2017. Disponível em: <geekwire.com/2017/amazon-soars-340k-employees-adding-110k-people-single-year/>. Acesso em: 25 jan. 2020.

6 Amazon Dayone Blog, "Amazon's Urban Campus". Disponível em: <amazon.com/p/feature/4kc8ovgnyf996yn>. Acesso em: 25 jan. 2020.

7 Steven Levy, "Jeff Bezos Owns the Web in More Ways Than You Think". *WIRED*, 13 nov. 2011. Disponível em: <wired.com/2011/11/ff_bezos/>. Acesso em: 25 jan. 2020.

IDEIA 2 [p. 19]

8 JP Mangalindan, "Jeff Bezos's Mission: Compelling Small Publishers to Think Big". *Fortune*, 29 jun. 2010.

IDEIA 3 [p. 24]

9 Jeff Bezos, "2016 Letter to Shareholders". *Amazon Dayone Blog*, 17 abr. 2017. Disponível em: <blog.aboutamazon.com/company-news/2016-letter-to-shareholders>. Acesso em: 25 jan. 2020.

10 Amazon Leadership Principles. Disponível em: <amazon.jobs/en/principles>. Acesso em: 25 jan. 2020.

11 Jeff Bezos, "Day One Fund". *Twitter*, 13 set. 2018. Disponível em: <twitter.com/JeffBezos/status/1040253796293795842?s=20>. Acesso em: 25 jan. 2020.

IDEIA 4 [p. 30]

12 Anna Mazarakis e Alyson Shontell, "Former Apple CEO John Sculley Is Working on a Startup That He Thinks Could Be Bigger Than Apple". *Business Insider*. Disponível em: <businessinsider.com/john-sculley-interview-healthcare-pepsi-apple-steve-jobs-2017-8>. Acesso em: 25 jan. 2020.

13 Chris Davis, Alex Kazaks e Alfonso Pulido, "Why Your Company Needs a Chief Customer Officer". *Forbes*, 12 out. 2016.

IDEIA 5 [p. 34]

14 Jodi Kantor and David Streitfeld, "Inside Amazon: Wrestling Big Ideas in a Bruising Workplace". *The New York Times*, 15 ago. 2015. Disponível em: <nytimes.com/2015/08/16/technology/inside-amazon-wrestling-big-ideas-in-a-bruising-workplace.html>. Acesso em: 25 jan. 2020.

15 Drake Baer, "Jeff Bezos to Social Cohesion: Drop Dead". *Fast Company*, 17 out. 2013. Disponível em: <fastcompany.com/3020101/jeff-bezos-to-social-cohesion-drop-dead>. Acesso em: 25 jan. 2020.

IDEIA 6 [p. 38]

16 Jocko Willink, "Extreme Ownership". *TEDx University of Nevada*, 18 fev. 2017. Disponível em: <singjupost.com/jocko-willink-on-extreme-ownership-at-

tedxuniversityofnevada-transcript/>. Acesso em: 25 jan. 2020.

17 Jay Yarrow, "Steve Jobs on the Difference Between a Vice President and a Janitor". *Business Insider*, 7 maio 2011. Disponível em: <businessinsider.com/steve-jobs-on-the-difference-between-a-vice-president-and-a-janitor-2011-5>. Acesso em: 25 jan. 2020.

18 Matt Rosoff, "Jeff Bezos 'Makes Ordinary Control Freaks Look Like Stoned Hippies,' Says Former Engineer". *Business Insider*, 12 out. 2011. Disponível em: <businessinsider.com/jeff-bezos-makes-ordinary-control-freaks-look-like-stoned-hippies-says-former-engineer-2011-10>. Acesso em: 25 jan. 2020.

19 Área total da instalação da Amazon nos Estados Unidos em 17 de novembro, por tipo de instalação (em milhões de metros quadrados). "Amazon: Statistics & Facts". *Statista*. Disponível em: <statista.com/topics/846/amazon/>. Acesso em: 25 jan. 2020.

20 Crescimento ano a ano da receita da Amazon em serviços de web, do primeiro trimestre de 2014 ao quarto trimestre de 2017. "Amazon: Statistics & Facts". *Statista*. Disponível em: <statista.com/topics/846/amazon/>. Acesso em: 25 jan. 2020.

21 Amazon, "Amazon Compute Service-Level Agreement". Disponível em: <aws.amazon.com/ec2/sla/>. Acesso em: 25 jan. 2020.

IDEIA 7 [p. 43]

22 Adam Lashinsky, "Amazon's Jeff Bezos: The Ultimate Disrupter". *Fortune*, 3 dez. 2012.

23 W. Edwards Deming Institute Blog. Disponível em: <blog.deming.org/w-edwards-deming-quotes/large-list-of-quotes-by-w-edwards-deming/>. Acesso em: 25 jan. 2020.

IDEIA 8 [p. 46]

24 "FYIFV". *Wikipedia*. Disponível em: <en.wikipedia.org/wiki/FYIFV>. Acesso em: 25 jan. 2020.

25 Jodi Kantor e David Streitfeld, "Inside Amazon: Wrestling Big Ideas in a Bruising Workplace". *The New York Times*, 15 ago. 2015. Disponível em: <nytimes.com/2015/08/16/technology/inside-amazon-wrestling-big-ideas-in-a-bruising-workplace.html>. Acesso em: 25 jan. 2020.

26 Ibid.

27 Ian McGugan, "How Buffett Believes Berkshire Can Avoid the ABCs of Business Decay". *Globe and Mail*, 6 mar. 2015. Disponível em: <theglobeandmail.com/globe-investor/investment-ideas/how-buffett-believes-berkshire-can-avoid-business-decay/article23342395/>. Acesso em: 25 jan. 2020.

IDEIA 9 [p. 50]

28 Todd Bishop, "Amazon Go Is Finally a Go: Sensor-Infused Store Opens to the Public Monday, with No Checkout Lines". *GeekWire*, 21 jan. 2018.

IDEIA 10 [p. 55]

29 Ayse Birsel, "Why Elon Musk Spends 80 Percent of His Time on This 1 Activity". *Inc.*, 21 jul. 2017. Disponível em: <inc.com/ayse-birsel/why-elon-musk-spends-80-percent-of-his-time-on-thi.html>. Acesso em: 25 jan. 2020.

30 Ibid.

IDEIA 11 [p. 58]

31 Neal Ungerleider, "Free Shipping Is a Lie". *Fast Company*, nov. 2016.

32 Chris Matyszczyk, "Apple Exec Mocks Google Home and Amazon Echo". *CNET*, 6 maio 2017.

33 Eugene Kim, "FedEx: Amazon Would Have to Spend 'Tens of Billions' to Compete with Us". *Business Insider*, 16 mar. 2016.

34 Jonathan Garber, "Foot Locker: We Aren't Afraid of Being Amazon'd". *Business Insider*, 18 ago. 2017.

35 Berkeley Lovelace Jr., "Saks President on Artificial Intelligence: 'We Don't Need A.I. in Our Stores. We Have I'." *CNBC*, 12 jan. 2018.

36 Jim Finkle, "What on Earth Is 'Cloud Computing'?". *Reuters*, 25 set. 2008.

37 Staff, "Mark Hurd Says He Doesn't Worry 'So Much' About Amazon Web Services". *CNBC*, 2 out. 2017.

38 Shira Ovide, "How Amazon's Bottomless Appetite Became Corporate America's Nightmare". *Bloomberg*, 14 mar. 2018. Disponível em: <bloomberg.com/graphics/2018-amazon-industry-displacement/>. Acesso em: 25 jan. 2020.

39 Max Nisen, "Jeff Bezos: 'Inventing and Pioneering Involves a Willingness to Be Misunderstood'". *Business Insider*, 7 jan. 2013. Disponível em: <businessinsider.com/bezos-pioneering-requires-being-misunderstood-2013-1>. Acesso em: 25 jan. 2020.

40 Alan Deutschman, "Inside the Mind of Jeff Bezos". *Fast Company*, 1º ago. 2004. Disponível em: <fastcompany.com/50106/inside-mind-jeff-bezos-5>. Acesso em: 25 jan. 2020.

41 Ibid.

42 John Cook, "Jeff Bezos on Innovation: Amazon 'Willing to Be Misunderstood for Long Periods of Time'". *GeekWire*, 7 jun. 2011. Disponível em: <geekwire.com/2011/amazons-bezos-innovation/>. Acesso em: 25 jan. 2020.

IDEIA 12 [p. 63]

43 Kimberly Reuter, entrevista particular com o autor, 2015.

IDEIA 13 [p. 66]

44 Jeff Bezos, "2016 Letter to Shareholders". Amazon.com.

45 Mel Conway, "Conway's Law". *Melconway.com*. Disponível em: <melconway.com/Home/Conways_Law.html>. Acesso em: 25 jan. 2020.

46 Nigel Bevan, "Usability Issues in Web Site Design", abr. 1998. Disponível em: <researchgate.net/publication/2428005_Usability_Issues_in_Web_Site_Design>. Acesso em: 25 jan. 2020.

IDEIA 14 [p. 70]

47 Quora, "Does Amazon Give Any Award to Employees for Sending Patents?", 29 maio 2015. Disponível em: <quora.com/Does-Amazon-give-any-award-to-employees-for-sending-patents>. Acesso em: 25 jan. 2020.

48 Jeff Bezos, "2013 Letter to Shareholders". Amazon.com, 10 abr. 2014.

49 Ibid.

50 Ibid.

51 Day One Staff, "Change for the Better: Why We Focus on Kaizen". *Amazon Dayone Blog, Amazon.com*. Disponível em: <amazon.com/p/feature/7vgnru22nddw5jn>. Acesso em: 25 jan. 2020.

52 Bruno Frey e Susanne Neckermann, "And the Winner Is...? The Motivating Power of Employee Awards". *Journal of Socio-Economics*, v. 46, pp. 66-77, out. 2013.

53 George Anders, "Inside Amazon's Idea Machine". *Forbes*, 23 abr. 2012.

54 Laura Stevens, "Jeff Wilke: The Amazon Chief Who Obsesses Over Consumers". *The Wall Street Journal*, 11 out. 2017.

IDEIA 15 [p. 75]

55 "Bezos on Innovation". *Bloomberg Businessweek*, 16 abr. 2008. Disponível em: <bloomberg.com/news/articles/2008-04-16/bezos-on-innovation>. Acesso em: 25 jan. 2020.

56 JP Mangalindan, "Amazon's Core? Frugality". *Fortune*, 26 mar. 2012. Disponível em: <fortune.com/2012/03/26/amazons-core-frugality/>. Acesso em: 25 jan. 2020.

57 Jeff Bezos, "1997 Letter to Shareholders". Amazon.com.

ESTRATÉGIA

50 IDEIAS E ½ PARA SE TORNAR UM LÍDER DE MERCADO

pense como a amazon

ESTRATÉGIA

50 IDEIAS E ½ PARA SE TORNAR UM LÍDER DE MERCADO

pense como a amazon

ESTRATÉGIA

ESTRATÉGIA

50 IDEIAS E ½ PARA SE TORNAR UM LÍDER DE MERCADO

pense como a

amazon

ESTRATÉGIA

50 IDEIAS E ½ PARA SE TORNAR UM LÍDER DE MERCADO

pense como a

amazon

ESTRATÉGIA

IDEIA 16
INTRODUÇÃO À MISSÃO IMPOSSÍVEL
Ser digital

*Somos uma impossibilidade
num universo impossível.*
Ray Bradbury

Eu poderia escrever um livro inteiro escrutinando a definição de *digital*. Poderia restringir, definir, discutir e enquadrar, delineando os vários aspectos, variações, categorias e nomenclaturas. Não vejo como isso seria útil.

O desafio de grande parte dos gerentes, dos líderes e das equipes não é sobre o que significa ser digital ou sobre se dar conta de que seus negócios precisam evoluir, mas sim *como fazer isso*. Do que você e sua empresa precisam para fazer diferente? Se essas são as perguntas que você se faz, então está no lugar certo. E, apesar do título deste capítulo, esta não é nenhuma "missão impossível", embora às vezes pareça que sim.

IDEIA 16 Ser digital significa mudar e melhorar não apenas a empresa, mas também você mesmo. Ser digital significa ter velocidade e agilidade não apenas para seu cliente, mas em como você faz seu trabalho e colabora enquanto parte de uma empresa. Para fazer uma mudança permanente, seja incisivo nos hábitos novos que sua equipe deve adotar como parte dessa missão.

ESTRATÉGIA

Abra-se à mudança

Segredo 1: Compita de forma diferente

Dizem que quem gosta de mudança é empresa de transporte. Mas um apetite pelo novo é o que separa inovadores de retardatários, empreendedores de burocratas e vencedores digitais de perdedores digitais. Profissionais, equipes e empresas que aprendem a amar mudanças e que são viciados em desafiar tudo no *status quo* são os verdadeiros vencedores digitais. É preciso extrair até a última gota de competência todo santo dia até que você e sua empresa sejam ótimos. E aí comece tudo de novo outra vez.

Por quê? Porque digital não é só tecnologia ou redes sociais. Ser digital é competir de forma diferente, potencializando novas experiências do cliente e adotando práticas enxutas de negócios e modelos inovadores – impulsionados pela convergência de uma ampla gama de competências tecnológicas e informatizadas, como as nuvens, o engajamento social e móvel, a inteligência artificial e a análise preditiva. Repito: digital se resume a tecnologia. É competir de forma diferente.

Segredo 2: Desta vez é pessoal

O que as pessoas muitas vezes não entendem é que transformação digital não é apenas uma mudança organizacional, é também uma mudança *pessoal*. Como disse Gandhi, você deve ser a mudança que quer ver no mundo. Não há como transformar a empresa toda se você fracassar em mudar seus hábitos pessoais.

Transformação digital é tanto a mudança organizacional quanto a pessoal necessária para prosperar como negócio ou como profissional na era digital. Transformação digital implica novas crenças, novas filosofias de gestão e novas técnicas, tanto no nível organizacional quanto no pessoal. As mudanças pessoais que costumam ser necessárias estão resumidas em muitas ideias deste livro – ser um desenvolvedor, escrever narrativas, desenhar métricas, buscar a raiz do problema e inovar ao lidar com as limitações. E já que você não pode fazer tudo isso sozinho, precisa agir com mentalidade de dono e colocar a mão na massa em vez de sempre delegar.

Segredo 3: Velocidade importa

No papel, é simples. Digital é igual a velocidade e agilidade. Velocidade é excelência operacional. Agilidade é a habilidade de fazer mudanças acontecerem. Para vencer no digital, torne tudo mais rápido e mais ligeiro.

Isso inclui o que você oferece a seus clientes e como você lida com seu trabalho. Tanto por dentro quanto por fora, você precisa entregar e realizar as coisas em prazos cada vez menores, adaptando, reagindo com agilidade, otimizando o tempo e melhorando seus processos e os dados obtidos por meio da experiência do cliente.

Torne fácil

Ser digital é competir de forma diferente. Como as empresas inovadoras fazem isso? A estratégia geral que define a era digital está tornando as coisas *fáceis*. E por "fáceis" quero dizer fáceis *mesmo*. Talvez o grande valor da Amazon seja devolver tempo a seus clientes. Eles economizam tempo não indo à loja. Vendedores economizam tempo porque não precisam trabalhar em uma marca ou fazer propaganda. Líderes de logística economizam tempo ao impulsionar o atendimento da Amazon nas entregas de pedidos. "Fácil" também significa dar a seus clientes muito mais dados e ideias, controlando cara a cara as interações com a empresa.

As nuvens, por exemplo, são uma tecnologia disruptiva em relação à indústria tradicional de hardware e software. Primeiro, você paga apenas pelo que usa. A computação em nuvem mudou o modelo de gasto fixo para gasto variável.

Segundo, a computação em nuvem remove o *cycle time*[*] de aquisições, montagens e instalações e possibilita um crescimento imediato. A elasticidade de crescer e diminuir com facilidade permite que empresas economizem grandes quantidades de tempo, recursos e gastos. Tamanho costumava ser a grande vantagem de negócios já estabelecidos. Não é mais. Plataformas como o Mechanical Turk da Amazon ou o WeWork permitem que equipes pequenas possam trabalhar de imediato e com

---

[*] A diferença entre o momento em que a tarefa é considerada "em progresso" até o momento em que ela entra em seu estado final. [N.E.]

possibilidade de crescimento. Quando eu estava à frente de dois negócios da Amazon, a característica que mais admirava era que toda função tinha um plano para melhorar e crescer. Nem todos foram financiados, mas qualquer líder podia apresentar seu plano e concorrer a um financiamento.

Por fim, a computação em nuvem abstrai a complexidade e torna a gestão de infraestrutura exponencialmente mais acessível do que administrar por conta própria. Como eu disse, é fácil.

Para os clientes, a competição digital se baseia em conveniência e escolha, empoderando-os para que decidam como e quando querem fazer negócios com você. É preciso eliminar etapas que não agregam valor, cortar custos, melhorar a qualidade ou otimizar tempo. Por exemplo, empresas de fast fashion, como a H&M, cortaram o *lead time**, intervalo que compreende desde a ideia inicial até o produto final, para seis semanas. Também é necessário dar transparência e acesso a seus clientes. A Travelocity teve uma sacada genial para ser disruptiva na área das agências de viagem: tornar todas as opções e preços disponíveis ao consumidor.

"A tecnologia hoje está criando modelos de negócios totalmente novos. A Uber, a maior empresa de transporte particular, não possui veículos. O Facebook, a maior empresa de notícias, não desenvolve conteúdo. O Alibaba, o maior varejista, não tem estoque nenhum. O Airbnb, líder do setor hoteleiro, não tem hotéis", diz Terry Jones, fundador da Travelocity e da Kayak. "Essas empresas são extremamente descomplicadas. Há um slogan no Vale do Silício que diz: 'Passo um, instale o software. Não há passo dois'. É isso. É simples assim que tem de ser."[1]

Encontre e contrate líderes digitais

No mundo dos esportes, diz-se que é impossível ensinar velocidade; ou você nasce rápido, ou não. Treino e técnica podem desenvolver, aprimorar e aperfeiçoar essa velocidade, mas nada pode fazer com que um atleta

---

* Trata-se do tempo total gasto em um processo de compra, que inicia na solicitação do consumidor e finaliza no momento em que ocorre a entrega do produto ou a prestação do serviço a ele. [N.E.]

lento se torne rápido. Nos negócios, felizmente não é assim. É possível aprender a ser veloz, mas você precisa encontrar os mentores certos.

Encontrar líderes com olho crítico e instinto para inovar e executar transformações digitais é difícil – são habilidades quase mágicas. Por quê? Empresas maduras resolveram os problemas de seus clientes e agora medem o sucesso pelo lucro, o que significa um foco maior na eficiência operacional. Como consequência, a inovação é prejudicada.

"Tais práticas e políticas garantem que executivos possam fazer entregas significativas e acalmem os acionistas. Mas elas também minimizam os tipos e a escala de inovação que podem ser alcançados com sucesso dentro de uma empresa", escreveu o pesquisador de inovação Maxwell Wessel na *Harvard Business Review*. "Nenhuma empresa cria um produto para transformar o crescimento perguntando: 'Como podemos fazer o que já fazemos, um pouquinho melhor e um pouco mais barato?'." [2]

Em outras palavras, pedir para as mesmas equipes e pessoas que sejam tanto operadoras como inovadoras não vai dar certo. As duas coisas que um líder de empresa (seja um CEO, seja um gerente) está mais apto a fazer é comunicar sua perspectiva e alocar recursos. Para combinar excelência operacional e inovação sistemática, permitindo um avanço rápido e um "fracasso posterior", os líderes devem criar um ambiente para que as pequenas sementes brotem. "Tanto a Amazon Retail quanto a AWS começaram como pequenas sementes", Bezos explicou, "e ambas cresceram de forma orgânica... Uma é famosa pelas caixas de papelão e a outra, por APIs... No fundo, as duas não são tão diferentes. Elas compartilham uma cultura organizacional distinta que se importa profundamente com atos e convicções de um pequeno número de princípios". Esses princípios, como estabelecido pela liderança da empresa, criaram as bases para uma cultura de "fracasso posterior", que leva muitas linhas de negócios da Amazon ao sucesso.

A chave para a inovação dentro da Amazon ou da sua própria empresa é imaginar e construir sua própria estrutura de tentativa e erro. De acordo com Bezos:

Você precisa escolher gente que tende a estar insatisfeita com o padrão das coisas. No dia a dia, essas pessoas percebem o que está errado no mundo e querem fazer algo para consertar. O nível de insatisfação de inovadores deve ser enorme... É preciso assumir o fracasso de julgamento – "Tentamos isso; como não funcionou, vamos tentar algo diferente". Os maiores sucessos da Amazon passaram por este processo: fracasse, tente novamente e repita esse ciclo.[3]

Correndo o risco de ser simplista demais, se velocidade é o melhor atributo para descrever o digital, então a transformação digital só será alcançada se você e sua empresa forem rápidos.

Questões a considerar

1 Como você define o digital em sua empresa?

2 Você consegue medir e monitorar o progresso de se tornar digital?

3 O que é difícil de fazer hoje, mas deveria se tornar fácil?

IDEIA 17
EXPERIMENTE, FRACASSE, ENXÁGUE, REPITA

Planeje e opere seus experimentos
para o sucesso digital

Eu não fracassei. Apenas descobri 10 mil
soluções que não funcionaram.
Thomas Edison

Adoro as histórias de produtos que vão adiante por causa de seus nomes gloriosos. Como um complexo de apartamentos chamado The Lakes [Os lagos], situado num terreno descampado e com um poço artificial sem graça. Produtos que intencionavam alçar voos altos, mas que implodem na sarjeta: Apple Newton, Google Glass, Microsoft Bob, New Coke e Amazon Fire Phone.

Minha tendência favorita no momento é a expressão "metodologia ágil": uma abordagem que preza soluções iterativas e incrementais no design e na entrega. Trabalhei com e gerenciei vários programas de tecnologia usando metodologia ágil. Participantes-chave nas iniciativas aparentemente a definem como "uma metodologia sem *accountability*". Margem, tempo, custo? Não podem nos responsabilizar, porque somos ágeis (piscadinha). Eles são totalmente descompromissados quando se trata de fazer o que disseram que iriam fazer. Ainda assim, o maior problema semântico ocorre quando ágil é usado como uma desculpa para não obter resultados *reais* – o que de fato importa para os clientes e para o negócio.

"Mova-se rápido e quebre coisas": o mantra interno do Facebook encoraja ação rápida quando se trata de novas ideias. Pensar demais nessas coisas pode sacrificar uma vantagem competitiva numa indústria que se move à velocidade da luz.

ESTRATÉGIA

IDEIA 17 Sucesso digital depende de se mover depressa e mensurar o impacto das mudanças por meio de testes. Depende de identificar o tipo certo de falha em contraposição ao errado e cuidadosamente decidir como definir um teste ou uma avaliação. Líderes seniores precisam estar pessoalmente envolvidos na escolha do teste e na análise dos resultados e das implicações.

Pense grande, não aposte grande

Liderei o lançamento de negócios terceirizados na Amazon em 2002. Essa plataforma permitia que vendedores anunciassem seus produtos por meio do site da Amazon. Hoje ela comporta 3 milhões de vendedores e é responsável por 50% de todas as unidades enviadas e vendidas na Amazon. Ter e manter uma visão ampla de criar uma experiência notável para o cliente e para o vendedor foi crucial para possibilitar as bases do sucesso.

Enquanto construíamos esse modelo de negócio terceirizado, focamos em três princípios básicos que permitiriam que ele crescesse. Primeiro, a experiência dos clientes com os vendedores terceirizados precisava ser indistinguível da experiência de comprar diretamente da Amazon. Segundo, a experiência de vender na plataforma de terceiros da Amazon tinha de ser intuitiva e fácil, mesmo que o processo fosse complexo, de certa forma. Terceiro, tínhamos de criar uma plataforma que comportasse centenas de milhares – não dezenas ou centenas – de vendedores, e elaborar uma estratégia para isso. Gerenciar seu negócio na Amazon tinha de ser um esquema autogerenciável.

Por causa da nossa estratégia, a coreografia de dados e transações entre os vendedores e a Amazon tinha de ser mais complexa. Construímos ferramentas, exemplos, ambientes de teste e muito suporte para tornar a venda tão intuitiva e eficiente para os vendedores quanto possível. Também tínhamos de pensar nos tópicos de escala. A Amazon tinha de entrar em acordo com seus vendedores terceirizados, requerendo que eles anunciassem os itens com o mesmo preço e a mesma disponibilidade de quaisquer outros canais de venda que pudessem estar usando. Como monitorar quais vendedores estavam cumprindo essa obrigação?

A opção mais óbvia, porém menos escalonável e eficiente, seria confiar em auditorias e análises manuais. Esse processo teria sido caro e só permitiria que analisássemos um pequeno conjunto de itens. Em vez disso, construímos um sistema automatizado para checar se os vendedores estavam fazendo jus às suas obrigações. Usando as informações do item que eles enviavam à Amazon, fomos capazes de entrar em seus sites e em quaisquer outros canais de venda para verificar a consistência do preço e da disponibilidade.

Estávamos pensando grande, bem grande. Mas não confundíamos "pensar grande" com "apostar grande" – nem você deveria. Meu resumo de como construímos a plataforma de negócios terceirizados da Amazon nos parágrafos enganadoramente concisos acima pode soar como calmaria, mas o fato é que a história foi repleta de falhas. Porém, nenhum arrecife afiado conseguiu afundar o barco. A arte da inovação reside nos muitos fracassos – aprendizado, adaptação e superação – que surgem ao longo do caminho. O princípio que você vai encontrar abaixo da superfície diz respeito a como dimensionar o fracasso.

Começar pequeno

Quanto maior a sua habilidade de inventar formas de realizar pequenos testes repetidamente, maior a probabilidade de você atingir o sucesso. Em outras palavras, pense grande, mas aja pequeno.

Levou anos até o negócio terceirizado ter a força que tem hoje. Antes mesmo de eu me juntar à equipe do Marketplace, a Amazon já tinha tentado – sem sucesso – construir duas outras plataformas de vendas terceirizadas. Antes do Amazon Marketplace, houve o Amazon Auctions e o ZSHOP. Os dois primeiros falharam; o terceiro é hoje um grande sucesso.

E embora a Amazon tenha de fato investido no Marketplace, não foi um investimento de alto risco. Em vez disso, a liderança investiu em experimentos individuais relativamente pequenos que iriam aumentar a percepção de longo prazo da Amazon sobre a fórmula do sucesso.

Como são esses experimentos menores? No Marketplace, nós inicialmente pensamos que os clientes iriam querer comprar de lojas específicas, então construímos a infraestrutura para permitir que

ESTRATÉGIA

vendedores criassem lojas com marcas. Quando lançamos de fato as lojas, descobrimos que os clientes prefeririam comprar por categoria no site completo da Amazon. Como resultado, terminamos tirando a ênfase de lojas específicas e focando em vez disso em melhorar a navegação na Amazon.

Só quando o Marketplace encontrou a fórmula perfeita de longo prazo – por meio desse e de vários outros experimentos – foi que a empresa mudou seu foco para o crescimento. Inovadores de sucesso executam vários experimentos pequenos e têm uma perspectiva de longo prazo para o sucesso do produto e do negócio que envolve paciência. É raro, apesar de não ser impossível, que inovação e lucros de longo prazo sigam juntos. Bem executados, esses pequenos experimentos ajudam você a perceber as necessidades de seus clientes e a entender como seu produto pode se encaixar no mercado. Mal executados, podem ser pior do que não fazer experiência alguma.

Táticas para agir pequeno

Um experimento falho pode facilmente ser resultado de uma má execução, mas também pode ser um teste válido de suas hipóteses sobre um produto. Por sorte, a Amazon e outras empresas desenvolveram táticas para agir pequeno e se mover iterativamente para ajudar você a evitar essa armadilha.

Prototipação de baixa fidelidade

Se você já criou algo que funciona apenas parcialmente só para testar alguns componentes críticos, criou um protótipo de baixa fidelidade. O Cardboard do Google é um exemplo de realidade virtual (RV) de baixa fidelidade: colocando seus fones dentro de um visor de RV de papelão, os usuários podem experimentar a realidade virtual.

A primeira versão disso provavelmente foi criada usando algumas partes pré-fabricadas e uma caixa de papelão. Hoje o Google usa o Cardboard para construir sua comunidade de desenvolvedores e testar a popularidade dessa tecnologia sem gastar tempo e dinheiro criando um produto de RV mais complexo. Considere formas de testar a efetividade ou a viabilidade de seu experimento sem de fato produzi-lo. Prototipação de baixa fidelidade pode ser útil como uma demonstração visual de como um produto pode funcionar e uma forma de conseguir a verba para desenvolver um protótipo inteiro.

Produto mínimo viável

A ideia do produto mínimo viável (PMV) foi popularizada pelo livro de 2011 de Eric Ries, *A startup enxuta*. Nele, Ries encoraja empresários a identificar e testar suposições críticas por trás de suas soluções e de seus negócios.

Inspirado pelo trabalho de seu mentor, Steve Blank, Ries popularizou a ideia de usar uma versão viável mínima de seu produto para ajudá-lo a provar ou contestar suposições sobre seu negócio e seus clientes por meio de tentativas cuidadosamente construídas.

A chave para o PMV é articular da forma mais sucinta possível qual parte ou traço da sua perspectiva maior precisa ser validado ou testado primeiro (ou em seguida) e tornar a gama limitada a um traço. Esse processo de definir e medir a hipótese rapidamente obtém feedback de clientes ou do mundo lá fora para só então seguir da forma mais incremental ou ágil possível para o próximo teste.

Num nível conceitual, isso soa fácil de se fazer. Mas na prática há muitas forças e realidades que entram no jogo e trabalham contra o PMV tão pequeno quanto possível. Entre esses desafios estão: compreender e definir com precisão quais são as hipóteses corretas e em qual ordem devem estar; encontrar meios de construir apenas com os recursos necessários, em contrapartida aos muitos recursos adicionais que um produto pronto para o mercado exige; encontrar formas de fazer com que clientes reais usem um PMV sem inferiorizar sua marca; e, finalmente, evitar o provável impacto em outras aplicações e processos (incluindo evitar que haja um time de tecnologia da informação centralizado) enquanto o momento certo não chega.

A sugestão fundamental é evitar tanto quanto o possível comitês e grupos de tomada de decisões. Confiar numa voz forte ajuda a atravessar essas muitas camadas, a diminuir o tempo até entrar no mercado e a minimizar o escopo. Mas essa voz precisa estar certa.

ESTRATÉGIA

Fracasse rápido e fracasse antecipadamente

Reúna uma equipe que tire o melhor das próprias falhas – e que saiba como ter novos aprendizados a partir disso. Isso pode ser resumido em: encoraje um fracasso inteligente e rápido.

Seu trabalho é certificar-se de que sua equipe entende a diferença entre um fracasso que leva ao aprendizado e uma falha de execução. O primeiro traz dados valiosos. O segundo gasta seu tempo.

O Fire Phone e o Echo

"Uma área em que acho que somos especialmente diferenciados é no fracasso", escreveu Bezos numa carta de 2015 para acionistas.

> *Acredito que somos o melhor lugar do mundo para fracassar (temos muita experiência!), e o fracasso e a invenção são gêmeos inseparáveis. Para inventar, você precisa experimentar, mas se souber de antemão que vai funcionar, não é um experimento. A maioria das grandes empresas abraça a ideia de invenção, mas não está disposta a passar pela fila de experimentos fracassados necessária para chegar lá.* [4]

O fracasso mais prolífico da Amazon foi o Fire Phone, lançado em julho de 2014. Foi um erro de aposta em um mercado passageiro, resultando numa queima de 170 milhões de dólares de estoque.

"Que diabos aconteceu com o Fire Phone?", perguntou o analista de estoque Henry Blodget numa discussão na *Business Insider* com Bezos. [5]

O Fire Phone, como todos os projetos da Amazon, foi um experimento, Bezos respondeu calmamente. Para ele, o fracasso foi um aprendizado, outra chance de refazer ou de dar meia-volta. Bezos explicou que o telefone era apenas mais um item do "portfólio de equipamentos da Amazon". A palavra-chave nessa frase era "portfólio."

"É cedo", ele disse a Blodget.

> *E houve muitas coisas que tivemos de refazer na Amazon. Um dos meus trabalhos como líder da companhia é encorajar as pessoas a*

serem destemidas [...], criando um escudo ao redor das equipes que inovam, para que elas possam focar nas coisas difíceis que estão conquistando e minimizar o ruído e as preocupações de gente do contra dentro da empresa. [6]

A Amazon lançou sua rodada seguinte de equipamentos smart bem dentro do padrão: lançar um produto ou serviço rapidamente, sem fazer muito alarde, e gastar quase nada com marketing. Em vez disso, ter feedbacks do cliente e fazer ajustes ou tirar depressa do mercado. Lance mais experimentos. Afinal, Bezos vê cada projeto como um investimento no portfólio da Amazon.

O Echo foi um produto apenas para clientes da Amazon Prime. Anunciado como um produto beta, estava disponível em quantidades limitadas. Isso mantém as expectativas baixas e o aprendizado da empresa alto. A Amazon agiu da mesma forma com o Dash Button. Só quando obteve resenhas fantásticas do Echo e do Dash Button é que a Amazon os tornou disponíveis para todos. É a mesma estratégia dos produtores de teatro: viajam pelo país com uma produção-teste em mercados selecionados. Se as críticas forem boas o suficiente, estreiam na Broadway. Se o público odiar, fingem que nada aconteceu e seguem para o próximo projeto.

Você ainda precisa estar certo, e muito

O princípio de liderança 4 da Amazon é "Estar certo, e muito". Quer dizer: "Líderes estão certos, e muito. Eles têm bom senso e instinto aguçado. Buscam perspectivas diversas e estão dispostos a abrir mão das próprias crenças".

Criar e adotar uma mentalidade de "testar-analisar-ajustar" não deixa de ter seus riscos. Usar isso como muleta para erros de julgamento ou execuções precárias pode significar a morte de sua operação. Assim como a ágil se tornou a metodologia sem *accountability*, "fracasse rápido" pode se tornar uma desculpa para fracassar mais que o necessário. Só porque no negócio existem muitas oportunidades de se tornar digital isso não significa que você pode se dar ao luxo de repetidas tentativas de algo que você deveria acertar de primeira. "Fracassar" se tornou uma desculpa e quase uma expectativa; esse é o risco dos modelos atuais de inovação.

A diferença entre o teste falho no qual você aprende e uma execução falha às vezes é óbvia, mas pode ser bastante sutil. Quanto mais envolvimento você tem com a coisa, melhores as chances de entender qual é. Marc Andreessen observou:

Nós buscamos gente que nunca desiste. Isso é algo que o currículo não mostra. Buscamos coragem e buscamos genialidade. Existe toda essa conversa sobre como o fracasso é importante, que eu chamo de fetiche pelo fracasso. "O fracasso é maravilhoso. Te ensina tanto. É ótimo fracassar bastante", as pessoas dizem. Mas nós achamos que fracassar é um saco. O sucesso é maravilhoso.[7]

Para vencer no digital, você precisa ter uma visão forte de produto ou de negócio e a habilidade de escutar os outros, mas também precisa assumir o comando e clara e simplesmente articular o que é necessário. Isso possibilita a estratégia de "pense grande, mas aposte pequeno", que leva a inovações.

Questões a considerar

1 Você entende como fazer para definir e testar a hipótese crítica em iniciativas de inovação?

2 Sua empresa entende a diferença entre teste falho e execução falha?

3 Todos os seus projetos navegam em velocidade de cruzeiro? Ou você adapta cada um de acordo com a situação?

IDEIA 18
ENTÃO VOCÊ QUER SER UMA PLATAFORMA?
Estratégia de plataforma para
o resto de nós

Os santos, além de serem ruins
como exemplos de conduta, de certa
forma são incapazes de se identificar
radicalmente conosco, que somos
meros mortais.
Martin Luther King Jr.

Uma plataforma é um modelo de negócios que pode ser acessada e customizada por usuários externos. Muitas vezes esses usuários externos potencializam essa plataforma de maneiras que você nunca poderia imaginar – que dirá manter e apresentar. A Amazon contém mais de uma dúzia de plataformas de negócios bem-sucedidas, incluindo AWS, Fulfillment, Payments, CreateSpace, Direct Publishing, Audible, Advertising, Flex, Instant Video, Kindle e Mechanical Turk, para citar só algumas.

Além da Amazon, quem são as empresas dominantes de plataformas digitais? O Facebook, a Apple e o Google são comumente vistas como empresas que continuarão centrais ainda no futuro próximo. Scott Galloway se refere a elas como "os quatro cavaleiros".[8] Cada uma oferece acesso e recursos cruciais a clientes e tem um forte efeito de rede. A cada participante adicionado, a rede fica mais forte e mais inteligente. É difícil entender como alguém conseguiria competir com eles em recursos amplos de plataforma.

ESTRATÉGIA

IDEIA 18 Pensar em como suas competências cruciais podem ser oferecidas em uma plataforma pode ajudá-lo a identificar sua futura estratégia de negócios. Isso não é para qualquer um. De qualquer maneira, compreender isso tudo profundamente vai fomentar grandes ideias para melhorias e inovação.

• •

Quais são alguns dos atributos de um modelo de negócios de plataforma? Ele abstrai a complexidade. Democratiza o acesso e o uso. Tem custos fixos. Tem baixo (zero) custo marginal. Seu inventário é de propriedade de outros. Funciona *on demand*. Cobra de acordo com o uso. Funciona como uma rede. Tem controle sobre os meios de conexão. E não sobre os meios de produção. Traz conteúdo gerado por usuário e *Other People's Work* (OPW) [o trabalho dos outros] (veja ideia 23). É ativado pelo marketplace. Tem regras claras e fixas. É programável.

A Amazon enfatiza mais um atributo, talvez o atributo imbatível, que agrega valor à empresa: é autogerenciável. Para usar a plataforma (ou o serviço) de uma empresa, não deve ser necessário conversar com alguém da empresa. Na verdade, plataformas bem-sucedidas inovam evitando contato. Você deve ser capaz de descobrir, executar e consumir sem um "engajamento". Deveria ser zero provisionado. Assim como aspirar à perfeição na sua experiência do cliente ou nas operações, zero provisão é um objetivo cobiçado. Algumas competências podem de fato ser autogerenciáveis. Para outras, simplesmente não é possível. "Quando uma plataforma é autogerenciável, até ideias improváveis são testadas, porque não há um especialista vigiando pronto para dizer: 'Isso nunca vai funcionar!'. Adivinha só? Muitas dessas ideias improváveis funcionam, sim", escreveu Bezos em sua carta de 2011 para os acionistas.[9]

• •

Você deveria desenvolver uma plataforma?

Talvez sim. Talvez não. O que você certamente deve fazer é avaliar se deve pegar a competência central, ou um conjunto de competências, investir e fazer a transição para ser um negócio de plataforma:

1 **Identifique as competências cruciais do negócio.** Você consegue definir exatamente o que dá à sua empresa vantagem competitiva? Quão facilmente pode ser copiada? Como você entrega valor a seus clientes? Avalie seu negócio como um conjunto de processos e competências. Seja claro na definição e fragmente os grandes processos em funções e serviços menores.

2 **Identifique os serviços.** Pense bem no serviço e na API necessária para ele. Como transformá-lo numa "caixa-preta"? Em outras palavras, como você o protege de cópia e roubo?

3 **Onde está sua vantagem?** Como você oferece os melhores termos comerciais da categoria? Termos comerciais incluem custo, velocidade, disponibilidade, qualidade, flexibilidade e funcionalidades.

4 **Pode ser lucrativo?** Esses termos comerciais e essas competências podem ser viáveis no mercado? Seria um negócio lucrativo viável para você?

5 **Teste e avalie.** Você tem uma compreensão crítica e baseada em fatos de suas competências fundamentais, suas lacunas e o benefício (ou falta dele) potencial de uma plataforma. Construa uma técnica ágil para testar, aprender e desenvolver conforme avança.

Desenvolver um serviço de plataforma requer esforço e uma inspeção cuidadosa. Se decidir ou não seguir com uma estratégia de plataforma, fazer esse exercício vai lhe dar perspectivas honestas e atualizadas de como melhorar e inovar suas competências.

Questões a considerar

1 Quais são as competências-chave e os processos verdadeiros na sua empresa?

2 Você conseguiria transformá-los em competências autogerenciáveis, servindo clientes internos e externos?

3 Você poderia tornar essas competências altamente disponíveis, zero provisionadas e competitivas no mercado?

IDEIA 19
SIM, VOCÊ É UMA EMPRESA DE TECNOLOGIA
Descentralize seu caminho para a grandeza digital

A única forma de controlar o caos e a complexidade é abrir mão de parte desse controle.
Gyan Nagpal

Em sua carta de 1979 para acionistas, Warren Buffett explicou que as decisões financeiras da Berkshire eram bastante centralizadas no topo da empresa. Autoridade de operação, ele continuou, é amplamente delegada para gerentes-chave na própria empresa ou no nível da unidade de negócios. "Dava para fazer um time de basquete com nosso QG corporativo", explicou Buffett. O Oráculo de Omaha admite que essa abordagem às vezes produz um erro crasso, que poderia ter sido eliminado ou minimizado por meio de operações de controle mais próximas, mas produz benefícios abrangentes.

"Isso também elimina camadas e camadas de custos e acelera drasticamente a tomada de decisões", disse Buffett. "Como todo mundo tem muito para resolver, muita coisa é resolvida. Mas o mais importante de tudo é que permite que indivíduos incrivelmente talentosos sejam atraídos e retidos – pessoas que não seriam contratadas em outra ocasião –, que acham que trabalhar para a Berkshire é quase idêntico a cuidar de seu próprio negócio." [10]

IDEIA 19 A TI centralizada serve a um conjunto de propósitos em uma empresa. Conforme mais experiências conectadas são integradas em seus produtos e serviços e mais inovações tecnológicas são requeridas, deixe os recursos de tecnologia mais próximos dos clientes e incorpore-os ao negócio, como parte da equipe e do produto.

O mindset controlador, que inclui a crença comum de que "meu CIO vai administrar minhas operações de tecnologia *e* entregar transformação digital", é um modelo de gestão ultrapassado. Conforme seus produtos e serviços se tornam mais digitais, você precisa desenvolver uma compreensão equilibrada de quais funções e decisões devem ser da alçada do CIO (também conhecido como TI centralizada) e quais devem ser construídas nas extremidades do negócio, com competências tecnológicas construídas e operadas.

O que permanece central

Antes de mandarmos o departamento de TI para as extremidades mais distantes de sua empresa, vamos lidar com os aspectos de TI que devem permanecer centralizados: sistemas, padrões e operações.

Primeiro, certos sistemas e equipes de tecnologia – especialmente aqueles com grandes obrigações legais e de investimento, que operam a infraestrutura para todas as áreas de tecnologia, e com sistemas *Order to Cash* – devem permanecer centralizados. Pode-se discutir que esses sistemas deveriam ser descentralizados para finanças e controladoria, mas é melhor que fiquem na TI central.

Aplicativos e competências típicas que valem considerar centralizar em sua área de TI são sistemas financeiros; sistemas de organizações-chave de apoio, como financeiro, RH e jurídico; sistemas com dados altamente sensíveis de clientes (informação de identificação pessoal, ou IIP); infraestruturas-chave, como centro de processamento de dados, nuvem, banco de dados e sistemas de troca de mensagens; capacitação de funcionários e vendedores; ambientes de implantação integrados; aplicativos de produtividade empresarial e/ou suporte para dispositivos de desktop e móveis; tecnologias de segurança de perímetro e de combate a ameaças cibernéticas. Aquilo que a TI central deve continuar a fornecer inclui, além de operações para todos os sistemas citados anteriormente, um *Program Management Office* (PMO) para programas grandes e operações para gestão de fornecedores-chave.

Segundo, é importante apontar que a mudança para a descentralização das competências tecnológicas não significa que cada um faz as coisas de uma forma diferente. Na verdade, *padrões se tornam ainda mais importantes, talvez vitais, num modelo descentralizado.* Se podemos criar padrões e princípios sob os quais cada equipe funciona e opera, isso vai aumentar muito a velocidade, a interoperabilidade e a qualidade do que suas equipes vão produzir. Como resultado, com a migração para a TI descentralizada, a missão da TI central vai aumentar em suas habilidades de liderar por influência, por meio de padrões.

Quais tipos de padrões são necessários? Padrões para design de sistemas; indicadores e SLAs, APIs e interoperabilidade; documentação técnica, ferramentas e linguagem de programação; segurança (veja a ideia 36); gerenciamento de programas, incluindo risco e governança de programas; gestão de qualidade, teste e lançamento; suporte e operações, disponibilidade, performance e enfrentamento de falhas.

Por fim, a TI central precisa não apenas definir esses padrões, mas também propagar esses padrões para seus clientes (ou outras equipes de tecnologia); revise e aprove projetos e implementações usando esses padrões (são uma organização de execução) e mantenha um registro de adoção (o que está em conformidade e o que não está). Tornar os outros responsáveis por meio da tática de "confie, mas verifique" é vital. Todas as funções e líderes precisam convidar a TI a ser parceira e motivadora desses padrões.

Até a borda

Frequentemente ouço as pessoas dizendo: "A equipe de tecnologia da Amazon deve ser imensa". Pelo contrário. A TI centralizada da Amazon é na verdade bem pequena, mas a competência tecnológica é difundida, enorme, com habilidades raras, em que é sempre necessário ir além.[11] Então, se os recursos de tecnologia não estão numa equipe de TI centralizada, o que deve ser descentralizado?

Primeiro, a tecnologia que é parte do produto ou de serviços cruciais pode ser distribuída nessas equipes. Segundo, sistemas de marketing, vendas e a cadeia de fornecimento são grandes candidatos a ser integrados em suas respectivas organizações de negócios. Estas precisam se apropriar mais da integração de tecnologia e de dados em seus processos e recursos.

Mesmo se as equipes e os sistemas de tecnologia ainda responderem a uma organização centralizada de TI, muitos desses recursos podem ser conquistados se essas equipes operarem como se fizessem parte de equipes funcionais, colocando-as junto aos negócios e derrubando barreiras físicas e de comunicação. Cada função precisa se aprimorar cada vez mais em incorporar tecnologia e atender melhor aos clientes, permitir novas competências e se ajustar ao mercado e sua visão. Encontre formas de derrubar as barreiras entre os donos do negócio e as habilidades tecnológicas que são necessárias para atender aos clientes, crescer no seu negócios e inovar mais rápido.

Questões a considerar

1 O setor de TI de sua empresa é um parceiro de alto nível no negócio em que atua?

2 Você vê oportunidades de descentralizar os recursos de tecnologia para criar velocidade e agilidade?

3 Donos de empresa têm controle suficiente da entrega da tecnologia para satisfazer suas necessidades?

IDEIA 20
PIZZA PARA TODOS!
A magia de pequenas equipes autônomas

Melhor você cortar a pizza em quatro pedaços, porque não estou com fome o suficiente para comer seis.
Yogi Berra

Quando se trata do famoso conceito de "Duas Pizzas" da Amazon, a maioria das pessoas não entende do que se trata. A questão não é o tamanho da equipe, e sim a autonomia, a responsabilidade e a mentalidade empreendedora. Equipe Duas Pizzas baseia-se em equipar uma pequena equipe dentro da empresa para operar de forma independente e com agilidade.

Na Amazon, as equipes Duas Pizzas trabalham como estufas empreendedoras semi-independentes. Isoladas da burocracia maior da empresa, essas equipes encorajam líderes ambiciosos, criam oportunidades e infundem a noção de mentalidade de dono.

Como estabelecido na ideia 13, a burocracia mata a inovação. E mais: funcionários de alta performance não são atraídos para empresas ou áreas em que não podem fazer diferença. Pequenas equipes realmente se apropriam de algo – um produto ou recurso, um serviço (como o carrinho de compras) ou um processo (como o de recebimento num depósito). Cada equipe define seu plano de negócios, suas métricas e o *roadmap* do produto. Isso resulta em motivação e melhoria contínua, além de fornecer transparência e *accountability* para futuros investimentos e resultados. Cada equipe é muito atenta aos clientes, ainda que sejam clientes internos, e a orientação mais importante é ganhar engajamento e fornecer valor a esses clientes.

IDEIA 20 Organize a digitalização de recursos e serviços cruciais que serão cuidados por pequenas equipes. Essa equipe será engenheira, construtora e operadora de um recurso estimado tanto por clientes internos quanto externos. Criar pequenas equipes resulta em mais inovação, trabalho de maior qualidade e uma cultura mais forte.

Equipes Duas Pizzas são organizadas em torno de recursos e serviços em oposição a projetos. Espera-se que desenvolvam o trabalho durante mais de 2 anos, no mínimo, aprimorando-o por meio da iteração. Há centenas de equipes Duas Pizzas na Amazon hoje. Muitas são naturalmente técnicas, sendo responsáveis por serviços básicos de tecnologia que fortalecem a empresa. Algumas são mais funcionais, juntando e integrando outros serviços técnicos para cumprir um objetivo do negócio. Um exemplo são equipes de promoções ou de imagem, que constroem excelentes competências configuráveis que as unidades de negócios podem usar. Nem todas as equipes da Amazon são criadas como Duas Pizzas, mas há um empenho em dividir as áreas em equipes bem definidas e orientadas por uma missão. Seja focado na visão e flexível no modelo para suprir suas necessidades.

Construindo uma pizza

Claro que, para operar, toda equipe precisa ter as pessoas certas. Isso é especialmente verdade para um pequeno grupo de ninjas operacionais como a equipe Duas Pizzas, que não deve ultrapassar dez pessoas. O tamanho perfeito, a propósito, é uma pessoa operando de forma independente.

Primeiro, o dono do negócio é o líder da equipe. Para uma equipe-pizza de tecnologia, os programadores se tornam os clientes e os implementadores – estão tanto escrevendo as especificações quanto implementando-as. A equipe é composta apenas de gente nota dez. Na Amazon, isso é encorajado de maneira indireta por meio do prêmio Bar Raisers (veja a ideia 43).

A equipe Duas Pizzas é autônoma. A interação com outras equipes é limitada e, quando ocorre, é bem documentada, com interfaces claramente definidas. Ela zela e é responsável por cada aspecto de seus sistemas. Um dos objetivos primários é diminuir os níveis excessivos de comunicação nas empresas, incluindo o número de reuniões, pontos de coordenação, planejamento, testes ou lançamentos. Equipes mais independentes se movem mais rápido.

Comece com uma missão para a equipe. Escrever um *press release* futuro (ideia 45) é uma boa maneira de articular isso. A qualidade e a eficiência do trabalho vão melhorar por meio da iteração, e espera-se que o trabalho evolua com os anos. Em outras palavras, equipes são organizadas ao redor de recursos e programas-chave de longo prazo, não de projetos de curto prazo.

Equipes pequenas permitem sistemas mais flexíveis e uma entrega mais independente de recursos. Essa tática enxuta permite entrega e testes iterativos. Um mês de desenvolvimento e de testes rápidos que resultem num feedback embasado vale em geral mais que meses de análises e palpites de executivos.

A equipe Duas Pizzas possui seus próprios dados. Nenhuma outra equipe pode acessar os dados, exceto por meio de APIs. Interfaces de programação de aplicativo (APIs) são as interfaces com regras reforçadas, permitindo que outras equipes integrem e usem seus recursos.

Nenhuma empresa é perfeita. Todas têm fraquezas inerentes. A complexidade de equipes pequenas e independentes, como as Duas Pizzas, pode incluir esforços de coordenação por várias equipes, testes de integração por meio de competências, descoberta e uso apropriado de serviços e aprimoramentos prioritários feitos por outras equipes das quais você é dependente. Mas a responsabilidade, a obsessão por inovação e a agilidade oferecidas são reais, e essas complexidades existem na maioria das outras estruturas organizacionais também.

Comer aqui ou para viagem?

Graças às equipes Duas Pizzas, a Amazon pode escalonar de forma quase indefinida. "Se você pode lançar x em y sem uma reunião ou uma nova estrutura organizacional, a velocidade de expansão em novas categorias é limitada basicamente por sua habilidade de contratar e alcançar", disse o conhecido capitalista de risco Benedict Evans.[12]

Evans apontou que isso significa que a experiência de comprar qualquer tipo de produto requer um modelo de menor denominador comum para criar experiências customizadas para cada nova categoria.

"Você pode ver isso às vezes como uma fraqueza se ficar passeando por muitas categorias. A Amazon pode ficar quase infinitamente ampla, mas não necessariamente profunda, por isso essas perguntas sobre quais categorias podem *precisar* de uma experiência mais profunda", escreveu Evans.[13]

Porém, a vantagem é que as equipes Duas Pizzas não precisam trabalhar para a empresa-mãe. Essa vantagem leva tanto o AWS quanto o Marketplace da Amazon a conceder acesso a equipes externas às duas pizzas de plataforma primárias da Amazon: e-commerce e logísticas. [14]

Então como o mundo faz esse trabalho para equipes fora do guarda-chuva da empresa-mãe? Como seus compatriotas Duas Pizzas dentro da empresa, as equipes Duas Pizzas externas da Amazon são conectadas por um sistema contínuo de medição e relatórios em que os resultados em tempo real de cada equipe são acessíveis a toda a empresa. Transparência e dedicação às métricas levam às equipes externas a mesma cultura interna de inovação e velocidade.

A eficácia de uma equipe pode ser medida por uma função *fitness*, que avalia o impacto do trabalho da equipe, isto é, sua competência. A função *fitness* é vista como um conjunto de medidas de longo prazo que avalia o impacto e a eficácia da tecnologia e/ou da função. Chegar a um consenso sobre uma função *fitness* é um processo rigoroso, que acontece logo depois que uma equipe Duas Pizzas é formada. Ela acaba sendo medida em termos de impacto no cliente e valor para acionistas.

Essa estratégia claramente tem feito muito sucesso na Amazon. Então deve ser incutida na empresa o tempo todo, certo? Nada é para sempre na Amazon.

Questões a considerar

1 Você sofre com o "impacto de lançar e largar" em projetos?

2 Como equipes pequenas e multifuncionais poderiam afetar recursos cruciais?

3 Quais seriam as missões e os objetivos da sua versão de equipe Duas Pizzas?

IDEIA 21
NUNCA DIGA NUNCA
Não deixe opiniões anteriores criarem uma armadilha

Quando os fatos mudam, eu mudo de ideia.
John Maynard Keynes

Eu costumava dizer às pessoas que não era muito fã da Califórnia. Eu morava na região noroeste e, como a maioria dos norte-americanos, gostava de caçoar de californianos. "Eu nunca moraria na Califórnia", eu dizia. "Adoro ir a passeio, mas jamais moraria lá". Então, em 2016, nós nos mudamos da região de Seattle para o sul da Califórnia, tanto por razões profissionais quanto familiares, e agora não consigo me imaginar *não* morando lá. Claro, vários dos meus amigos me lembram da minha hipocrisia sempre que podem. E não há muito o que eu possa fazer a não ser dar de ombros e admitir que mudei de ideia. E que posso mudar de novo!

Claro, essa situação não é nada incomum. Quantas vezes você não apenas disse algo, mas acreditou completamente naquilo e se arrependeu depois? Acontece o tempo todo, e mesmo assim mudar de ideia é considerado uma falha ou uma fraqueza em nossa cultura. Não na Amazon.

IDEIA 21 Para a maioria das empresas e das equipes, "tornar-se digital" requer uma mudança em todos os níveis – estratégia, modelos de negócios, equipes, parceiros, entre outros. Não deixe que suas opiniões anteriores sejam um fator limitante para a estratégia certa para seguir em frente. As coisas mudam.

A Amazon e Jeff Bezos já trocaram muito de posição e de estratégias antigas sem nem pestanejar. "Publicidade é o preço que você paga por um produto medíocre", disse Bezos numa reunião de acionistas em 2009.[15] Nas suas primeiras décadas de existência, a Amazon não gastou quase nada em publicidade de TV ou impressa, e o orçamento de marketing era direcionado para financiar o frete grátis. Mas hoje em dia é só assistir a um jogo da NFL ou da MLB ou caminhar por um aeroporto e você verá propaganda da Amazon Prime ou da AWS.

Quando Adam Lashinsky, editor-executivo da *Fortune*, perguntou a Bezos se a empresa estava se tornando menos frugal em 2016, Bezos respondeu: "Algumas coisas são tão difíceis de se medir que você precisa apenas acreditar". Como Lashinsky apontou, se um político desse tal resposta, sem dúvida teria sido acusado de vira-casaca. Vinda de Bezos, é vista como "evolução".[16]

Quando eu estava na Amazon, nós acreditávamos que não ter lojas físicas era uma vantagem natural para nosso modelo de negócio. Durante aqueles anos, ter uma loja parecia uma ideia tão desnecessária quanto, sei lá, ter um estúdio de cinema próprio tentando produzir filmes indicados ao Oscar e programas de TV. Hoje, a Amazon tem não apenas um, mas *vários tipos* de lojas físicas: Amazon Lockers, Amazon Bookstores, lojas de conveniência Amazon Go e, é claro, 480 lojas Whole Foods Markets pelos Estados Unidos. Ah, sim, a Amazon também tem um estúdio de cinema próprio produzindo programas de TV e filmes indicados ao Oscar.

Muitas grandes empresas terminaram na sarjeta por beber seu próprio veneno dogmático. É fácil confundir estratégia com competência intrínseca. Os tempos mudam e as situações mudam, então as estratégias precisam mudar e o gerenciamento precisa estar disposto a mudar também. Cuide para que todas as suas opções não sejam limitadas por compromissos que você fez, porque a habilidade de mudar pode significar a diferença entre sobrevivência e morte para sua empresa.

Posso listar muitas marcas que certa vez alegaram que nunca venderiam na Amazon. A maioria foi forçada a reconsiderar para não perder controle do canal de vendas. Acha que você nunca vai chegar diretamente aos clientes? Garanto que continuar seguindo apenas por meio de distribuidores pode ser algo difícil nos próximos anos.

Sua câmara de ressonância

Já ouviu falar de "viés de confirmação"? Viés de confirmação é a tendência humana natural de encontrar dados, histórias e pessoas que validem como você vê o mundo e no que acredita ser verdadeiro e crível. Para um inovador, isso é uma série de colocações e táticas perigosas e limitantes. Você não vai ouvir quais são seus verdadeiros riscos e fraquezas. Esses são seus pontos cegos.

O princípio de liderança 4 da Amazon declara: "Líderes estão certos, e muito. Eles têm bom senso e instinto aguçado. Buscam perspectivas diversas e estão dispostos a abrir mão das próprias crenças".[17] Ter consciência desse viés de confirmação e saber que os líderes precisam buscar ativamente diversas opiniões e dados para ultrapassar essa tendência humana de confirmar o que eles já sabem é talvez a exigência menos natural que se pede aos líderes da Amazon. Mas é assim que você identifica o risco e vê por meio do viés.

O número de funcionários da Amazon – mais de 500 mil – é matéria de discussão frequente. Em 2018, críticas lideradas pelo senador Bernie Sanders sobre o sistema de pagamento por hora trabalhada atingiram a Amazon. Inicialmente, a Amazon estava na defensiva quanto a benefícios, salários e condições de trabalho. Mas, nos bastidores, a Amazon ouviu a mensagem, e a mudança veio logo:

> *Em setembro de 2018 a Amazon anunciou um pagamento mínimo de quinze dólares por hora trabalhada, mais do que o dobro do exigido, e tornou isso efetivo no mundo todo, começando em 1º de novembro. "Nós escutamos as críticas, pensamos muito no que fazer e decidimos que queríamos liderar", disse Jeff Bezos quando a empresa anunciou a nova escala de pagamentos. "Estamos empolgados com essa mudança e encorajamos nossos concorrentes e outros grandes empregadores a se juntarem a nós."*[18]

Pergunte a si mesmo: "Quais são as suposições, estratégias, crenças ou valores que podiam ser perspectivas certas no negócio de ontem, mas que podem nos limitar a seguir em frente?". Tente ver seu modelo de negócio de forma objetiva. Contrate pessoas que vão continuar a perguntar os porquês. Continuar fazendo as coisas da forma como sempre foram feitas sem questionar foi o que Kodak fez ao desperdiçar a oportunidade digital.

A Kodak nunca capitalizou na câmera digital que ajudou a criar. A empresa também falhou miseravelmente quando se tratava de lidar com clientes que queriam interagir com suas fotos. Eles torceram o nariz para as tecnologias que surgiram e para as forças de mercado ao redor.[19] Aposto que a Kodak gostaria de poder voltar atrás nos últimos 20 anos e admitir um pouco antes que estava errada.

Acha que isso pode acontecer com você?

Questões a considerar

1 Seus líderes seniores trabalham ativamente para desmentir suas próprias crenças?

2 Existem suposições limitando como você define seu negócio?

3 Que pontos cegos você tem em sua estratégia?

IDEIA 22
INCANSÁVEL.COM
Excelência operacional da próxima geração

Nós somos o que fazemos
repetidamente. A excelência então
não é um ato, mas um hábito.
Aristóteles

A mídia usa bastante a expressão "efeito Amazon" para descrever como a Amazon afetou uma indústria tipicamente de varejo ou para falar de como as expectativas dos clientes tiveram alterações profundas por causa dela.

O percurso infinito de disrupção da Amazon é sempre um bom *clickbait*, mas o efeito Amazon, de fato, é apenas a excelência operacional. Claro, a Amazon afeta profundamente as indústrias, mas a verdadeira força por trás de seu sucesso são sua incrível curadoria, o preço ótimo, a entrega rápida, a confiabilidade, as devoluções descomplicadas e a garantia. Como a Amazon entrega esses fatores intangíveis todo dia, para 99,9% dos clientes, numa escala incrível de categorias e geografia? Ela é incansável.

Na Amazon, tudo – cada processo, cada experiência de consumidor e cada função – tem um plano de melhoria e um roteiro. A maioria não é patrocinada, mas tudo tem um plano. Compare isso com uma empresa típica onde, tirando uma reorganização ocasional, os processos que não são quebrados continuam basicamente os mesmos ano após ano. Melhorias costumam ser conduzidas pelo ciclo de atualização de sistemas do planejamento dos recursos da empresa (*Enterprise Resource Planning*, ou ERP).

IDEIA 22 As expectativas dos clientes aumentam em todos os setores e experiências. Corresponder a essas expectativas e competir na era digital só é possível com excelência operacional. Experiências digitais e a Internet das Coisas (*Internet of Things*, ou IoT) oferecem oportunidades de melhorar seus programas de excelência operacional.

Há menções a esse foco de melhoria contínua em todos os princípios de liderança e na história da Amazon. Bezos originalmente batizou sua empresa de Relentless.com [Incansável.com]. Na verdade, se você digitar www.relentless.com num navegador, ainda vai ser direcionado para a amazon.com. Embora ele tenha optado por não dar uma alcunha tão literal para a sua empresa, "incansável" ainda define perfeitamente a natureza da Amazon. A empresa está focada em explorar e reinventar constantemente a si mesma por meio de princípios de liderança e uma crença imortal no poder da tecnologia. A dedicação da Amazon à melhoria contínua é parte crucial da cultura da companhia.

David Wood, um grande amigo meu, é fundador da Eventene, uma empresa que vende um aplicativo que ajuda a coordenar eventos complexos. Ele e eu estávamos discutindo o que significava "ser digital". David acredita que ser digital é, basicamente, "a busca incansável por reduzir ineficiências". "Ineficiências" não é um eufemismo para corte de gastos e demissões: pode se referir a questões de qualidade, tempos de ciclo e de problemas e contato com clientes, entre outras coisas. Essas são oportunidades de inovar usando dados para resolver problemas que afetam os clientes, a segurança do trabalhador, a competitividade e a lucratividade. Esse é um grande resumo da busca eterna da Amazon.

Essa expectativa da empresa como um todo é reforçada pelo processo de avaliação da Amazon, que analisa funcionários por traços como seu comprometimento com melhorias contínuas: "Sempre busque formas de tornar a Amazon melhor. Tome decisões para o sucesso de longo prazo. Investigue e aja para satisfazer às necessidades atuais e futuras dos clientes. Não tenha medo de sugerir ideias e objetivos ousados. Demonstre coragem e ousadia para tentar novas táticas".

Claro, a Amazon é apenas uma das várias empresas que criaram valor por meio do foco em melhorias contínuas. É provável que você esteja familiarizado com uma ou mais metodologias de negócios a seguir, que a "melhoria contínua" inspirou:

- *Lean*: a filosofia de criar mais valor para o cliente com menos recursos.
- Sistema Toyota de produção (STP): uma tática de gestão para eliminar todo o desperdício. STP inclui estratégias-chave como a demanda de estoque *Just in Time* (JIT) e sinais de gerenciamento.
- Controle estatístico de processos (CEP): um sistema para conquistar e manter qualidade por meio de ferramentas estatísticas. CEP enfatiza a eliminação da variação da raiz do problema.
- Sistemas de gestão de qualidade ISO 9000: um conjunto de padrões de certificação de qualidade baseado em oito princípios de gerenciamento, incluindo melhoria contínua e tomada de decisões baseada em fatos.
- Seis Sigma: uma metodologia conduzida por dados para eliminar defeitos, diminuir custos e reduzir desperdícios.

Essas estratégias estimulam os colaboradores a coletar dados e a agir sobre as ideias que os dados fornecem. Os funcionários são encorajados a fazer mudanças e melhorias de dentro para fora. A introdução de mecanismos conectados em todos os lugares mudou as regras do jogo de dados, criando possibilidades de retorno em tempo real que impulsiona programas contínuos de melhorias. Essa tecnologia alavanca muito a busca por excelência operacional. Em vez de viver num mundo de coleta manual de dados, que gera conjuntos de dados limitados, lentos e ultrapassados, as empresas podem conduzir um fluxo exponencial de dados acessíveis em tempo real. Esse jorro de dados permite que as empresas foquem em fazer melhorias contínuas em seus sistemas internos, economizando tempo e dinheiro enquanto aumentam a produtividade e a solidez.

Como a Amazon leva suas operações à perfeição

Hoje, as operações da Amazon – a forma como armazenam, transportam, localizam e entregam seus pedidos – são de alto nível. Mas não começaram assim. A Amazon avaliou, refinou e executou para atingir a grandeza. A busca pela melhoria contínua é um estilo de vida.

Construindo essa dedicação na sua cultura empresarial e criando um legado de melhoria operacional, a Amazon foi capaz de construir instalações de alta qualidade e baixo custo por todo o mundo, ostentando hoje trezentos centros de distribuição em catorze países.[20]

Essa solidez dá à Amazon a confiança e a competência de garantir um serviço incrível: Amazon Fresh, o serviço de entrega de produtos frescos da Amazon, permite que os clientes agendem entregas dentro de um intervalo de quinze minutos. Esse tipo de serviço exige habilidade de previsão e execução – habilidade construída nas costas do legado de excelência da cadeia de fornecimento da Amazon.

Esse nível de precisão não seria possível se a Amazon não tivesse feito um esforço orquestrado em tirar vantagem de equipamentos conectados e os dados que eles fornecem.

No começo dos anos 2000, os líderes das competências de distribuição e operação da Amazon decidiram implementar o Seis Sigma, um método de cinco passos guiado por dados que elimina defeitos num processo. DMAIC: defina, meça, analise, implemente e controle, como se é referido no Seis Sigma. Essa é a base do ciclo de melhoria e estabelece passos e mentalidades metódicos e mensuráveis para eliminar defeitos, custos e tempos de ciclos.

O Seis Sigma foi introduzido por Bill Smith, um engenheiro da Motorola, em 1986. Em 1995, Jack Welch o implementou na General Electric com grande sucesso. O termo em si é usado para descrever um processo de manufatura que é livre de defeitos em seis desvios. Em outras palavras, o processo é 99,9996% preciso.

Um dos desafios de completar uma iniciativa Seis Sigma é que muito do esforço – geralmente até 25% – está em coletar dados. Dependendo do projeto, a coleta manual de dados pode não apenas ser difícil, mas imprecisa.

Os dados em si muitas vezes são de qualidade questionável, distorcidos por vieses ou abreviados devido a tempo e esforço. Por causa desses desafios, o Seis Sigma certifica profissionais num conjunto de métodos de gestão de qualidade empíricos e estatísticos para ajudá-los a executar o processo com sucesso. Esses profissionais são instalados numa empresa

ESTRATÉGIA

durante o processo do Seis Sigma, para certificarem-se de que tudo foi concluído com sucesso.

Há vários níveis de certificação Seis Sigma, mas o mais usado é chamado Black Belt [faixa preta]. Praticantes do Black Belt recebem treinamento intenso e estão profundamente empenhados em aplicar o Seis Sigma. Black Belts em geral são rápidos em resolver problemas e se revelam bons gerentes de projetos e facilitadores. São hábeis em coletar dados e têm um histórico forte em estatística e matemática.

Como você pode imaginar, as pessoas que têm essas habilidades são também muito procuradas e bem recompensadas. Criar uma equipe de Black Belts dentro de sua empresa é um dos fatores mais custosos das iniciativas Seis Sigma.

É aí que o digital entra.

Usar mecanismos conectados para coletar dados libera os Black Belts de uma empresa para tratar de outros projetos. Também leva a iniciativas mais velozes de Seis Sigma e um conjunto de dados muito mais ricos e confiáveis.

Mecanismos conectados podem trazer visibilidade para as condições de operação da sua empresa, dando previsões em tempo real de fluxo, *status* e estado de itens cruciais em seu processo. Isso não apenas aumenta sua compreensão quanto às melhorias necessárias, mas também constrói uma forma de alavancar operações com qualidade ativa e medição incutidas no processo.

Na época em que a Amazon integrou o Seis Sigma a suas operações, a empresa estava passando por uma desconexão no processo que ela chama de SLAM (sigla para *Ship, Label, Apply, Manifest*), o processo de enviar, etiquetar e documentar. Toda vez que algo é encomendado na Amazon – uma impressora, por exemplo –, o item é colocado numa caixa num centro de distribuição da Amazon, etiquetado, separado e enviado pelo centro até ir parar no caminhão que cuida da logística de saída. Esse é o processo SLAM. Nos picos, a Amazon envia mais de um milhão de pacotes por dia.

Quando o Seis Sigma foi introduzido, pacotes eram etiquetados e seguiam por esteiras antes de serem manualmente separados e entregues à estação correta de distribuição. Isso funcionava bem na maior parte do tempo, mas não havia a confirmação final de que o pacote tinha, de fato, entrado no caminhão certo, e não havia visualização – para a empresa e para o cliente – de onde exatamente estava um pacote durante esse processo de saída. Como resultado, os pacotes muitas vezes iam para o lugar errado. Um erro ocasional não parece grande coisa, mas, em um ano, esses erros podem custar milhões de dólares a uma empresa como a Amazon. Mais importante: um único erro quebra a promessa velada da Amazon a seus clientes de que todos os pedidos vão chegar às mãos deles a tempo.

Para a Amazon, a solução era criar uma *confirmação positiva automatizada*, ou "visualização", de que um pacote havia seguido de forma correta por meio de todos os pontos de logística depois que a etiqueta de envio havia sido aplicada. A mudança foi simples em conceito, mas incrivelmente complicada na implementação.

Para executá-la, a Amazon instalou sensores e leitores por seu sistema de esteira. Os sistemas automaticamente leem o código de barras conforme ele se move pelo processo SLAM. Como os pacotes são lidos em áreas específicas, os sensores permitem que a Amazon localize onde está um determinado pacote a qualquer momento ao longo do processo SLAM. Mais que isso, enquanto funcionários da Amazon carregam esses pacotes em caminhões de logística de saída, sensores nas portas das baias alertam se um pacote está prestes a ser colocado no caminhão errado.

Ao criar um sistema de confirmação positiva para seus pacotes, a Amazon diminuiu os erros dentro da gama de precisão do Seis Sigma, de 0,0004% – menos de quatro pacotes errados a cada milhão.

Perfeição é o objetivo, mas ela nunca é alcançada. Isso é exaustivo e humilhante. Qual é o truque para seguir em frente? Você precisa ser incansável... E alavancar o *trabalho dos outros*.

Questões a considerar

1 A excelência operacional está entregando resultados em sua empresa?

2 Você está atingindo melhorias e ideias para inovação significativa por meio da excelência operacional?

3 Líderes de equipe são treinados em excelência operacional?

4 Como os sensores e a Internet das Coisas podem melhorar o impacto da excelência operacional?

IDEIA 23
OPW
A estratégia do trabalho dos outros

Escolho uma pessoa preguiçosa para fazer um trabalho difícil. Porque uma pessoa preguiçosa vai encontrar uma forma fácil de realizá-lo.
Bill Gates

Ideias originais estão em falta no mercado. Porém, qualquer um pode encher uma caixa de ferramentas com ideias que já existem e aprender a aplicar a ideia certa no momento certo. Quando eu era sócio-consultor na Arthur Andersen, sabia que outra pessoa já havia criado uma metodologia, ferramenta, proposta ou análise que poderia me levar adiante. Eu só precisava encontrá-la.

Como Jim Collins apontou, o melhor vence o primeiro. "O padrão do segundo (ou terceiro ou quarto) participante do mercado prevalecendo sobre os pioneiros revela isso em toda a história da mudança tecnológica e econômica", escreveu Collins em 2000, listando IBM, Boeing, American Express e a Disney como provas de sua teoria.[21]

Por quê? Porque o primeiro no mercado nem sempre acerta. Os produtos que vêm logo atrás tendem a absorver tudo o que o pioneiro fez, mas sem os gastos dispendiosos. Se você já subiu uma montanha na neve fofa, sabe que é muito mais fácil ser o segundo do que o cara abrindo caminho.

Enquanto a teoria de Collins opera numa escala macro-organizacional, também se aplica de muitas formas a operações granulares dentro de uma empresa. Nem a Amazon conseguiu automatizar a maioria das atividades empresariais. Uma das minhas estratégias favoritas para lidar com esse fato é a utilização de *Other People's Work* (OPW). Em muitos casos, a melhor forma de alavancar inevitáveis resíduos de trabalho manual é permitir e motivar que outras pessoas o façam.

> **IDEIA 23** Para trabalhos que são repetitivos e que crescem significativamente ou passam por picos dramáticos, encontre formas para que outras pessoas o realizem para você. Ao encontrar formas para que outros sejam contribuintes cruciais num recurso central, enquanto protege sua marca e a experiência do cliente, você vai transformar a tecnologia por trás e a filosofia operante.

O trabalho dos outros e o Mechanical Turk

Considere apenas duas das muitas tarefas que precisam ser realizadas quando se constrói um e-commerce com uma gama literalmente infinita de produtos: (1) avaliar a qualidade das imagens dos produtos e (2) escrever descrições claras e precisas dos produtos. Nenhum dos dois pode ser realizado com eficácia por um computador. Em vez de contratar um vasto exército de pessoas para realizar essas tarefas pequenas, mas essenciais e praticamente infinitas, a Amazon passou a tarefa para seus clientes e parceiros. Ela criou uma ferramenta de gerenciamento da imagem do produto que coleta feedbacks dos clientes, permite que eles comparem imagens e relatem conteúdo ofensivo ou irrelevante. Funcionou extremamente bem.

Não demorou para a Amazon usar o OPW para gerenciar outros processos que não podiam ser automatizados. Resenhas de clientes, que foram controversas quando a Amazon as colocou pela primeira vez, são provavelmente o melhor exemplo de OPW: permitem que milhares de clientes da Amazon cuidem da tarefa de descrever, avaliar e categorizar produtos para o benefício de milhões de outros usuários.

Com o enfoque certo, quase toda empresa pode encontrar oportunidades para OPW. Muitos dos meus clientes atuais descobriram que permitir que vendedores, clientes ou parceiros de negócios realizem atividades para as quais eles têm uma maior motivação e melhor expertise pode ser um passo poderoso em direção a transformar seus negócios enquanto cortam custos de forma drástica.

O conceito básico de OPW da Amazon acabou sendo remoldado numa plataforma para outros usarem chamada de Amazon Mechanical Turk. É um mercado on-line que fornece a empresas acesso *on demand*, expansível e flexível, a um exército de freelancers, que podem ser contratados para realizar pequenas tarefas manuais. Incontáveis empresas usam essa plataforma diariamente para alavancar uma base de empregos no mundo todo, e, claro, a Amazon ganha dinheiro toda vez que fazem isso.

Hoje, empresas como Uber e Airbnb levaram o conceito de OPW um passo além. Além de usar o trabalho dos outros, elas também usam os bens dessas pessoas – no caso, seus carros e lares.

OPW e a plataforma de vendas terceirizadas

Quando entrei na Amazon com a tarefa de criar uma plataforma de venda de terceiros, quem dominava o mercado nessa área era o eBay. A mentalidade do eBay era bem *laissez-faire* – eles simplesmente uniam compradores e vendedores, assumindo pouca responsabilidade pela experiência do cliente ou pela confiança entre vendedores e compradores. Se você procurasse um modelo específico de câmera, podia ter páginas e páginas de listas que não ofereciam ajuda para entender como os itens ou as ofertas de vendas se comparavam. (Por acaso, desde então o eBay mudou significativamente e melhorou muitas dessas áreas, principalmente por pressão do sucesso do Amazon Marketplace.)

Por contraste, definimos três princípios de design que foram importantes para que construíssemos nosso negócio de vendedores terceirizados:

1   Apresente um único item ao cliente acompanhado de uma lista intuitiva de ofertas vendendo esse item. Nós chamamos esse princípio de design de *Item Authority* [autoridade do item]. Crie uma única definição do item, permitindo a múltiplos vendedores, incluindo a Amazon, fazer ofertas para vender o item. Queríamos

criar um mercado onde vendedores competiriam pelo pedido de uma forma que funcionasse para o benefício do cliente.

2 Torne possível para os clientes confiar em nossos vendedores terceirizados tanto quanto eles confiam na própria Amazon. Nós operacionalizamos o conceito de "confiança no vendedor" de várias formas.

3 Forneça grandes ferramentas de vendas, incluindo múltiplos métodos de venda e riqueza de dados para ajudar os comerciantes a operar seus negócios na Amazon. Para pequenos vendedores, diferentes tipos de funções integradas devem ser fornecidas. Documentação, métrica operacional, teste de ambientes e parceiros de serviços profissionais devem ser desenvolvidos para ajudar vendedores a ter sucesso enquanto a equipe da Amazon se mantém pequena.

É claro que esse programa ambicioso exigiu uma integração bastante complexa entre vendedores e a Amazon. Estava claro para mim que a Amazon simplesmente não tinha recursos humanos para administrar de maneira manual uma plataforma assim em escala. Nós tínhamos de tornar o mercado de terceirizados autogerenciável. Tínhamos de fornecer ferramentas fáceis de usar e altamente intuitivas para os vendedores, assim como um sistema que de alguma forma apartasse vendedores abaixo da média do mercado, para manter alta a confiança do cliente.

Percebemos bem depressa que a única forma de conquistar isso era colhendo na fonte do OPW. Felizmente, Jeff Bezos aprovou projetos criados para alavancar o negócio e transformá-lo numa plataforma autogerenciável.

A Amazon continua a usar OPW como um "primeiro princípio" ou conceito fundamental para construir estratégias. Por exemplo, a Amazon Flex, que reúne motoristas independentes que retiram e entregam pacotes nos centros de distribuição da Amazon, é baseada em OPW. A Amazon Flex é parecida com a Uber na retirada de pacotes. Uma pessoa física com um carro particular se inscreve para ser entregador da Amazon. Chegando ao centro de distribuição, pega as entregas reservadas e coloca as caixas no carro. Os motoristas usam o aplicativo Flex para guiar e confirmar a entrega dos pacotes na porta dos clientes. Esse modelo de

ESTRATÉGIA

agente independente permite que a Amazon tenha outra opção de entrega *last mile* (ou entrega de última milha) para seu negócio de varejo.

Quais são os recursos que precisam de uma estratégia de OPW? Apenas contratar fornecedores é uma forma, mas isso não costuma oferecer a vantagem econômica dimensionável ou alavancável que a tecnologia tem para equipar uma força de trabalho flexível que tenha os incentivos certos para fazer o trabalho. Não se esqueça de que você ainda é o responsável pela qualidade e pelos resultados, e parte do que sua tecnologia precisa fazer é construir métricas boas e rastrear para garantir qualidade.

Uma das técnicas favoritas de Bezos para conquistar isso é a *forcing function*, um conjunto de diretrizes, restrições e comprometimento que força um resultado desejável sem ter de administrar todos os detalhes para fazer isso acontecer.

Questões a considerar

1 Quais atividades manuais em seu negócio poderiam se beneficiar de uma estratégia de OPW?

2 Você poderia construir as ferramentas certas para criar e administrar pequenas etapas de um trabalho bem definido? Isso traria melhorias mesmo se o trabalho fosse feito externamente?

3 Como você cria flexibilidade para picos em seu negócio? Qual estratégia digital poderia ajudar?

IDEIA 24
A MÁGICA DE FORÇAR FUNÇÕES
Acerte nisso e suas equipes
vão decolar

Ser quer algo bem feito,
faça você mesmo.
Napoleão Bonaparte

Como um líder consegue os resultados certos sem fazer microgestão? Como um negócio desenvolve agilidade enquanto mantém padrões altos para atingir o sucesso? Como você empodera a equipe enquanto minimiza o risco? Governança demais nessas equipes as desacelera e reduz o crescimento delas como líderes. Prestar pouca atenção e descuidar-se fará com que você seja responsável por resultados fracos. Quer saber um dos segredos da Amazon nesse sentido? *Funções forçadas.*

Funções forçadas são um conjunto de diretrizes, restrições, requerimentos ou comprometimentos que "forçam" ou dirigem um resultado desejado sem ter de gerenciar todos os detalhes para fazê-lo acontecer. Forçar funções é uma técnica poderosa usada na Amazon para reforçar uma estratégia ou mudança ou para conseguir lançar um projeto difícil.

Muitas das ideias delineadas neste livro são funções forçadas. Por exemplo, ter uma conversa profunda de antemão sobre medidas com uma equipe permite que um líder preste menos atenção à equipe porque sabe que ela está tomando medidas para obter os resultados certos. As funções forçadas devem ser implementadas cedo e de forma estratégica, e acompanhadas por uma comunicação aberta e consistente.

Deixe a equipe saber quando uma função está sendo forçada.

ESTRATÉGIA

Colocando de forma simples, forçar funções é uma restrição que molda comportamentos, não muito diferente da defesa metálica numa rodovia. Existe para evitar que seu projeto ou objetivo entre na mão errada.

IDEIA 24 Para equilibrar os resultados certos evitando burocracia e gestão centralizada, os líderes devem desenvolver táticas que ajudam a atingir os resultados certos sem ter de prestar atenção de perto à equipe ou à função. Essas táticas são chamadas *funções forçadas.* Criar essas estratégias cedo num programa alinha expectativas e fortalece os líderes para operar com autoridade e expectativas claras.

Vendedores terceirizados: inventando uma plataforma e mantendo-a simplificada

Um dos melhores exemplos do princípio de inventar e simplificar é o negócio que me trouxe à Amazon em primeiro lugar: o desenvolvimento de uma plataforma de vendas terceirizadas.

No final de 2001, eu trabalhava numa start-up de tecnologia em Seattle e procurava ativamente pela próxima grande novidade – tanto na minha carreira quanto no mundo dos negócios em geral. Jason Child, um colega meu da época da Arthur Andersen, me apresentou a Jason Kilar (que posteriormente se tornou fundador e CEO da Hulu). Eles me chamaram para uma entrevista na Amazon. Disseram-me que o candidato escolhido lideraria um negócio responsável por criar e operar um recurso que permitiria que terceiros vendessem na Amazon.

Nos dois meses seguintes, eu fiz 23 entrevistas na Amazon. Foi sem dúvida o processo de contratação mais exaustivo por que já passei. O que de fato fazíamos nessas entrevistas era refinar estratégias e fazer um *brainstorming* das necessidades de um negócio de venda terceirizada. Já existia um precursor. Infelizmente, o ZSHOP ficou bastante marcado por sua terrível experiência com o consumidor e seu estoque precário. Eu me lembro de pensar: "Bem, a ideia está aí, mas estou vendo planos e expectativas bem vagos".

Eu acabei sendo contratado para lançar o negócio de vendas terceirizadas como o primeiro diretor de integração de mercadoria da Amazon.

Eu tinha a responsabilidade direta de gerenciar todos os comerciantes (ou vendedores) que traríamos a bordo para a abertura, no final de 2002, incluindo marcas como Nordstrom, Gap, Eddie Bauer e Macy's. Mas eu também era responsável por tornar a experiência de venda terceirizada da Amazon tão eficaz e livre de atritos como a experiência do cliente. Nós percebemos que, sem uma cultura de experiência de vendas, o novo negócio não teria sucesso, e adotamos o "sucesso do vendedor" como nossa missão.

Estabelecemos uma função forçada usando um *press release* futuro (ideia 45). Esse comunicado futuro à imprensa declarava que "um vendedor terceirizado, no meio da noite, sem falar com ninguém, seria capaz de se registrar, listar um item, atender a um pedido e agradar a um cliente como se a Amazon tivesse recebido o pedido". Essa simples frase impôs uma tremenda integração e coordenação de operações entre o Amazon Marketplace e nossos vendedores. E precisávamos escalonar esse item para dezenas de milhares de vendedores sem acrescentar muitos funcionários na Amazon. Tinha de ser feito de maneira autogerenciável. Essa função forçada fez o devido trabalho. Nós criamos ferramentas, processos, índices e monitoramento para permitir que vendedores lançassem e operassem seus negócios na Amazon com um suporte surpreendentemente pequeno da nossa parte. Ainda assim nós sabíamos e o vendedor sabia se estava atendendo os clientes com a qualidade que a Amazon exigia.

Outro exemplo de função forçada era o conceito de *headcount* direto *versus* indireto. O *headcount* direto para um projeto normalmente incluiria engenharia de sistemas (SDE), gerentes de programas técnicos e gente para negociar contratos, como gerentes de vendas. Na cabeça de Bezos, essas eram habilidades essenciais para construir uma empresa escalonável. Outro *headcount* – todas as pessoas que não criam diretamente uma melhor experiência do consumidor – foi considerado indireto. A função forçada daquela vez foi a de que adquirir um *headcount* direto era relativamente fácil de se aprovar. Porém, o indireto era limitado e tinha de ser justificado, demonstrando que iria diminuir conforme o negócio fosse escalonando.

Ao construir negócios terceirizados, meu *headcount* indireto consistia em gerentes de contabilidade que contratei para ajudar os vendedores a completar sua integração à Amazon. Esses gerentes inicialmente lançavam de quinze a vinte vendedores por vez, mas logo estavam lançando de cinquenta a cem. O número acabou ficando astronômico. Isso foi possibilitado por um conjunto de estratégias, incluindo construir uma variedade de formas para os vendedores se integrarem à Amazon, criando grande documentação e exemplos, fornecendo um ambiente-teste e processos de certificação para permitir que o vendedor percebesse quando estivesse pronto para se lançar, e construir um ecossistema de parcerias para ajudar vendedores que precisassem de consultoria. Essa função forçada fez exatamente o que pretendia: permitiu que construíssemos recursos e processos que cresceram bastante e tornaram-se mais eficientes com o tempo.

Nossa equipe de integração de vendedores construiu ferramentas, índices, gráficos, alarmes e outros recursos para ajudar os vendedores a cumprir todos os seus compromissos contratuais conosco e fazer jus aos altos padrões de nosso mercado, assim como à expectativa de seus clientes. Também construímos várias ferramentas tecnológicas e operacionais para monitorar seus desempenhos. Por exemplo, monitoramos o preço e a disponibilidade de um item no próprio site do vendedor para garantir que não fosse mais barato ou mais fácil de comprar naquele site do que na Amazon, e avisamos os vendedores que faziam compromissos pouco razoáveis ou deixavam de cumprir suas promessas.

Finalmente construímos um índice de confiança do vendedor baseado em todos os pontos de contato entre o comerciante e o cliente, assim como as promessas que um vendedor faz. Cada vendedor podia rastrear as respostas a perguntas como: "Meu conteúdo é bom?", "Estou entregando encomendas a tempo?", "Estou gerenciando devoluções corretamente?", "O feedback do meu cliente é bom?". Tudo isso então foi reunido num índice agregado, acarretando uma pontuação para cada vendedor. Nós usamos muitas funções e algoritmos para recompensar clientes de alto desempenho – por exemplo, fazendo-os aparecer no topo do resultado das buscas. Desta forma, o mercado de vendedores terceirizados evoluiu numa meritocracia altamente eficiente, em grande parte autogovernada. Se a pontuação de um vendedor fosse bem baixa, nossa equipe de gestão teria várias conversas com ele antes de acabar removendo-o da plataforma.

Igualmente importante foi o *Item Authority*. Bastante simples à primeira vista, foi talvez a inovação essencial de simplificação do programa de vendedores e um grande motivo do nosso sucesso. Para poder aumentar a seleção de itens, a disponibilidade e a concorrência de preços, nós inscrevemos vários vendedores dos mesmos itens. O *Item Authority* juntava numa página todos os vendedores comercializando o mesmo item. Isso forçava vendedores a competir no preço, na seleção e na conveniência, aumentando a experiência do cliente. Em vez de ter de olhar páginas e páginas para encontrar a melhor oferta num único item, que era essencialmente como o eBay funcionava na época, os clientes recebiam as ofertas mais competitivas num só lugar.

Juntas, todas essas inovações funcionaram muitíssimo bem. Hoje há mais de 2 milhões de vendedores terceirizados no Amazon Marketplace, representando aproximadamente 50% de todas as unidades vendidas e enviadas da Amazon.

Suas ideias de forçar funções

Quais são os tipos de funções forçadas que podem ser feitas cedo numa estratégia ou programa para empoderar a liderança da iniciativa a seguir com mais autonomia e força?

Um esboço rápido inclui narrativas (ideia 44) e *press releases* futuros (ideia 45), deixando claro as exigências ou o que é desejado. Descreva a exigência ou o resultado, não como ele será obtido. Alvos-chave de desempenho e métricas podem ser grandes funções forçadas, mas você precisa ser esperto. Foque mais em métricas de *input* – métricas dentro do controle da equipe – do que em medidas de *output*, como renda. Assim, um objetivo como "diminuição de erros de qualidade em 90%" ou "latência máxima de sistema de 0,5 segundos" funciona, mas "leve a receita a 2 milhões de dólares em um trimestre" pode não ser uma boa função forçada. Pode ser um ótimo objetivo, mas não restringe ou dita como isso acontece, não força o resultado.

Como você vai saber se suas funções forçadas estão funcionando? Elas começarão a acelerar sua inovação, você vai executar e obter grandes resultados de forma melhor e, de repente, os *flywheels* do seu négocio vão girar mais rápido. Mas o que é um *flywheel*?

ESTRATÉGIA

Questões a considerar

1 Você está usando funções forçadas em sua empresa? Elas estão fazendo um bom trabalho?

2 Onde as funções forçadas podem ajudar a entregar um melhor resultado?

3 Você monitora os compromissos feitos e os analisa?

IDEIA 25
QUAL É SEU *FLYWHEEL*?

Sistemas inteligentes para desenvolvimento estratégico

*O consumidor é o ponto mais
importante da linha de produção.*
W. Edwards Deming

O *flywheel* de venda da Amazon é famoso. Ainda assim, o que ele é, exatamente? Colocando de forma simples, é um *loop* de autorreforço ou um diagrama de sistemas levado por objetos-chave ou iniciativas. A metáfora do *flywheel* se refere a um grande mecanismo que lentamente gira e ganha impulso, construindo e estocando energia, antes de atingir a forma de autoperpetuação. Numa fábrica, isso aparece como eficiência cinética. Num negócio, como crescimento ou adoção sempre crescentes. É um ciclo virtuoso.

Na Amazon, os líderes trabalham para reforçar o *flywheel* investindo para fazê-lo girar mais rápido, sem parar de desenvolvê-lo. Ainda hoje, na Amazon, as equipes explicam como suas propostas ou ideias reforçam ou estão ligadas ao *flywheel*. Para parafrasear Jim Collins, alguns esforços podem ser maiores que outros, mas uma única oscilação – não importa quão grande – reflete uma pequena fração de todo o efeito cumulativo sobre o *flywheel*.[22]

Pensar em seu negócio como um *flywheel* – determinando quais fatores vão gerar e sustentar o maior impulso no crescimento – vai ajudá-lo a identificar as alavancas mais importantes.

IDEIA 25 Estude e analise seu ramo ou a situação que está tentando melhorar usando sistemas inteligentes. Quando você tiver uma ideia ou hipótese de como atingir seu objetivo, crie uma versão simples de seu sistema, frequentemente chamada de *flywheel*, para ajudá-lo a testar a estratégia e depois para comunicar sua lógica e seus planos para os outros.

Sinergias do *flywheel*

O volume e a variedade do negócio de varejo da Amazon podem ser lendários, mas é um negócio centrado no conceito de *flywheel*, que Jeff Bezos pode ter pegado emprestado do guru de estratégia Jim Collins, autor de *Good to Great*. Além de uma poderosa estratégia de negócios, a ideia é uma ferramenta útil para comunicar as decisões da empresa que, às vezes, são intrigantes para funcionários e gente de fora.

No começo de 2002, o impulso de *flywheel* da Amazon era limitado. Eu tive a tarefa de afetar de forma drástica uma grande parte dessa engrenagem, acrescentando milhares de vendedores, que acrescentariam milhões de itens para a seleção da Amazon. Na época, basicamente todas as seleções (*Stock Keeping Units*, ou SKU, as unidades de manutenção de estoque) estavam numa das três categorias: livros, música e vídeo – e quase todos esses produtos eram comprados e revendidos pela Amazon com participação limitada de vendedores terceirizados.

A Amazon já havia tentado lançar um programa de vendedores terceirizados duas vezes. Ambas as tentativas fracassaram. Bezos descreveu dessa forma: "Os primeiros dias do Marketplace não foram fáceis. Primeiro, lançamos o Amazon Auctions. Acho que sete pessoas vieram, se contar meus pais e irmãos. O Auctions se transformou em ZSHOPS, que era basicamente uma versão de preço fixo do Auctions. Novamente, sem clientes".[23]

O motivo principal pelo qual essas primeiras versões fracassaram era que a Amazon não havia simplificado as coisas o suficiente para os clientes que tentava atrair. As ferramentas para o vendedor (cliente 1) eram limitadas e difíceis de usar, assim como a descoberta e as ferramentas de compra para o consumidor (cliente 2), que era forçado a pagar separadamente os produtos de terceiros.

Uma grande parte do meu novo emprego como diretor de integração de vendedores era trazer a "obsessão pelo vendedor" ao negócio, um novo toque no princípio fundamental de "Obsessão pelo cliente" da Amazon. Nós sabíamos que tínhamos de fazer ótimas ferramentas e um grande negócio para vendedores se quiséssemos criar o ciclo virtuoso que havíamos visualizado.

Para conquistar isso, fizemos algo bem radical na época. Pegamos nosso bem de varejo mais valioso – as páginas de detalhes de produtos – e deixamos os vendedores terceirizados competirem contra nossas próprias categorias.

"Era mais conveniente para os clientes, e em um ano representou 5% das unidades", explicou Bezos. "Hoje, mais de 40% das nossas unidades são vendidas por mais de 2 milhões de vendedores terceirizados no mundo todo. Os clientes encomendaram mais de 2 bilhões de unidades dos vendedores em 2014".[24]

O sucesso desse modelo híbrido acelerou o *flywheel* da Amazon. Clientes foram inicialmente atraídos por nossa crescente seleção de produtos com bons preços e uma grande experiência de consumo. Ao permitir que terceiros oferecessem produtos lado a lado, nós nos tornamos mais atraentes aos consumidores, o que trouxe ainda mais vendedores. Isso também agregou à nossa economia de escala, que seguiu baixando preços e eliminando fretes para os pedidos qualificados.

Tendo introduzido esses programas nos Estados Unidos, seguimos o mais rápido que podíamos para nossas outras áreas geográficas. O resultado foi um marketplace que se tornou integrado de forma fluida com todos os nossos sites globais.[25] Agora, vamos revisitar como a Amazon pensa e usa o *flywheel*.

A mecânica do *flywheel*

O *flywheel* original parece simples, mas na verdade é cheio de nuances (Figura 25.1). Preços mais baixos e uma grande experiência do consumidor vão trazer mais clientes, Bezos refletiu. Um grande trânsito vai levar a mais vendas, o que vai atrair mais vendedores terceirizados, que pagam comissão. Cada vendedor adicional vai permitir que a Amazon obtenha mais dos custos fixos, como centros de distribuição e os servidores necessários para operar o site. Essa maior eficiência então vai permitir baixar ainda mais os preços. Mais vendedores também vão levar a uma melhor seleção. Todos esses efeitos fecham o ciclo de volta a uma melhor experiência do cliente.

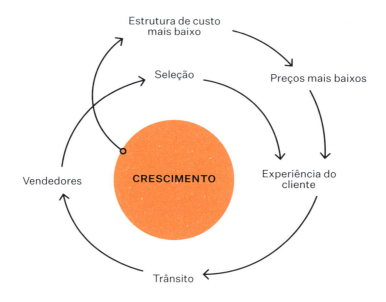

FIGURA 25.1: O *flywheel* original da Amazon
FONTE: Amazon

Enquanto fiquei na Amazon, nós usávamos o *flywheel* para desenvolver, racionalizar e coordenar investimentos importantes e entender como outras empresas, que por um lado eram vistas como concorrentes, podiam, de fato, ser alavancadas como parceiros importantes para conquistar objetivos de longo prazo. Um *flywheel* pode ajudá-lo a ver oportunidades não tão óbvias e ajudá-lo a priorizar parceiros e clientes. Bezos costumava dizer: "Estamos dispostos a ser mal interpretados por longos períodos".[26] As definições de "mal interpretado" frequentemente são pontos cruciais no sistema baseado em dinâmica da Amazon.

Criando seu próprio *flywheel*

O valor de criar seu próprio *flywheel* é triplo: ganhar uma compreensão mais ampla e mais profunda de seu ramo, que inclui oportunidades, riscos e zonas inoperantes; definir sua estratégia e priorizar ações específicas; criar um modelo que vai ajudá-lo a comunicar essa estratégia aos outros.

Seis passos para criar seu próprio *flywheel*

1 Crie uma definição preliminar e uma declaração de alcance.

2 Delineie os componentes e as variáveis cruciais.

3 Racionalize e agrupe os componentes e as variáveis.

4 Construa um diagrama de relacionamento causal.

5 Continue trabalhando no modelo e simplifique-o com o tempo.

6 Identifique as implicações do modelo.

Quanto tempo vai levar para a construção de seu *flywheel*? Mais tempo do que você pensa. Não costuma ser um exercício de uma tarde. Jerry Seinfeld, em seu documentário *Comedian,* fala sobre "suar na academia" para refinar seu talento. Esses tipos de modelos e estratégias têm de ser testados na pressão e trabalhados – você precisa ir à academia suar e gastar tempo para definir, melhorar e tirar valor de seu *flywheel*. Se você não teve alguns momentos de surpresa, então, provavelmente, não está cavando fundo o suficiente. Quando estiver em dúvida, busque formas de *reduzir atrito* para fazer seu *flywheel* acelerar.

Questões a considerar

1 Você tem um modelo de sistema de seu ramo ou negócio?

2 O modelo de sistema ajuda a definir ou a comunicar estratégia?

3 O modelo de sistema revela oportunidades de criar um ciclo virtuoso nos negócios?

4 Você é capaz de comunicar de forma fácil e consistente a essência e a mecânica de sua estratégia?

IDEIA 26
POR QUE É TÃO DIFÍCIL?
Inove reduzindo atrito

Tem alguém aí?
Acene se puder me ouvir
Tem alguém em casa?
"Comfortably Numb",
David Gilmour e Roger Waters

Terry Jones, fundador do Travelocity, uma vez me disse que a coisa mais inovadora que a Amazon já fez foi vender itens usados ao lado de itens novos na mesma página. É uma enorme tecnologia transformadora. É uma competência não técnica.

Por mais surpreendente que seja, muitas das inovações que mudaram o jogo para a Amazon não são de natureza técnica. Muitas aconteceram relativamente cedo no negócio da Amazon. Muitas, como a exibição de itens antigos ao lado de novos, nem parecem inovações mais porque todos copiaram, e agora são o procedimento-padrão no varejo digital.

O que mais essas inovações têm em comum? Elas reduzem o atrito, permitindo que consumidores façam negócios da forma que quiserem. Revolucionário, certo? Dê a eles o que querem. Jeff Bezos vai dizer que os clientes vão fazer isso de qualquer jeito, então por que não facilitar o processo? Pode parecer pouco natural no início, mas quando você começar com o cliente, reduzindo uma fonte de atrito e criando uma perspectiva nova, uma inovação revolucionária é possível.

IDEIA 26 Quando a maioria de nós escuta "inovação", pensa numa tecnologia de inovação. Muitas das inovações de impacto da Amazon têm tecnologia alavancada, mas a verdadeira inovação tem sido o sucesso em reduzir o atrito com o cliente.

Se você quer ser inovador, preste atenção ao atrito de seu produto ou serviço. O que é mais duro do que parece ser? Olhe para a raiz da frustração do cliente e os aspectos irritantes de seu serviço ou produto para os quais nós ficamos "confortavelmente anestesiados". Melhore a experiência do cliente e normalmente você vai melhorar suas operações e equilibrar os custos ao mesmo tempo.

A guerra ao atrito da Amazon

Nenhuma empresa jamais encarou o atrito com o ímpeto e a firmeza da Amazon de Bezos. Além de vender itens usados ao lado de novos, meus exemplos favoritos incluem Free Everyday Shipping [frete grátis todos os dias], resenhas autênticas de clientes, múltiplas ofertas de venda do mesmo item, e Where's My Stuff [onde estão minhas coisas].

É difícil imaginar, mas, antes do crescimento do e-commerce, encomendar de um catálogo impresso era a alternativa que os clientes tinham a ir a uma loja. Quando se pedia de um catálogo, as horas de espera eram longas, geralmente de dez a catorze dias, e era difícil para os clientes saber onde estava a encomenda. Esse ponto de atrito com o cliente foi a inspiração para o recurso brilhantemente batizado de Where's My Stuff na Amazon. "Meu pedido já saiu?", "Meu pedido chegou?", "Como lido com um item perdido ou danificado?". São todos pontos de atrito que o cliente pode facilmente resolver sozinho na área Where's My Stuff do site da Amazon.

Para desenvolver sua própria estratégia para reduzir atrito, você precisa se tornar um novo cliente com uma mentalidade nova. Isso vai permitir que pergunte "Por que isso é assim?" e questionar realmente tudo sobre a experiência e quaisquer suposições ou ideias preconcebidas moldando sua visão. Mergulhe fundo na experiência do cliente, com uma mentalidade nova, e vai encontrar pontos de atrito para eliminar. Pegue como exemplo a experiência do cliente numa farmácia.

Por favor, Amazon, abra uma farmácia. Nunca te pedi nada!

É uma manhã de sábado de sol no sul da Califórnia. Eu paro na minha farmácia local, uma grande rede nacional, para pegar um remédio prescrito. A loja está silenciosa. Um cliente solitário conversa com a balconista na janelinha de entregas. Outra cliente, uma senhora de idade com roupa de academia, está na minha frente, esperando para ser atendida. Além da balconista atendendo o cliente, dois farmacêuticos trabalham no fundo. Um quarto funcionário examina as gôndolas de três metros de altura atrás do balcão. Isso deve ser rápido, penso eu. Há mais funcionários que clientes.

A balconista avisa "Já te atendo", quando um quarto cliente se junta na fila atrás de mim. Apesar de o cliente que está no balcão estar a uns bons três metros de distância, nós não podemos evitar de escutar a conversa que ele está tendo com a balconista. É levemente embaraçoso para todos. Eu olho para meus sapatos. A balconista chama o farmacêutico para consultar uma receita.

Cinco minutos se passam até que o cliente no balcão receba o creme certo e os comprimidos. Ele parte, e a senhora de idade com roupa de academia se aproxima do balcão, cheia de expectativa, falando seu nome. Assentindo, a balconista passa os olhos pelos sacos plásticos em ordem alfabética pendurados com a encomenda prescrita dela. Nada. A senhora dá o nome novamente e a balconista olha novamente todos os sacos. Às vezes os pedidos são pendurados na ordem errada, a balconista diz a ela. A senhora falou que recebeu uma mensagem há uma hora dizendo que seu pedido estava certo. A balconista pega uma grande cesta vermelha contendo pedidos arquivados que ainda não foram pendurados. A balconista verifica a cesta toda, um por um.

"Achei!", diz triunfante, levantando a receita no ar como se tivesse ganhado na loteria.

Agora é hora de pagar. A balconista pergunta à cliente se ela tem o cartão do programa de recompensas. A senhora balança a cabeça.

Ela não quer todo aquele incômodo, só quer ir embora com o produto. Quem pode culpá-la? Ela paga pelo pedido sem colocar os dados e o cartão fidelidade.

Agora é minha vez.

"Nome?", a balconista pergunta.

"John Rossman."

"Grossman?"

"Não, Rossman. R, O, S, S, M, A, N."

A balconista encontra o pedido e o traz. Ela pede meu cartão do plano. Quando passo para ela, vê que tenho uma nova cobertura. Ela me instrui a sentar ao lado.

"Por quê?"

A balconista não responde. Então obedientemente eu me sento. E espero. Enquanto espero, noto que as gôndolas de produtos na grande drogaria contém tudo, de enxaguante bucal e produtos para cabelo até livros e coolers. Parece que metade dos itens tem tanto um preço normal quanto uma etiqueta em que está escrito a mão "preço reduzido" presa na prateleira. Além dos funcionários da farmácia, a loja tem seis balcões de caixa e três ou quatro balconistas. No total, há sete clientes na loja, cinco dos quais estão na área da farmácia.

"Eu já te atendo", diz a balconista novamente para a fila de clientes, que só cresce. Parece que a balconista é a única funcionária que pode atender diretamente os clientes. Os dois farmacêuticos estão preenchendo prescrições e o outro balconista está colocando-as no cesto vermelho.

Após mais cinco minutos, eu fico de pé e me aproximo do balcão. A atendente se esqueceu de mim. Eu completo a transação e estou de saída. Ainda não entendo por que precisei me sentar.

Depois que a Amazon anunciou a aquisição da Whole Foods, no segundo semestre de 2017, e Bezos deixou claro que iria melhorar a experiência do cliente e aperfeiçoar um *omnichannel* criativo e fluido, essa experiência na farmácia veio imediatamente à minha mente. A indústria farmacêutica era facílima para a Amazon. Como ela poderia melhorar a experiência do cliente e as operações da farmácia tradicional?

Preenchimento automatizado de prescrição e sistema de gestão de estoque. Com seu robô Kiva e expertise de triagem, a Amazon poderia melhorar drasticamente velocidade, precisão, eficiência e custos da atividade – e provavelmente melhorar a satisfação dos farmacêuticos no emprego, já que eles seriam capazes de passar o tempo ajudando clientes e fazendo outras atividades mais enriquecedoras.

Entregar remédios em casa, provavelmente em até uma hora depois do pedido. Eu nunca mais seria forçado a ir a uma farmácia pegar um remédio de novo, a não ser que eu quisesse.

Mas e se precisasse conversar com um farmacêutico quando tivesse minha encomenda entregue em minha casa? Duas ideias vieram à minha mente. Primeiro é o uso do Echo para criar uma "voz do farmacêutico". A segunda é o mecanismo de Echo Show – um Echo, mas com uma tela e recurso de vídeo. Com isso, a Amazon podia possibilitar uma experiência cara a cara virtual com o farmacêutico.

Precisa pedir novamente sua receita? Que tal um lembrete da Amazon para pedir novamente ou usar um botão automático para isso?

E o preço? Bom, esse é o pão de cada dia para a Amazon. Ela iria baixar drasticamente o preço cobrado dos consumidores, porque seu modelo de negócios é usado para baixar margens, e criaria uma estrutura de custos mais eficiente e mais baixa. Uma farmácia típica gera a maior parte de sua renda e margem de prescrições. Remédios prescritos típicos oferecem uma margem alta e a Amazon usaria essa margem para baixar os preços dos medicamentos ou para diminuir ainda mais os preços de itens secundários.

A Amazon poderia romper a indústria farmacêutica se decidisse criar uma marca particular de remédios e produtos. Afinal, a Amazon tem uma marca de produtos em quase todas as categorias de varejo, de acessórios eletrônicos a produtos de banho e mobília. Com o tempo, a Amazon certamente iria encontrar oportunidades no setor de genéricos.

Com a aquisição da PillPack, a Amazon agora tem a habilidade de preencher e entregar remédios prescritos. PillPack separa prescrições em doses diárias para clientes, então em vez de os clientes precisarem abrir a dose correta para cada remédio, seus medicamentos vêm em pacotes individuais separados para tornar a vida um pouco mais fácil. Os clientes podiam escolher entre ter o pedido entregue em casa ou numa loja Whole Foods. Imagine pedir comida on-line e parar para pegar pedidos de mercado e farmácia, ou ter tudo entregue em sua casa em até duas horas? Acho que vou acrescentar um livro no meu pedido também!

Finalmente, considere como as proezas de dados e informações da Amazon poderiam melhorar a experiência do consumidor com transparência da cobertura de plano, fornecendo informação sobre o que está coberto e opções para genéricos.

O melhor que acontece hoje é que o farmacêutico *pode* recomendar um genérico ou equivalente para um cliente, mas normalmente isso acontece apenas para novas prescrições, e o cliente depende do farmacêutico para obter essa informação.

Seguindo os passos da aquisição da Whole Foods, com mais de quatrocentas lojas, e a já mencionada aquisição da PillPack, a Amazon agora tem a base para acrescentar um balcão de farmácia. E por que não? Nenhuma operação de farmácia existente vai se reinventar e romper a si mesma. Empresas com "varejo em primeiro lugar" não podem vencer uma operação de "tecnologia em primeiro lugar". As empresas não são totalmente capazes de romper seus próprios negócios, e, mesmo se fossem, falta a elas a habilidade ou a vontade de passar por esse processo. E elas não têm a cadeia de suprimentos ou expertise de automação para realizar isso. A Amazon teve 76 patentes de cadeias de suprimento só no ano passado. Não é à toa que estou implorando para que a Amazon entre no ramo farmacêutico!

Amazon Go

Claro, a discussão sobre a busca da Amazon por uma experiência de consumidor sem atrito seria seriamente deficitária se eu não mencionasse a Amazon Go. É uma loja revolucionária de tijolos com tecnologia *Just Walk Out* que usa sensores, visão, fusão e inteligência artificial para permitir que clientes entrem com seus smartphones, escolham itens das prateleiras, coloquem de volta se quiserem e apenas saiam. A compra é cobrada na conta da Amazon automaticamente. A única coisa mais fácil do que a Amazon Go é abrir sua própria geladeira.

A Amazon tem planos de abrir 3 mil dessas lojas em 2021.[27] Isso é o que eu chamo de reduzir atrito.

ESTRATÉGIA

Reduza atrito nos seus negócios e dê aos clientes o que eles querem. Verifique. O que vem depois disso? Pense em seus super-heróis favoritos e seus superpoderes.

Questões a considerar

1 Estou resetando o padrão da indústria para a experiência do consumidor?

2 Com quais pontos de atrito em seus serviços ou produtos seus clientes, ex-clientes ou os clientes que você ainda não tem prefeririam não lidar?

3 Onde estão esses pequenos pontos de atrito no uso que o cliente faz de seu produto ou serviço? Você está prestando atenção a isso?

IDEIA 27
CONCEDENDO SUPERPODERES AOS CLIENTES
Negócios dos sonhos e necessidades permanentes

Aquele que conhece os outros é sábio; aquele que conhece a si mesmo é iluminado.
Lao Tzu

Uma forma de contar a história da minha vida é registrar as séries de TV de uma era. Costuma haver uma que se sobressai por alguns anos, e minha mente simples usa essa série como o marcador para aquele período da minha vida. Patético, eu concordo. Agora provavelmente seria a série da HBO *Silicon Valley*. Os anos 1990 foram marcados pelo sitcom *Seinfeld*. Um dos grandes temas recorrentes era a obsessão de Jerry com o Super-homem. Como George disse: "Sua vida toda gira em volta de Super-homem e cereal matinal".[28] Inovação pode ser inspirada pela mesma fascinação por super-heróis.

Como? Bem, para se diferenciar da concorrência, você precisa conceder a seus clientes um superpoder que seja completamente único em relação ao que as outras empresas dão a eles. Você pode ter paridade ou oferecer a maioria dos mesmos recursos de seu concorrente. Para vencer, é preciso haver um superpoder. Poder de voar, visão de raio X,, viagem no tempo... Você precisa pegar algumas habilidades, características ou processos nos quais você seja *super*.

IDEIA 27 Desafie-se com estas perguntas: "Quem são meus clientes e quais superpoderes vou conceder a eles?". Devem ser poucas habilidades diferenciadas que fortaleçam sua estratégia. Invista para criar e se manter entre os "melhores da classe" e à frente do mercado.

ESTRATÉGIA

Uma vez ouvi Jeff Bezos dizer a um grande cliente varejista que ele não conseguia imaginar um mundo onde um cliente quisesse um preço maior, uma entrega mais lenta ou uma seleção menor. Durante a existência da Amazon, muitas de suas estratégias foram conduzidas por fornecer superpoderes para seus clientes. Velocidade da luz! A habilidade de encolher (preços)! O poder de fazer qualquer coisa aparecer! E mais: esses superpoderes entregues a necessidades permanentes do cliente.

A logística e a entrega, por exemplo. A Amazon é incansável em construir múltiplas táticas para equipar sua cadeia de suprimentos, dar aos clientes escolha, flexibilidade e transparência, e remover atrito para que a entrega seja rápida e confiável. Por exemplo, em 2014, a Amazon fez parceria com o U.S. Postal Service, o serviço postal norte-americano, para oferecer entregas de domingo em cidades selecionadas. Entregas de domingo pelo correio? Esse é um superpoder. Até o Super-homem precisa respeitar isso.

Quando entregas comerciais não puderam dar conta dos volumes de pico da Amazon, Bezos criou seu próprio serviço rápido de entrega próxima, incluindo o programa Amazon Delivery Service Partner, anunciado em junho de 2018. Esse programa fortalece empreendedores para que comecem um serviço de entregas dedicado a entregar pacotes da Amazon e inclui ofertas de "apoio tecnológico e operacional para indivíduos com pouca ou nenhuma experiência logística com a oportunidade de fazerem seu próprio serviço de entregas". Para ajudar a manter os custos da start-up baixos, como 10 mil dólares, empreendedores também terão acesso a uma variedade de descontos negociados com exclusividade em recursos importantes de que vão precisar para operar um serviço de entrega. Os acordos estão disponíveis em veículos da Amazon customizados para entrega, com uniformes da marca, combustível, cobertura extensa de seguro e mais.[29]

Quando a infraestrutura de entrega ainda não havia amadurecido na Índia e na China, a Amazon chamou um exército de entregadores de bicicleta para entregar pacotes nas grandes cidades. E quando a U.S. Postal Service e a FedEx não conseguiram realizar as entregas de pico no Natal, Bezos aumentou a velocidade construindo mais centros de distribuição, e outros recursos de entrega como drones e blimps. Ele está disposto a fazer *tudo* para satisfazer a necessidade perene do cliente por entregas mais rápidas.

Negócios dos sonhos

Se o Super-homem é o super-herói principal, qual é o Super-homem dos modelos de negócios?

Em sua carta de 2014 para acionistas, Bezos descreveu esse paradigma como o "negócio dos sonhos":

> *Uma oferta dos sonhos nos negócios tem pelo menos quatro características. Os clientes amam, ela pode crescer até adquirir um tamanho bem grande, tem retorno forte de capital e é durável – com potencial para durar décadas. Quando você encontra uma dessas, não apenas namore, peça em casamento...*
>
> *Nós damos conta do trabalho com nossas ferramentas costumeiras: obsessão pelo cliente, em vez de foco no concorrente, paixão verdadeira por invenção, comprometimento com excelência operacional e uma vontade de pensar no longo prazo. Com boa execução e um pouco de boa sorte, Marketplace, Prime e AWS podem servir aos clientes e gerar retornos financeiros por muitos anos a fio.*[30]

As necessidades duradouras de seus clientes

Focar em necessidades específicas e duráveis dos clientes é similar ao processo de competências centrais delineadas no artigo "The Core Competence of the Corporation" ["A competência central da corporação"], de C.K. Prahalad e Gary Hamel, publicado na *Harvard Business Review*. "Uma competência central exibe pelo menos três características: (a) fornece acesso potencial a uma ampla variedade de mercados; (b) deve fazer uma contribuição significativa aos benefícios percebidos pelo consumidor sobre o produto final; e (c) deve ser difícil para os concorrentes imitarem."[31]

Mas quais são as necessidades duráveis dos clientes? E qual é sua promessa ao atender a essas necessidades? É isso que sua estratégia de marca precisa definir de verdade. Se você cria e fabrica acessórios de surfe, talvez sua necessidade duradoura seja "acessórios da moda que suportem água salgada".

Você pode ver pelo sucesso da Amazon que ter mais seleção, ter uma plataforma que permita que vendedores (incluindo Amazon Retail) competam no preço e criar uma velocidade de entrega cada vez maior foram os componentes de uma marca consistente de alta conquista e estratégia de investimento por mais de 20 anos. Eu ainda poderia argumentar que nenhuma necessidade do cliente na Amazon é maior que a confiança.

Conceda superpoderes aos clientes e nunca pare de tentar descobrir as necessidades duradouras deles e como atendê-las para superar as expectativas. Melhorias secundárias não valem! Pode levar um tempo, pode ser difícil, mas, se conseguir descobrir isso, você pode conseguir se transformar num negócio dos sonhos.

Questões a considerar

1 Qual é o superpoder de que seus clientes mais gostariam?

2 Há exemplo de uma característica matadora em seu ramo? O que você pode aprender com isso?

3 Quais são as necessidades duráveis de seus clientes? Elas podem ajudar a organizar seus esforços de inovação?

IDEIA 28
PENSE DIFERENTE
Melhore suas questões
para disrupção

[O Guia do Mochileiro das Galáxias] *me ensinou que o difícil é descobrir quais perguntas fazer, mas que quando você descobre isso, o resto é bem fácil.*
Elon Musk

Sim, Napoleão morreu envenenado no exílio em Elba, mas posso garantir a você que ele sabia exatamente o motivo. Talvez quisesse ter feito algumas perguntas a mais antes de invadir a Rússia no verão de 1812. Sim, a queda de Napoleão foi causada por arrogância. Após tanta inovação e sucesso no campo de batalha, ele não achou que poderia perder.

De forma parecida, líderes de negócios tendem a pensar que seus ramos e experiência nos negócios vão dar a eles ideias para inovação. Apesar de isso ser importante, a habilidade de desenvolver ideias inovadoras está em fazer perguntas diferentes e melhores.

O princípio de liderança 5 da Amazon é "Aprender e ser curioso". Esse princípio encoraja líderes a desmentir ativamente suas suposições para evitar uma mentalidade especialista que não seja aberta a novas perspectivas e para permanecer humilde. Isso não é um acidente. É um hábito e uma habilidade.

IDEIA 28 Fazer perguntas diferentes vai resultar em ver o cliente e a oportunidade com um novo olhar e diferentes limitações. Você precisa pensar bem sobre como pergunta e como faz essas perguntas. Essa é uma habilidade que requer prática.

ESTRATÉGIA

Identificando oportunidades na cadeia de valores

Como fazer para seguir a deixa da Amazon em construir um conglomerado de negócios e recursos utilizando uma mentalidade de cadeia de valores? O que você pode aprender com a estratégia ou com o planejamento da Amazon para continuar a crescer numa taxa que, considerando o tamanho da Amazon, é incrivelmente difícil? Como a Amazon planeja tornar-se não apenas a maior varejista, mas talvez a maior empresa do planeta?

Não há respostas simples, claro, mas você pode se colocar no curso certo adotando uma das crenças de Bezos: "Sua margem é minha oportunidade".[32] Se você pode criar um sistema autogerenciável melhor, com menor custo e mais flexível para fazer o que outra empresa está fazendo, esse espaço é bom para entrar como concorrente. Se considerar cuidadosamente cada uma dessas perguntas, com um viés que visa desafiar o *status quo* e colocar o cliente em primeiro lugar, você estará no caminho para identificar algumas das melhores oportunidades em seu ramo para movimentar sua cadeia de valores.[33]

Para criar uma cultura de negócios moldada a partir da busca tenaz da Amazon por inovação, eu sugiro fazer como ela faz: colocar uma indústria num ponto na cadeia de valores, olhar para cima, olhar para baixo, e então fazer as cinco perguntas fundamentais:

- Primeiro, onde há uma experiência de cliente falha? Falta de integração, falta de preço e disponibilidade, transparência e negócios e práticas arcaicas são sinais de uma experiência de cliente falha.
- Segundo, que serviço ou tecnologia pelo qual sua empresa está pagando hoje que você poderia construir e operar sozinho para tornar seu negócio mais lucrativo?
- Terceiro, como você constrói esses serviços e produtos bem o suficiente para que terceiros também possam usá-los?
- Quarto, onde essas condições existem, onde há margens atraentes?
- E, finalmente, como os sensores e a Internet das Coisas consertam uma experiência de cliente falha, ajudam a entregar serviços ou tecnologias num custo menor para você e para os outros ou permitem que você crie uma proposta diferente de valor para seu cliente-alvo?

Questões para inovação

Einstein tinha uma técnica famosa para construir e explicar conceitos difíceis e impossíveis de testar: os "experimentos de pensamento". Esses cenários ajudavam a demonstrar um ponto ou uma hipótese impondo limitações. Quando formular as perguntas para ajudá-lo a inovar, uma técnica é primeiro delinear o experimento de pensamento usando um conjunto de limitações. Por exemplo: "O que teria de ser verdadeiro para reduzir o tempo do ciclo em 90%?" ou "Para a instalação e a implementação serem 98% autogerenciáveis,, o que teria de acontecer?". Impor essas restrições desafia drasticamente o *status quo*, dá uma pequena margem por não ser "100%" automatizado e libera você para que possa buscar novas táticas e paradigmas.

Muitos dos capítulos deste livro fazem perguntas diferentes, em particular a ideia 15, "A mesa-porta"; a ideia 18, "Então você quer ser uma plataforma?"; e a ideia 24, "A mágica de forçar funções". Cada um desses capítulos define cenários ou limitações que nos compelem a fazer diferentes perguntas e remover as limitações que nos prendem ao presente durante momentos de *brainstorming*. Na minha experiência, começar com uma ideia radical tal qual "Como eu reduzo o contato com o cliente em 90%?" e depois retroceder para algo mais acessível *sempre* produz mais ideias do que fazer a pergunta "Como eu posso reduzir o contato com o cliente em 10%?". Perguntas diferenciadas produzem resultados diferenciados.

Pegue por exemplo a Boring Company, de Elon Musk, que espera melhorar a crise de engarrafamento urbano construindo túneis. O desafio inicial com os túneis é que eles custam por volta de 1 bilhão de dólares por milha ou mais. A Boring Company declara: "Túneis são bem caros de escavar. Alguns projetos custam até 1 bilhão de dólares por milha. Para fazer uma rede de túneis, os custos devem ser reduzidos num fator de mais de dez".[34] Essa mentalidade permitiu repensar sobre como os túneis são criados, construídos e operados.

Criar cuidadosamente cenários, questões e limitações vai ajudá-lo a ver oportunidades bem cedo e conduzir a disrupção.

Questões a considerar

1 Sua equipe de liderança está fazendo as perguntas estratégicas?

2 Um retiro com bastante tempo dedicado a delinear e a priorizar certas questões criaria diferentes perspectivas sobre riscos e oportunidades?

3 Que limitações você pode usar para fazer diferentes perguntas que desafiam os negócios comuns (por exemplo, "reduzir o tempo de ciclo de dois dias para dez minutos")?

IDEIA 29
LANCE E APRENDA
Expansão de negócios
à la Amazon

*Mostre-me um bom perdedor
e eu lhe mostro um perdedor.*
Vince Lombardi

Em março de 2018, a Amazon anunciou que iria se arriscar no mercado bancário, oferecendo ao consumidor contas-correntes. Pare por aqui se já ouviu essa antes. Isso mesmo, a Amazon está lançando serviços bancários como contas-correntes por meio de um modelo de parceria. Ela não pretende se tornar um banco *hoje*. Clássico. Porém, é interessante notar que o *Wall Street Journal* descreveu a incursão da Amazon no negócio de contas-correntes como uma parceria mais que uma disrupção.[35]

Bezos não está preso à noção de que a Amazon precisa ser *l'enfant terrible* a cada novo passo. Às vezes disrupção imediata não é necessária. É bem mais importante que a inovação e o crescimento da Amazon venham de uma exploração constante e de apostas estratégicas em novos produtos e serviços. A forma como a Amazon identifica esses produtos e serviços começa tipicamente com um produto existente e/ou serviço e seguindo para cima e para baixo na cadeia de valor.

Você pode fazer uma parceria para começar, mas a use para aprender sobre o negócio, alcançar clientes e construir uma marca. Conforme começar a entender todo o ecossistema do negócio, busque oportunidades para inovar e servir aos clientes de modos que vão além da parceria original. Em outras palavras, "lance e aprenda". A chave, é claro, é aprender a avaliar se e quando faz sentido expandir e construir ao redor dessa parceria.

ESTRATÉGIA

IDEIA 29 "Lance e aprenda" novos ramos e adjacências em seu negócio já existente. Encontre uma forma de começar nesse novo negócio e, a partir daí, encontre formas de expandir não apenas o tamanho do negócio, mas as formas como você participa na cadeia de valor da indústria.

A cadeia de valor

A *cadeia de valor* é o conjunto de ponta a ponta de processos e atividades para a indústria. Quando a Amazon começou, era focada em ser uma varejista de e-commerce de primeira geração. A empresa, inicialmente, permitiu que outros vendessem itens usados, livros e CDs na mesma página de itens novos. Então se moveu na direção de vendedores terceirizados criando itens novos para vender na Amazon e múltiplos vendedores do mesmo item por meio da plataforma de marketplace. De lá, a Amazon expandiu rapidamente em novas categorias de varejo, incluindo vestuário, produtos esportivos e até instrumentos musicais. A Amazon então começou a criar marcas de produtos. Ela permite que vendedores terceirizados efetivamente terceirizem a logística e a entrega para a Amazon. A lista segue.

A iteração mais recente da expansão da cadeia de valor da Amazon é na indústria de transportes. A empresa começou a fretar seus próprios jatos para transportar seus itens de varejo com custo mais eficiente e maior controle. Analistas estimam que isso vai economizar mais de 400 milhões de dólares para a empresa por ano.[36]

Quando se trata do ramo de saúde, a Amazon vai ter uma estratégia de várias frentes que segue um padrão em diferentes aspectos da cadeia de valor da indústria. Em algum ponto, um grande recurso integrado será criado, como um quebra-cabeça se encaixando. Inicialmente, é incerto como as peças formariam uma imagem. Com o progresso, a imagem se torna mais clara, e colocar a próxima peça se torna mais fácil.

Há jeitos formais de compreender uma indústria dessa maneira. O clássico da *Harvard Business Review* "How to Map Your Industry's Profit Pool" [Como mapear a concentração de lucro de seu ramo][37] delineia o processo de mapear a cadeia de valor de seu ramo, incluindo receita e margem de porcentagem em cada passo do caminho. O resumo é o seguinte:

1 Defina a cadeia de valor e o setor. Crie limites para o setor que está avaliando.

2 Defina o tamanho da renda e a concentração de lucro. Para cada grande passo na cadeia de valor, estime o tamanho de receita, lucro ou margem de porcentagem.

3 Crie uma visualização. Isso normalmente é conquistado por meio do alinhamento do valor do setor de esquerda para direita e da criação de uma barra de gráfico para cada passo do processo da indústria. Suponha que o eixo Y é a "margem de porcentagem" e o X é o "tamanho de receita".

Voilà! A estratégia de lançar e aprender. Você está entrando num setor de um ponto do negócio e aprendendo a identificar novas oportunidades. Analisar essa cadeia de valor vai permitir que você compreenda e avalie suas opções de negócios.

Student body left

No futebol americano universitário, *student body left* é um *end-sweep* básico no qual o *quarterback* lança a bola para o *tailback* e todos bloqueiam enquanto ele corre para a esquerda. As defesas geralmente sabem que está vindo, mas quando cada jogador faz seu trabalho e a jogada é executada com uma corrida veloz e com força, além de ser bem-sucedida, desmoraliza a defesa se for feita múltiplas vezes com sucesso. Nos negócios, *student body left* significa deixar todos a par de uma mudança importante ou projeto para que façam seu trabalho.

Quando eu trabalhei na Amazon, a empresa era relativamente simples. Havia por volta de 3 mil funcionários nos QGs corporativos (não incluindo parceiros de serviço ao cliente e distribuição). Quase toda nossa receita anual, que na época ficava pouco abaixo de 4 bilhões de dólares, vinha de vendas de varejo em três categorias: livros, música e vídeo (basicamente DVDs). Havia apenas cinco centros de distribuição da Amazon na América do Norte. Enquanto a Amazon procurava se expandir para além de livros, música e vídeos (*Books, Music and Videos*, ou BMVs), no começo dos anos 2000, minha equipe lançou uma série de estratégias de "lance e aprenda" que eram como jogadas *student body left*. Algumas não apenas moldaram o negócio como também moldaram o setor varejista de várias formas.

Na categoria de brinquedos, a Amazon iniciou uma parceria com a Toys R Us em 2000. Apesar de a Toys R Us acabar declarando falência em 2017, em 2000, a empresa de brinquedos ainda era um Golias. Acredite ou não, os termos da parceria original ditavam que o site toysrus.com levasse diretamente para um site de brinquedos na Amazon, em que os clientes iriam usar ou criar uma conta e comprar brinquedos na Amazon. Alguns brinquedos eram entregues pela Amazon; alguns itens eram entregues pela Toys R Us. "Sob os termos desse acordo, Toys R Us concorda em estocar uma grande variedade dos brinquedos mais populares na Amazon em troca de ser vendedor exclusivo da Amazon para brinquedos e produtos para bebês. As empresas também concordaram que a Toys R Us desistiria de sua autonomia on-line, com ToysRUs.com redirecionando para a Amazon. A Toys R Us pagou à Amazon 50 milhões de dólares por ano além de uma porcentagem de suas vendas por meio do site da Amazon."[38] Sim, eles basicamente entregaram o futuro do negócio direto nas mãos da Amazon.

O lançamento e o aprendizado importante seguintes estavam no negócio de vestuário. No outono de 2002, nós lançamos a primeira categoria usando a nova plataforma Marketplace. Tivemos cerca de trinta parceiros no lançamento e deixamos claro para eles que a "Amazon não tinha planos de ser um varejista de roupas". Não demorou muitos anos para a Amazon não apenas vender no varejo de vestuário, mas também lançar uma marca própria de roupas. Estima-se que a Amazon venda por volta de cinco vezes mais roupas e calçados que o concorrente on-line seguinte, Walmart, e está em vias de ser o maior varejista combinado.[39]

A formação do AWS, líder de mercado em tecnologia em nuvem, começou como um movimento simples para melhorar a eficiência técnica. Quando eu estava na Amazon, cada equipe possuía, projetava e operava sua própria infraestrutura de computação. O que se tornou aparente foi que não estávamos tirando vantagem das economias de escala: configurações customizadas e hardware não padronizado levavam a servidores mais caros; a infraestrutura ficava ociosa grande parte do tempo (sem compartilhamento de carregamentos, a infraestrutura tinha de ser criada para o uso de pico); e cada equipe desenvolvia sua própria tática de operação e suporte.

Finalmente, decidimos separar nossa infraestrutura de informática numa função central. Esse foi um começo importante, mas a separação em si não iria tornar nossa tecnologia excelente.

Sempre racional, Bezos dizia coisas como: "Vocês sabem que essa separação pode ser uma boa ideia, mas só tendo clientes externos vamos ter o retorno e as expectativas para transformar isso em algo de primeira grandeza. Então o que vamos fazer é expor a desenvolvedores externos, porque é o que vai tornar a infraestrutura boa o suficiente para nossas equipes internas".

Não levou muito tempo para que a Amazon visse que desenvolvedores externos amavam esse serviço e que podia ser um grande negócio. O AWS nasceu, e o resto é história.

Por meio desse tipo de busca por eficiência operacional, a Amazon expandiu-se numa grande gama de negócios conglomerados, construindo novas ferramentas e serviços, que tanto equipes internas quanto clientes de fora podiam usar. Na Amazon, a amplitude desses negócios inclui o seguinte:

- Aquisições: a Amazon adquiriu mais de 64 negócios, incluindo Kiva Systems, uma empresa de armazém robótico; Zappos, uma empresa de calçados on-line; e Annapurna Labs, uma empresa de microeletrônica em chip que vende para fabricantes de hardware (OEMs).
- Marcas próprias: a Amazon cria, comercializa e produz ou terceiriza a produção de muitas marcas ao consumidor atualmente vendidas no site, incluindo marcas de vestuário como Lark & Ro e North Eleven, a marca de móveis de jardim Strathwood, a marca de eletrônicos AmazonBasics e a Prime Pantry, uma marca de bens de consumo.
- Marcas de sites: a Amazon também possui e opera muitos outros sites, incluindo imdb.com, woot.com, zappos.com, diapers.com, fabric.com, twitch.tv, dbreview.com e endless.com.
- Produtos e serviços: além de serviços de varejo, a Amazon vende o seguinte como recursos independentes:

ESTRATÉGIA

- Serviços de distribuição de pedidos: Fulfillment by Amazon (FBA) permite que os vendedores usem os depósitos e preencham pedidos dos centros de distribuição da Amazon.
- Processamento de pagamento: varejistas usam Payments by Amazon como um portal confiável de pagamentos.
- AWS S3 (Simple Storage Service) [serviço de armazenamento simples] e EC2 (Elastic Compute Cloud) [nuvem informatizada elástica]: dois dos vários produtos de nuvem da AWS.
- Amazon Fire Stick: um mecanismo usado por clientes em suas TVs para acessar a Amazon e muitos outros fornecedores de conteúdo, como a ESPN.
- Design de sistema num chip: a Annapurna Labs é uma empresa que cria e vende chips de computador especialmente projetados usados em serviços de rede.
- Amazon Publishing: serviço completo de publicação de livros da Amazon que cuida de autores e livros.
- Amazon Advertising: serviço que permite que vendedores façam ofertas para colocar anúncios de produtos na Amazon.
- Twitch: serviço de vídeo ao vivo e plataforma social que permite que clientes assistam a eventos – basicamente eventos de eSport – centrados em jogos populares on-line, como *Call of Duty* e *Counter-Strike*.

Há também vários recursos internos que hoje a Amazon pensa que pode um dia oferecer a outras empresas:

- Design de equipamento eletrônico (fone ou tablet): e se a Amazon pudesse encontrar uma forma de democratizar o design de equipamentos e produção removendo obstáculos e barreiras, talvez similar à forma como o CreateSpace abriu para publicação e distribuição de livros?
- Produção de conteúdo, incluindo programas de TV e games: essa área tem um forte potencial para criar negócios de plataforma, removendo barreiras e complexidades de produção de conteúdo original e distribuição. Essa poderia ser uma grande vitória tanto

para a Amazon quanto para as pessoas que querem contar histórias por meio da produção de vídeo ou games.

- Robôs usados em depósitos: a Kiva foi adquirida e tinha clientes externos. Por motivos competitivos, a Amazon tornou isso apenas um recurso interno de propriedade. Ela vai abrir para os outros em algum momento?
- Soluções para varejo: baseado nos conceitos da loja Amazon Go, é fácil ver o AWS pegando aspectos de seus sensores, sistemas de visões e tecnologia *Just Walk Out* e oferecendo esses serviços gerenciados para outros operadores varejistas.
- Serviços de estúdio de fotografia e imagem: conduzida em particular pela categoria de vestuário, a Amazon desenvolveu processos alavancáveis para criar e administrar imagens. Isso seria um valioso recurso para outras marcas alavancarem.

Muitos negócios e recursos novos estão sendo gestados agora mesmo. O recurso de *proprietary air logistics* da Amazon, Prime Air, vai trazer economias de custo para a Amazon e controle para logística de pacotes. A entrega da Amazon é focada em logística internacional de aquisição de produtos, como frete além-mar. A Amazon Business Supplies vende produtos e suprimentos de negócios, e o *machine learning* da Amazon torna relativamente fácil para qualquer desenvolvedor incluir recursos de *machine learning* em seus produtos por meio de serviços de nuvem *on demand*, tais como Sage Maker e AWS Rekognition.

Há grandes apostas que podem se tornar o próximo "negócio dos sonhos" da Amazon.

Questões a considerar

1 Você está preso a um negócio primário?

2 Há oportunidades de expandir em novos setores ou novas formas de servir clientes já existentes?

3 Como uma estratégia de lançar e aprender pode ser usada em seu negócio?

IDEIA 30
NÃO ABRA MÃO DO SISTEMA OPERACIONAL

Parceiros, fornecedores e estratégia

Gary estava voando.
Bill Gates

Em 8 de julho de 1994, Gary Kildall – o cientista norte-americano de informática e empreendedor de microcomputadores que criou o sistema operacional CP/M e fundou a Digital Research Inc – sofreu ferimentos sérios quando caiu ou apanhou num bar de motoqueiros em Monterey, na Califórnia. Ele morreu no hospital três dias depois. Uma autópsia indicou que Kildall apresentou sintomas associados a alcoolismo crônico.[40] Um final desonroso para o homem que muitos acreditam ser o "verdadeiro" Bill Gates.

Quê? Nunca ouviu falar de Gary Kildall? Infelizmente talvez ele seja mais conhecido por uma história apócrifa no nascimento da revolução de computadores pessoais. Kildall era o gênio por trás do sistema CP/M, original e de operação dominante na época. Em 1980, a IBM foi até Kildall com uma oferta para licenciar o CP/M para seu furtivo negócio de PC. De acordo com a história, Kildall não estava presente quando os representantes da IBM apareceram sem avisar. Kildall era piloto e havia saído voando, mas para outro compromisso. Não foi o que realmente aconteceu, é claro. Na época, a esposa de Kildall cuidava das negociações, e com base no conselho de seu advogado, ela supostamente hesitou em assinar um contrato de confidencialidade. No final, o atraso nas negociações deu ao Bill Gates que conhecemos hoje tempo suficiente para propor um sistema operacional alternativo, 86-DOS, que tinha muito do CP/M. Mais tarde na vida, Kildall chamaria o DOS de "puro e simples roubo" e apontaria que suas primeiras 26 chamadas de sistema funcionavam igual ao do CP/M.[41]

IDEIA 30 Não terceirize a tomada de decisões estratégicas ou críticas. Crie processos, fluxos de dados, ramos de decisões e algoritmos e sistemas buscando otimizar as funções críticas no empreendimento. Use parceiros e fornecedores para execução tática e construa as regras e o mecanismo de otimização como sua propriedade intelectual. Integre dados em tempo real para alimentar sua tomada de decisões.

Não sinta tanta pena de Kildall. Ele vendeu sua empresa por 125 milhões de dólares e teve um estilo de vida luxuoso, com um jato Lear e mansões em Peeble Beach e Austin, Texas, antes de sua morte prematura em Monterey. Mas pense no que ele abriu mão. A história da Digital Research permanece como uma história admonitória. Não entregue seus sistemas operacionais.

Sistemas operacionais da Amazon

O que um sistema operacional faz? Num nível conceitual, duas coisas. Primeiro, roda, aloja e otimiza recursos do sistema para todos os usuários. Segundo, abstrai complexidade e cuida do básico, como gestão de erros, para quaisquer serviços que queiram usar recursos do sistema. Um sistema operacional é a "inteligência" estratégica de qualquer sistema computacional. É um paralelo interessante a fazer entre como você alavanca outros, principalmente parceiros e fornecedores, para ajudá-los a aumentar seu negócio.

A Amazon é uma empresa de sistema operacional? Eu nunca a havia considerado assim até recentemente. Em maio de 2018, eu estava me preparando para a conferência anual do Institute of Supply Management (ISM) e pensava sobre como um programa silencioso da Amazon, que passou despercebido, podia alterar radicalmente a cadeia de suprimentos, tornando-se um sistema operacional. Drones, blimps e frotas de vans da Amazon recebem toda a publicidade e atenção, mas eu vejo potencial no Amazon Seller Flex, e é diferente. Poderia tornar-se um sistema operacional para gestão da cadeia logística. O Amazon Seller Flex (não confunda com o Amazon Flex, que é um serviço *on demand*, como o Uber, o qual permite que motoristas independentes entreguem pacotes para a Amazon) é um programa que convida fornecedores ou vendedores terceirizados a gerenciar o transporte usando tecnologias e a logística dos recursos da Amazon e a negociar contratos em seus armazéns.

É assim que funciona: para garantir a promessa de dois dias ou menos da entrega no Prime, os itens da seleção Amazon Prime precisam estar nos centros de distribuição da Amazon. Vendedores terceirizados podem fazer suas seleções de Prime enviando itens para o centro de distribuição da Amazon e permitindo que ela gerencie a entrega do pedido, normalmente usando FedEx e outros serviços postais. O programa Amazon Seller Flex agora estende o alcance de entrega da Amazon para o centro de distribuição de terceiros da Amazon, oferecendo software para o vendedor terceirizado, que com frequência é uma marca e/ou varejista também.

Usando o software Amazon Seller, o usuário pode ter pedidos da Amazon alocados diretamente para eles entregarem, alavancando as taxas negociadas da Amazon para transporte. Isso traz benefícios para cada parte envolvida e evita ter de enviar e receber mercadorias nos depósitos da Amazon. O vendedor pode usar o recurso para pedidos que não são da Amazon. A Amazon tem mais volume de entregas passando por seus contratos de transporte, dando a eles ainda mais poder no relacionamento. O vendedor recebe não apenas o recurso de transporte da Amazon, mas toda a inteligência por trás disso, incluindo otimização de como melhor enviar o pedido para atender à expectativa do cliente. Ao oferecer um software ao vendedor e dar a esse software um recurso de operação central, a Amazon está se infiltrando ainda mais no ecossistema do comércio. Não fique surpreso se em 10 anos o Amazon Seller Flex se tornar outro grande negócio para a Amazon, criando uma "internet de cadeia de fornecimento e logística", como a Internet das Coisas, direcionando muito de nosso comércio, estejamos comprando produtos diretamente da Amazon ou não.

Empresas adotando o Seller Flex alavancam as taxas negociadas no mercado pela Amazon, que são líderes, e as opções para os fornecedores de transporte. A Amazon ganha mais volume consolidado por meio do controle dos fornecedores de transportes, além de alguma porcentagem.

Mas aqui está a estratégia matadora para a Amazon. Primeiro, eles vão controlar mais gastos dos fornecedores de transportes, concedendo à Amazon ainda mais alcance nesses relacionamentos. Segundo, a Amazon vai ter ainda mais dados sobre produtos, volume e clientes.

O Seller Flex é o equivalente de uma plataforma operante. Ele otimiza e aloca recursos e abstrai complexidade para seus participantes. Com o tempo, o Seller Flex tem o potencial de ser um sistema de transporte operante controlando uma quantidade significativa de volume de entregas. É outro dos negócios "mágicos" de Bezos? Talvez.

Outro "sistema operacional" da Amazon que começa a ser desenvolvido é o Greengrass. Um produto da divisão AWS, o Greengrass é um software (a Amazon tem o cuidado de não o chamar de sistema operacional) que roda em "produtos inteligentes". Permite computação local, envio de mensagens, recebimento de dados, sincronização e *machine learning* com recursos de inferência para mecanismos conectados. Também permite o uso de aplicativos IoT pela nuvem AWS e equipamentos locais usando AWS Lambda e AWS IoT Core.[42] Todos os AWS e a arquitetura geral de nuvem baseiam-se em recursos centralizados. O Greengrass é o primeiro produto que permite que os recursos de AWS sejam utilizados de maneira descentralizada. Uau! Pense mais à frente. Greengrass é um sistema operacional que permite que o equipamento use os recursos AWS que competem com Android, Microsoft e outros sistemas operacionais. Um grande avanço estratégico originário de uma simples tática para a computação em nuvem.

E o ponto é...

Você sabia que a Yahoo! teve a oportunidade de adquirir o Google? Na verdade, duas vezes: uma vez em 1998 por 1 milhão de dólares e novamente em 2002 por 4 bilhões de dólares.[43] Em vez disso, a Yahoo! licenciou o Google para ser a ferramenta de busca do Yahoo! Opa! Eles basicamente "terceirizaram o sistema operacional" de uma parte central de seu negócio com o Google. Apesar das várias tentativas de corrigir essa decisão, a Yahoo! nunca se recuperou dela.

Seja alocando pedidos em armazéns, seja interpretando sinais de demanda para decidir quais produtos criar e fabricar ou cuidando de

ESTRATÉGIA

personalização de clientes e segmentação de mercado, é inteligente e necessário alavancar outros parceiros e fornecedores para oferecerem serviços e trazerem sua expertise para apoiar seus objetivos. Mas aqui está o pulo do gato: não terceirize ou entregue aquilo que é a chave da tomada de decisões do seu negócio. Essa chave é o "sistema operacional" de seu gerenciamento. Você precisa construir, codificar, sustentar com algoritmos e dimensionar esses pontos essenciais de alavancagem de alocação de recursos dentro de sua estrutura de gerenciamento.

Não deixe seu legado ser ofuscado pelo que você não fez. Não repita a história com seu próprio "Gary estava voando" ou vai se tornar uma nota de rodapé.

Questões a considerar

1 Os recursos estratégicos e os processos de tomada de decisão estão sendo terceirizados?

2 Como seria um sistema operacional em seu setor?

3 Que lições da história poderiam ajudá-lo a identificar as opções de estratégias digitais para seu negócio?

Notas

IDEIA 16 [p. 83]

1 Seth Clevenger, "Travelocity Founder Terry Jones Says Companies Must Innovate or Face Disruption". *Transport Topics*, 24 jan. 2018.

2 Maxwell Wessel, "Why Big Companies Can't Innovate". *Harvard Business Review*, 27 set. 2012. Disponível em: <hbr.org/2012/09/why-big-companies-cant-innovate>. Acesso em: 25 jan. 2020.

3 Taylor Soper, "Amazon's Secrets of Invention: Jeff Bezos Explains How to Build an Innovative Team". *GeekWire*, 17 maio 2016. Disponível em: <geekwire.com/2016/amazons-secrets-invention-jeff-bezos-explains-build-innovative-team/>. Acesso em: 25 jan. 2020.

IDEIA 17 [p. 89]

4 Jeff Bezos, "2015 Letter to Shareholders". Amazon.com.

5 "Interview: Amazon CEO Jeff Bezos". YouTube, 52min53. Postado por *Business Insider*, 15 dez. 2014.

6 Ibid.

7 Bill Snyder, "Marc Andreessen: 'I'm Biased Toward People Who Never Give Up'". *Inc.*, 30 jun. 2014. Disponível em: <inc.com/bill-snyder/marc-andreesen-why-failure-is-overrated.html>. Acesso em: 25 jan. 2020.

IDEIA 18 [p. 97]

8 Christian Sarkar, "The Four Horsemen: An Interview with Scott Galloway". *Marketing Journal*, 20 out. 2017.

9 Jeff Bezos, "2011 Letter to Shareholders". Amazon.com.

IDEIA 19 [p. 100]

10 Warren Buffett, "1979 Letter to Shareholders". *Berkshire Hathaway*. Disponível em: <berkshirehathaway.com/letters/1979.html>. Acesso em: 25 jan. 2020.

11 Benedict Evans, "The Amazon Machine", 12 dez. de 2017. Disponível em: <ben-evans.com/benedictevans/2017/12/12/the-amazon-machine>. Acesso em: 25 jan. 2020.

IDEIA 20 [p. 104]

12 Benedict Evans, "The Amazon Machine". 12 dez. 2017. Disponível em: <www.ben-evans.com/benedictevans/2017/12/12/the-amazon-machine>. Acesso em: 25 jan. 2020.

13 Ibid.

14 Ibid.

IDEIA 21 [p. 108]

15 Andrea James, "Amazon's Jeff Bezos on Kindle, Advertising, and Being Green". *Seattle-PI*, 28 maio 2009.

16 Adam Lashinsky, "The Evolution of Jeff Bezos". *Fortune*, 24 mar. 2016.

17 Amazon, "Leadership Principles". *Amazon Jobs*. Disponível em: <amazon.jobs/en/principles>. Acesso em: 25 jan. 2020.

18 Bill Chappell e Laurel Wamsley, "Amazon Sets $15 Minimum Wage for U.S. Employees, Including Temps". *NPR*, 2 out. 2018. Disponível em: <npr.org/2018/10/02/653597466/amazon-sets-15-minimum-wage-for-u-s-employees-including-temps>. Acesso em: 25 jan. 2020.

19 Pete Pachal, "How Kodak Squandered Every Single Digital Opportunity It Had". *Mashable*, 20 jan. 2012.

IDEIA 22 [p. 112]

20 Marc Wulfraat, "Amazon Global Fulfillment Center Network". *MWPVL International*, ago. 2016. Disponível em: <mwpvl.com/html/amazon_com.html>. Acesso em: 25 jan. 2020.

IDEIA 23 [p. 118]

21 Jim Collins, "Best Beats First". *Inc.*, ago. 2000.

IDEIA 25 [p. 129]

22 Jim Collins, *Good to Great: Why Some Companies Make the Leap...*

ESTRATÉGIA

and Others Don't. Nova York: HarperCollins, 2001.

23 Jeff Bezos, "2014 Letter to Shareholders". Amazon.com.

24 Ibid.

25 Jeff Bezos, "2016 Letter to Shareholders". Amazon.com.

26 John Cook, "Jeff Bezos on Innovation". *GeekWire*, 7 jun. 2011.

IDEIA 26 [p. 134]

27 Spencer Soper, "Amazon Will Consider Opening up to 3,000 Cashierless Stores by 2021", 19 set. 2018. Disponível em: <bloomberg.com/news/articles/2018-09-19/amazon-is-said-to-plan-up-to-3-000-cashierless-stores-by-2021>. Acesso em: 25 jan. 2020.

IDEIA 27 [p. 141]

28 "The Visa". *Seinfeld*, temporada 4, episódio 15.

29 Amazon Press Center, "Wanted: Hundreds of Entrepreneurs to Start Businesses Delivering Amazon Packages". *Press release*, 28 jun. 2018. Disponível em: <press.aboutamazon.com/news-releases/news-release-details/wanted-hundreds-entrepreneurs-start-businesses-delivering-amazon>. Acesso em: 25 jan. 2020.

30 Jeff Bezos, "2014 Letter to Shareholders". Amazon.com.

31 C. K. Prahalad and Gary Hamel, "The Core Competence of the Corporation". *Harvard Business Review*, maio-jun. 1990. Disponível em: <hbr.org/1990/05/the-core-competence-of-the-corporation>. Acesso em: 25 jan. 2020.

IDEIA 28 [p. 145]

32 Adam Lashinsky, "Amazon's Jeff Bezos: The Ultimate Disrupter". *Fortune*, 16 nov. 2012. Disponível em: <fortune.com/2012/11/16/amazons-jeff-bezos-the-ultimate-disrupter/>. Acesso em: 25 jan. 2020.

33 Orit Gadiesh e James L. Gilbert, "How to Map Your Industry's Profit Pool". *Harvard Business Review*, maio-jun. 1998.

34 "The Boring Company". Disponível em: <boringcompany.com/faq/>. Acesso em: 25 jan. 2020.

IDEIA 29 [p. 149]

35 Emily Glazier, Liz Hoffman e Laura Stevens, "Next up for Amazon: Checking Accounts". *The Wall Street Journal*, 29 abr. 2018.

36 Brian Deagon, "Amazon Price Target Hike Based on Savings from New Airline Fleet". *Investor's Business Daily*, 16 jun. 2016.

37 Orit Gadiesh e James L. Gilbert, "How to Map Your Industry's Profit Pool". *Harvard Business Review*, maio-jun. 1998.

38 Alison Griswold, "A Dot-Com Era Deal with Amazon Marked the Beginning of the End for Toys R Us". *Quartz*. Disponível em: <qz.com/1080389/a-dot-com-era-deal-with-amazon-marked-the-beginning-of-the-end-for-toys-r-us/>. Acesso em: 25 jan. 2020.

39 Brian Deagon, "Amazon's Booming Apparel Business in Position to Pass Macy's, TJX". *Investor's Business Daily*, 5 dez. 2017.

IDEIA 30 [p. 156]

40 Peyton Whitely, "Computer Pioneer's Death Probed: Kildall Called Possible Victim of Homicide". *Seattle Times*, 16 jul. 1994.

41 Gary Kildall, *Computer Connections*. Disponível em: <computerhistory.org/atchm/in-his-own-words-gary-kildall/>. Acesso em: 25 jan. 2020.

42 Amazon, "AWS IoT Greengrass". *AWS. Amazon.com*. Disponível em: <aws.amazon.com/greengrass>. Acesso em: 25 jan. 2020.

43 Derrick Jayson, "Remember When Yahoo Turned Down $1 Million to Buy Google?". *Benzinga*, 25 jul. 2016.

NEGÓCIOS E TECNOLOGIA

50 IDEIAS E ½ PARA SE TORNAR UM LÍDER DE MERCADO

pense como a amazon

NEGÓCIOS E TECNOLOGIA

50 IDEIAS E ½ PARA SE TORNAR UM LÍDER DE MERCADO

pense como a amazon

NEGÓCIOS E TECNOLOGIA

NEGÓCIOS E TECNOLOGIA

50 IDEIAS E ½ PARA SE TORNAR UM LÍDER DE MERCADO

pense como a amazon

NEGÓCIOS E TECNOLOGIA

50 IDEIAS E ½ PARA SE TORNAR UM LÍDER DE MERCADO

pense como a amazon

NEGÓCIOS E TECNOLOGIA

IDEIA 31
MENTIRAS, MALDITAS MENTIRAS E INDICADORES
Use indicadores para construir uma cultura de responsabilidade e obsessão pelo cliente

Cavalheiros, vamos buscar incansavelmente a perfeição, sabendo muito bem que não vamos alcançá-la, porque nada é perfeito. Mas vamos buscá-la incansavelmente, porque, no processo, vamos conquistar excelência. Não estou remotamente interessado em apenas ser bom.
Vince Lombardi

Entrego dezenas de princípios e diretrizes em reuniões com equipes executivas. Essas reuniões se dedicam a assuntos e territórios amplos, mas sempre tento enfatizar alguns pontos cruciais: que é importante ter paciência e que a transformação se baseia tanto em seus hábitos pessoais e crenças quanto em mudar sua empresa. Enfatizo que a cartilha da Amazon é baseada em princípios. Não é baseada num conjunto de passos ou numa única tática linear.

Inevitavelmente alguém levanta a mão e me pede para escolher a sacada mais importante nos princípios da Amazon. Entendo a necessidade de ter um ponto de partida. Então explico que "é um sistema", e que "há uma resposta para essa pergunta de 'qual é a coisa que me fará começar?'". O fundamento crítico, o "hábito campeão", acima de tudo, é: métricas.

> **IDEIA 31** Use as métricas para buscar incansavelmente uma compreensão e uma correção da causa principal. Meça o aspecto de experiência do cliente no seu negócio assim como os aspectos operacionais e financeiros. Crie processos e sistemas para coletar dados granulares e em tempo real

que alimentem seus indicadores. Crie uma bateria de reuniões centradas em métricas para garantir responsabilidade e ação. Criar suas métricas é um talento que requer esforço constante. É um trabalho que nunca acaba.

Confiamos em Deus
Todos os outros precisam apresentar dados

Em 2004, fui a uma reunião de uma equipe executiva sênior na Amazon que, por acaso, coincidiu com a oferta pública inicial (*Initial Public Offering*, ou IPO) da Salesforce. Durante a reunião, um dos membros da equipe executiva casualmente comentou que a Salesforce era a maior empresa de tecnologia de gestão de relacionamento com o cliente (*Customer Relationship Management*, ou CRM).

Grande erro.

"*Nós* somos a maior empresa de CRM!", um líder sênior da Amazon (adivinhe quem) gritou em resposta.

Como uma empresa de CRM, a Amazon é obcecada por gerenciar e analisar os dados de interações com os clientes para melhorar seu relacionamento com eles. E faz isso numa escala bem maior que a Salesforce. A natureza digital do negócio da Amazon e seu foco em coletar quantidades absurdas de dados a torna significativamente diferente de uma empresa de e-commerce padrão. As métricas fluem de forma natural na cultura da Amazon.

A famosa citação de W. Edwards Deming é um mantra: "Confiamos em Deus. Todos os outros precisam apresentar dados". Equipes passam tanto tempo definindo e concordando em como medir um novo recurso, serviço ou produto quanto passam criando o recurso em si. Nos cronogramas de gestão de projetos, semanas são dedicadas a considerar os *inputs* e *outputs* de uma operação; para identificar quais dados podem ser necessários para tocar essa operação e para compreender suas complexas funções internas. Métricas são a questão. Métricas são o veículo para perseguir incansavelmente a causa fundamental.

"Meu cliente teve um bom dia hoje?"

Na Amazon, ter um quadro de métricas bem equilibrado e bem projetado, que seja constantemente revisto dia após dia, semana após semana, dá grandes pistas sobre o que funciona e o que não. Também faz com que a única responsabilidade para o sucesso e o fracasso esteja em sua atuação como líder.

Uma performance que possa ser repetida e que seja consistente refletida em métricas é o caminho para o sucesso. Sem acesso a um conjunto consistente de métricas, um líder da Amazon daria tiros no escuro, e esse comportamento arriscado não é aceitável na empresa. Métricas em tempo real são o sangue que flui nas veias da Amazon. Dados e ideias reais da experiência do cliente são usados continuamente para responder a pergunta: "Meu cliente teve um bom dia hoje?". Se suas métricas estão no lugar, em tempo real, e os membros de sua equipe e os processos usam-nas, essa questão produz uma resposta simples: sim ou não.

É preciso ter perspectiva para lidar corretamente com os números. Você precisa incutir métricas em tempo real desde o comecinho do programa, porque é quase impossível retroceder. A experiência da Amazon mostra que a maior oportunidade única para as empresas operando hoje é repensar completamente seus conceitos de indicadores. A maioria das empresas usa o que é chamado de *batch architecture* para registrar grandes conjuntos de transação ou outras atualizações quantitativas e para processá-las periodicamente (em geral todos os dias ou toda semana). Mas isso é coisa do século passado. Hoje você precisa de dados, monitoramento e alarmes em tempo real para os problemas – não métricas que escondam verdadeiras questões por 24 horas ou mais. Seu negócio deve operar como um reator nuclear. Se um problema surge, você precisa saber imediatamente.

Passe mais tempo criando suas métricas

Pense onde o tempo é alocado numa empresa nos níveis executivos e de gestão: muito tempo gasto com orçamentos, revisões financeiras, RH e jurídico, e por aí vai. Isso é importante, mas ajuda mesmo a servir aos clientes, leva à excelência operacional e à inovação? Aqui estão três passos rápidos para criar suas métricas:

1 Gaste tempo falando sobre quais devem suas métricas.
2 Faça reuniões usando as métricas para revisar constantemente seu negócio. Sempre busque por causas-base. Transforme os indicadores em ação.
3 Pegue o máximo de dados granulares e em tempo real que puder.

Indicador é um verbo

Ter grandes métricas fornece munição, mas a verdadeira guerra é travada no dia a dia, usando as métricas para chegar à perfeição. O palco para essas batalhas são reuniões chamadas de "reuniões de métricas". Todo o ritmo operacional da vida na Amazon é um conjunto de reuniões semanais de métricas. Tipicamente começando com os serviços e as competências de níveis mais baixos e subindo até as reuniões seniores de abrangência global no final da semana, um líder operacional na Amazon participa de uma série de reuniões de indicadores durante uma semana. Toda a semana.

Apesar de serem chamadas de "reuniões de métricas", elas são, de fato, reuniões de responsabilidade compartilhada, em que os "donos" das métricas relacionadas discutem as tendências mais recentes e os problemas delas. Espera-se que os líderes saibam os detalhes de seus negócios, que sejam abertamente autocríticos e que discutam planos ou progressos para melhoria. O sucesso é reconhecido, mas o *modus operandi* geral é "comemorar por um nanosegundo" e depois focar nas questões e nos erros do negócio. Mesmo quando as coisas geralmente estão bem, elas nunca estão perfeitas.

Reuniões são organizadas ao redor de serviços cruciais, processos e grupos de competências. Por exemplo, comandei as reuniões de métricas do Marketplace, mesmo que de um ponto de vista organizacional só um pequeno conjunto fosse da minha responsabilidade. Eu incluiria líderes de competências cruciais que afetavam o negócio de marketplace, como equipes de catálogo, de via de pedidos e de pagamento e fraude.

Os *finance partners* da Amazon têm um papel crucial em se certificar de que todas as métricas, não apenas financeiras, sejam preparadas, e, junto ao líder funcional, tomam notas, delegam responsabilidades e geram resultados e melhorias a ser entregues. Os *finance partners* são cruciais para manter as reuniões "honestas" e garantir que as pessoas entreguem resultados. Penso neles como chefes independentes de *accountability*, garantindo que as reuniões de métricas estejam servindo para definir e reportar os progressos e melhorar nossa performance.

Instrumentação: dados refinados em tempo real

Uma vez estabelecidos as métricas e os SLAs de uma equipe, o foco torna-se a coleta de dados que vão informar essas métricas e SLAs. Na Amazon, há padrões bem específicos para a qualidade e o tipo de dados que uma equipe deve coletar. A equipe executiva da Amazon se refere a esses padrões como "instrumentação".

Expectativas sobre coleta de dados – ou instrumentação – na Amazon têm dois lados: primeiro, os dados devem ser refinados por natureza. Você sempre pode resumir e agregar dados, mas não se pode voltar e extrair mais detalhes de um conjunto de dados. Segundo, esses dados devem estar disponíveis em tempo real. Você sempre pode pegar dados em grupos ou desacelerar, mas não pode acelerar. Crie para não haver atrasos e não haver sistemas de lotes.

Há muitas razões para isso ser importante. Digamos que uma empresa de alimentos use um frigorífico para manter suas frutas e vegetais frescos. De repente, durante o dia, todas as alfaces ficam ruins. Se tem coletado dados refinados – por exemplo, qualquer mudança na temperatura ou na pressão e seus prazos de validade –, essa empresa de alimentos pode, de fato, conseguir descobrir o que fez a alface ficar ruim. Do contrário, eles ficam se perguntando sobre as variáveis possíveis e as causas envolvidas nessa situação. Claro, não é possível coletar dados refinados em tempo real em todas as situações. Há limitações de natureza de dados que você é capaz de coletar numa situação específica, mas, na Amazon, é esperado que você trabalhe vigorosamente para conquistar a instrumentação.

Por fim, nunca pare de reavaliar e construir métricas. Verifique constantemente para certificar-se de que suas métricas ainda estão explicitamente ligadas aos objetivos e não hesite em alterá-las quando pararem de trazer mudanças para a sua empresa.

Por quê?

Porque boas métricas criam bons processos para minimizar a burocracia.

• •

Criar métricas e fazer reuniões métricas – à la Amazon

As Figuras 31.1 e 31.2 contêm os pontos cruciais sobre definição e design de métricas e sobre como usá-las nos negócios.

SUAS MÉTRICAS NUNCA ACABAM

- Passe mais tempo debatendo e definindo suas métricas.

- Construa métricas pela experiência do cliente.

- Você deve ser capaz de responder à pergunta "Meu cliente teve um bom dia hoje?" com as métricas.

- Métricas são feitas para ir "para cima e para a direita."

- Elas precisam ser de fácil leitura para saber a tendência e quais indicadores precisam de discussão e investigação.

- As métricas sempre têm um período prévio de comparação, tendências e SLAs.

- Tenha um registro equilibrado dos indicadores.

- Tenha uma definição clara e comum de cada métrica.

- Evite preparação manual de métricas. Os conjuntos de métricas devem ser gerados automaticamente, num só clique.

- Uma métrica é de posse de uma pessoa na empresa.

- SLAs são tipicamente aumentados a cada ano. O desempenho precisa melhorar!

- Há diferentes tipos de métricas para diferentes propósitos e tipos de conversas.

- Métricas para experiência operacional e do cliente.

- Métricas para resultados financeiros e metas.

- Métricas de adoção de longo prazo e satisfação do cliente.

FIGURA 31.1: Métricas: o ritmo do negócio

REGRAS PARA REUNIÕES DE MÉTRICAS

- Reuniões de métricas envolvem um conjunto consistente de pessoas para discutir uma linha do negócio, um serviço de tecnologia ou um programa.

- Reúnam-se com constância: em geral uma vez por semana.

- As pessoas precisam participar e prestar atenção. Devem guardar celulares e computadores.

- Vá preparado, conhecendo os assuntos cruciais com respostas e explicações.

- Bons líderes são autocríticos (princípio de liderança 11 da Amazon, "Ganhar confiança").

- Reuniões de métricas são, na verdade, para descoberta da raiz do problema e manutenção de responsabilidades.

- A equipe financeira não comanda a reunião, mas está lá para garantir a honestidade de todos.

- Formas de ação são publicadas após cada reunião.

- Tente evitar alavancar ou pedir permissão para "fazer a coisa certa".

- É trabalho de todos lidar com a perspectiva do cliente e entender o impacto dela.

- Análise profunda e discussão de um conjunto consistente de métricas com o tempo geram excelência operacional e ideias para inovação.

- Assim como as métricas, reuniões de métricas são criadas de forma planejada e não são estáticas. Evolua suas métricas conforme necessário para continuar criando valor.

FIGURA 31.2: Métrica é um verbo

Questões a considerar

1 Suas equipes centrais podem responder à pergunta "Meus clientes tiveram um bom dia hoje?" com métricas e monitoramento?

2 Você tem métricas robustas da experiência do cliente para complementar suas métricas operacionais e financeiras?

3 Você pode usar métricas para gerar mais responsabilidade e qualidade?

IDEIA 32
PROCESSO *VERSUS* BUROCRACIA
Criando processos que alavancam

*Expandir é o sonho de todo empreendedor –
e também seu pesadelo. Hipercrescimento é
aterrorizante, e muitas vezes é o sucesso que
mata grandes empresas.*
Verne Harnish

Qual é sua cisma de estimação? Eu tenho várias, mas esta é especial: fico rapidamente frustrado quando algo não faz sentido, e nós todos reconhecemos que não faz sentido, mas ainda assim ninguém tem forças para fazer uma mudança ou tomar a decisão certa. É como lidar com o serviço ao cliente, quando tudo o que eles podem dizer é "Sinto muito que isso o afete, mas nossa política é…". Sabe o que é isso? Burocracia com regras rígidas que são, muitas vezes, ultrapassadas e não têm poder para mudar.

O terceiro princípio de liderança da Amazon é "Inventar e simplificar". A maioria acha curioso que "simplificar" esteja ao lado de "inventar", e não escondido em algum lugar na descrição do princípio de liderança. Líderes operacionais na Amazon pensam em como alavancar recursos centrais, sabendo que manter processos simples é a chave para ser capaz de alavancá-los. Eu não posso enfatizar mais a importância de manter a simplicidade.

Em seu mais básico, a habilidade de alavancar resulta na produção de mais "unidades" por meio de seu processo, numa diminuição de custo por unidade. Seja sua unidade um pedido, um cliente ou um byte, ser capaz de "fazer mais com diminuição de custo por unidade" o ajuda a descobrir como alavancar o processo sem apenas acrescentar mais pessoas a ele. Esses tipos de processos centrais podem ser serviços que ajudam a direcionar a experiência do cliente, como serviço de pagamento ou serviço de imagem, ou podem ser recursos básicos do escritório, como o processo de prever estoque ou o de aquisição de servidor. Esses são recursos essenciais que precisam ser excelentes para o negócio e a experiência do cliente ser exitosa. Nem tudo no negócio precisa ser tão programado ou excelente, apenas os processos essenciais que diferenciam seu negócio.

> **IDEIA 32** Processos bem definidos ajudam a evitar burocracia ou a expõem caso ela exista. Construa seus processos centrais de forma planejada como um capacitador-chave de escala. Parte da criação de seus processos é identificar serviços cruciais que são usados de múltiplas formas pela operação. Faça a simplicidade triunfar sobre a complexidade. Tenha altos padrões para construção e operação de processos cruciais para evitar burocracia.

Há certos processos na Amazon que são bem manuais e bagunçados e que poderiam ser melhorados e automatizados. Mas criar processos de excelência requer talento crítico, e esse talento pode ser mais bem direcionado num trabalho mais estratégico, então você permite que seus processos não centrais sofram menos inovações e automações. Essas são decisões importantes do negócio. Um exemplo de processo na Amazon que é importante, mas não central, é o recurso de merchandising ou acrescentar novos recursos no programa Prime. Enquanto isso precisa ser feito do jeito certo, a quantidade de trabalho não cresce com o aumento do negócio e, assim, esses processos podem ser estabilizados num nível aceitável de esforço manual subotimizado. O talento para fazer o planejamento necessário a fim de automatizar melhor esses processos é considerado mais bem utilizado em programas que precisam ser alavancados, como aumentar a automação nos centros de distribuição da Amazon.

NEGÓCIOS E TECNOLOGIA

O que é burocracia?

Uma das melhores observações que ouvi de Jeff Bezos veio durante uma de nossas reuniões gerais, feita num cinema local. Ele escolheu a pergunta de um funcionário sobre evitar burocracia, mas ainda garantir que certas regras fossem estabelecidas. Bezos respondeu: "Um bom processo é absolutamente essencial. Sem processos definidos, não se pode aumentar, não se pode colocar métricas e instrumentação, não se pode administrar. Mas evitar burocracia é essencial. Burocracia é o processo enlouquecido".

Bezos compreendeu que executores de primeiro nível odeiam burocracia e saem das empresas que abusam disso. Por contraste, executores de nível mediano e baixo, muitos dos quais, em geral, estão em gestões medianas em qualquer empresa, adoram burocracia porque podem se esconder atrás dela, agindo como porteiros e, frequentemente, criando o tipo de atrito que pode emperrar uma empresa inteira. Processos fortes com resultados mensuráveis eliminam a burocracia e expõem aqueles cujo desempenho é fraco.

Então como você reconhece burocracia e a distingue de processos bem definidos? Quando as regras não podem ser explicadas; quando elas favorecem o cliente; quando você não consegue reparação de uma autoridade maior; quando você não consegue uma resposta para uma pergunta razoável; quando não há acordo no nível de serviço ou tempo de resposta garantido incutido no processo; ou quando as regras simplesmente não fazem sentido – quando quaisquer dessas circunstâncias ocorrem, as perguntas são tão boas que a burocracia começa a se espalhar.

Ter padrões altos, prestar atenção aos detalhes para evitar esses sintomas e conduzir *accountability* e recursos de primeira grandeza pode soar pouco razoável – e é. Esse é o tipo de expectativa pouco razoável que a Amazon tem com relação a seus líderes. Também é um dos motivos pelos quais a Amazon não é o melhor lugar para se trabalhar para muita gente, porque essa pessoa será exposta se não corresponder aos altos padrões. Burocracia deixa aqueles de desempenho fraco se esconderem, e é por isso que gostam dela. Em sua carta de 2017 para acionistas, Bezos explicou os benefícios de altos padrões:

Ser uma cultura de alto padrão vale o esforço e traz muitos benefícios. Naturalmente o mais óbvio é que você vai criar melhores produtos e serviços para os clientes – isso já seria motivo suficiente! Mas talvez haja algo um pouco menos óbvio: as pessoas são atraídas por altos padrões, que ajudam com recrutamento e retenção. Mais sutil: uma cultura de alto padrão protege todo o trabalho "invisível", porém crucial, que acontece em toda empresa. Estou falando sobre o trabalho que ninguém vê. O trabalho que é feito quando ninguém está vendo. Numa cultura de alto padrão, realizar bem esse trabalho é sua própria recompensa, é parte do que significa ser um profissional. E, finalmente, padrões altos são divertidos! Quando você experimenta padrões altos, não há como voltar.[1]

Conforme você trabalhar para inventar e aperfeiçoar processos, sempre se lembre de que a simplicidade é um baluarte essencial contra aquele ataque sorrateiro da burocracia.

A receita para um processo que escalona

Aqui está o checklist para grandes processos que escalonam:

1 **O CEO do processo:** um processo tem um líder – chame-o de "CEO do processo"–, responsável por construir um recurso de primeira grandeza. Isso não significa que essa pessoa cuida do processo em todas as locações. Por exemplo, "o processo de recebimento de estoque" é um processo crítico do centro de atendimento. O "CEO do processo" não cuida do processo de recebimento de estoque nas centenas de centros de distribuição da Amazon, mas entrega um recurso de primeira que é usado por cada centro.

2 **A equipe Duas Pizzas:** uma equipe pequena e dedicada, a equipe Duas Pizzas é, em geral, uma equipe multifuncional de não mais que dez pessoas. Nós exploramos isso mais profundamente na ideia 20.

3 **Clientes:** clientes são tanto internos – como a estratégia de plataforma da Amazon mostra – quanto externos. Sua empresa pre-

cisa ter profunda compreensão de seus clientes e de seus planos, roteiros e necessidades. Construa personas para esses clientes e entregue a eles uma competência pungente.

4 **Autogerenciável:** um processo deve ser autogerenciável. Alguém usando ou querendo usar seu processo deveria ser capaz de descobrir, contratar, implementar, administrar e otimizar seu serviço sem falar com você. Essa é uma função forçada para levar equipes a definir e explicar seus processos. Para saber mais sobre funções forçadas, veja a ideia 24.

5 **Definição:** crie uma detalhada definição por escrito de seu processo, com ênfase em suas conexões e interfaces. Pense no processo como uma caixa-preta. Enquanto você não entende os detalhes do que acontece dentro da caixa-preta, defina exatamente quais são os *inputs* da caixa, os *outputs* que a caixa entrega, e então os indicadores.

6 **Indicadores:** isso inclui métricas diárias e operacionais, assim como métricas de longo prazo. Métricas de longo prazo, às vezes, são tratadas coletivamente como "função *fitness*" na Amazon. Uma função *fitness*, que é um conjunto de métricas, mostra como um processo ou recurso foi entregue durante um longo período. Métricas sobre adoção, escalonagem, custo e qualidade foram os tópicos-chave cuidadosamente debatidos e aprovados antes que uma função *fitness* pudesse ser aprovada.

7 **Interfaces de programação de aplicativo (APIs):** responsáveis em parte por tornar sua função autogerenciável, APIs são as interfaces de programa que permitem que outros sistemas se integrem a suas competências. As APIs conectam o fluxo de parceiros e sistemas de negócios e definem a coreografia e as regras dos negócios entre processos e recursos. Criar essas interfaces é uma parte-chave do processo de planejamento que uma equipe faz, e, como tal, é uma preocupação central no negócio.

8 **Mapa de possibilidades:** um processo tem um roteiro de possíveis inovações e melhorias para os recursos. Esse roteiro é sempre atualizado e acrescentado como parte de uma conversa fluida com a equipe e parceiros de potenciais novas ideias e recursos. Esse não

é o roteiro aprovado ou fundado, é mais uma lista de ideias catalogadas para manter a equipe pensando sobre o futuro e fazendo-a anotar essas ideias. Crie o hábito de fazer perguntas críticas sobre como alavancar competências cruciais, como melhorar suas métricas operacionais e de que forma melhorar a qualidade e a escrita dessas novas ideias vai permitir que você desenvolva melhores ideias com o tempo. Quando um plano detalhado e comprometido for necessário, você estará pronto com as melhores ideias porque já fez o trabalho duro, o qual não pode ser apressado.

Pense em seus processos centrais. Há uma oportunidade de elevar o padrão sobre o que seus processos entregam e como eles afetam o negócio? Comece com uma consideração e, depois, debata cuidadosamente sobre quais de seus processos centrais precisam crescer, reveja a lista de ingredientes e comece a planejar seus processos.

Claro, iniciar qualquer processo é inútil se você não fizer as contas primeiro.

Questões a considerar

1 Onde você poderia iniciar o conceito de uma pequena equipe possuindo um serviço crítico em seu negócio?

2 Onde é importante crescer em seu negócio? Essas funções podem ser melhoradas com uma "receita para um processo"?

3 Que receita você pode prever? Como você pode se adiantar nos desafios da mudança?

IDEIA 33
FAÇA AS CONTAS

O caminho para automação e inteligência artificial começa com fórmulas

Matemática não é uma questão de números, equações, cálculos ou algoritmos: é questão de entender.
William Paul Thurston

Você conhece a fórmula para o processo do seu negócio? Você conhece as variáveis de *input versus* as variáveis de *output*? Trabalhando com meus clientes, eu faço uma quantidade significativa de reengenharia de processos e melhoria de processos. Uma discussão antecipada (e um teste) que proponho a eles inclui as três seguintes perguntas:

1 Você tem uma definição escrita suficientemente profunda e precisa do processo?
2 Você pode passar um conjunto equilibrado de métricas (custo, qualidade, rendimento) para o processo (e mostrar as métricas de hoje além das métricas do mês passado)?
3 Pode mostrar uma fórmula escrita para o processo?

As respostas tendem a variar bastante. Muitos clientes têm uma definição de seus processos, mas não é profunda nem precisa o suficiente para explicar como seus negócios, de fato, funcionam. A maioria tem métricas, mas elas geralmente são unilaterais ou desequilibradas, e tipicamente têm uma significativa latência. Quanto à terceira pergunta, eu geralmente recebo olhares curiosos. "De que diabos ele está falando?" Muitas vezes, trabalho com clientes que não têm ideia de qual é a fórmula de seus negócios. Como seria realmente entender isso?

> **IDEIA 33** Em sua jornada de melhoria do processo e automação, construa as melhores equações matemáticas que puder para o processo e os subprocessos. Isso vai ajudá-lo a entender e a definir o processo, como medir e colocá-lo no caminho da automação e inteligência artificial (IA).

Como começar no seu negócio? Faça as contas

Vamos dar uma boa olhada no caso de Clifford Cancelosi, um ex-líder da Amazon e antigo colega meu. Até recentemente, Clifford era líder num negócio de instalação de ferramentas e reparos de serviço doméstico nacional. Quando Clifford começou no negócio de reparos, os clientes muitas vezes esperavam de sete a dez dias para uma visita marcada com um técnico. Isso tornava difícil criar um roteiro de negócios ou até priorizar a urgência de clientes específicos.

Por sorte, baseado em sua experiência na Amazon, Clifford sabia o que fazer. Ele chamou de "faça as contas". Arregaçou as mangas e criou um conjunto de equações para determinar sua capacidade diária efetiva de reparos. Depois de pensar um pouco, percebeu que, num nível alto, a capacidade diária efetiva da empresa para cada técnico era uma função de três variáveis:

- O tempo médio que um técnico leva para completar um trabalho
- O tempo médio que um técnico leva para ir de um trabalho a outro
- A porcentagem de vezes que um reparo era finalizado numa visita

A fórmula para a capacidade efetiva de um técnico então é esta:

$$(8 \text{ horas} \times \text{porcentagem completa na primeira vez}) / (\text{tempo médio para completar um trabalho} + \text{tempo médio de deslocamento entre serviços}) = \text{capacidade diária efetiva}$$

Se o tempo médio para completar o serviço é de duas horas, o tempo médio para se deslocar entre locações é de 0,5 hora e a porcentagem de serviço completo na primeira visita é de 75%, a capacidade efetiva se torna isto:

$$(8 \times 0,75) / (2 + 0,5) = 2,4$$

São 2,4 serviços efetivos por turno de oito horas.

Quando Clifford obteve essa equação, pôde transformar cada variável num indicador: serviço completo na primeira vez, tempo médio de deslocamento e por aí vai. Ele rastreava cada um para manter controle dessa parte específica das operações do negócio.

A partir daí, ele analisou os possíveis erros que podiam afetar cada indicador. No caso de serviço completo na primeira vez, isso incluía os seguintes:

- Eficácia do técnico
- Peça errada no caminhão
- Sem peça no caminhão
- Imprecisão no agendamento

Quanto mais a empresa entendia as subequações dentro da fórmula e o que levava a variações em cada indicador, melhor podia desenvolver o desempenho do negócio. Essa compreensão profunda permitiu que a empresa construísse fórmulas para fortalecer a tomada de decisões.

Hoje, esse negócio de reparos domésticos elevou significativamente sua fórmula de capacidade efetiva – fortaleceu seu indicador de primeira visita completa criando uma hierarquia de indicadores que medem a experiência crítica do cliente e as causas cruciais para melhorar cada indicador, reduzir a variabilidade e os custos.

Se estiver com dificuldades para entender como medir e melhorar os processos de seu negócio, esta é uma grande forma de começar:

1 Escolha um processo-chave ou experiência do cliente (no exemplo anterior, o processo era o número de serviços que um técnico conseguia completar num dia).

2 Defina a hierarquia das métricas. (Quais são os fatores que afetam esse processo?)

3 Construa uma fórmula das variáveis.

Quando tiver suas fórmulas básicas, será muito mais fácil entender quais partes dos processos podem se beneficiar de mais coleta de dados por serviços conectados.

No negócio de reparos de Clifford, por exemplo, sensores foram usados para capturar o seguinte:

- **As verdadeiras rotas dos caminhões de serviço da empresa e o tempo real entre as paradas**: quando a empresa teve acesso à verdadeira rotina e aos dados de tempo de espera por meio dos tablets que a empresa forneceu para os caminhões de entrega, os líderes da empresa os muniram de uma rota planejada para o motorista e um tempo esperado para identificar fatores que poderiam melhorar a eficiência dos motoristas – por exemplo, eliminar paradas não agendadas, aumentar a produtividade de cada serviço e criar rotas mais eficientes para os motoristas.
- **O movimento de estoque-chave usando sensores de identificação de frequência de rádio (RFID)**: os sensores permitiram que os líderes da empresa vissem quando uma ferramenta essencial era carregada num caminhão e quando era removida. Isso ajudava não apenas a eliminar perdas, mas também permitia que a empresa se preparasse para necessidades de estoque.

O passo seguinte para o negócio de reparos seria trabalhar com fabricantes de ferramentas para incluir sensores conectados nas ferramentas em si. Isso permitiria que a empresa entendesse o problema com a ferramenta – e qualquer parte necessária – antes que o técnico chegasse, levando a indicadores e métricas melhores de "primeira visita" e, finalmente, à habilidade de detectar, moldar e prever falhas em ferramentas.

Crie equações para tópicos e processos cruciais

A parte mais difícil de "fazer as contas" é começar. É um processo que requer uma compreensão profunda do ambiente de operação de sua empresa, um talento para cálculos e uma disposição para ser transparente, coisas em que as pessoas em geral encontram motivos inerentes para evitar.

É mais fácil passar horas debatendo motivos subjetivos para variações em seu ambiente de operação do que se sentar e aperfeiçoar suas equações.

Uma das coisas mais importantes a lembrar quando começar os cálculos é que feito é melhor que perfeito. Não se concentre em otimizar de imediato seus processos. O conceito de um processo de negócio totalmente otimizado é intimidante para a maioria das pessoas. Em vez de se preparar para desistir antes mesmo de começar, foque em "fazer os cálculos" para levar a melhorias contínuas.

Ficar de olho no prêmio – um objetivo crucial do negócio que possa melhorar a experiência do cliente, aumentar a eficiência das operações dos negócios e alavancar esses impactos financeiros – é crítico na hora de "fazer os cálculos".

Questões a considerar

1 Há definições escritas precisas e profundas em seus processos e competências básicos?

2 Você tem um conjunto de indicadores equilibrados (custos, qualidade, rendimentos) para os processos (e eles mostram as métricas de hoje além das métricas do mês passado)?

3 Você pode escrever uma fórmula para o processo?

IDEIA 34
A EXPERIÊNCIA DO CLIENTE IMPORTA
Crie e meça a experiência do cliente para vencer

Se você não valorizar seus clientes,
outra pessoa o fará.
Jason Langella

Eu viajo bastante a trabalho e por motivos pessoais, em média uma vez por semana. Quando viajo, gosto mesmo da "comodidade": embarque prioritário, viagem sem bilhete impresso, serviço de quarto. Pequenos prazeres que deixam uma boa impressão e colocam um sorriso no meu rosto.

Infelizmente não é sempre assim que acontece. Por exemplo, voo pela American Airlines, que é parceira da minha companhia aérea favorita, a Alaska Airlines. Quando reservo o bilhete na American, ela me deixa selecionar a Alaska, então consigo usar meu número da companhia parceira. Porém, quando coloco o número da Alaska, recebo uma mensagem de erro. Então toda vez que vou ao aeroporto para o check-in do meu voo pela American Airlines, preciso me lembrar de trocar o voo para meu número da Alaska. Isso obviamente não é um problema sério, mas é algo que eu tenho de planejar, e me faz fechar a cara quando penso nisso.

Sim, esse pode ser apenas um pequeno passo numa longa sequência de passos necessários para viajar ao redor dos Estados Unidos ou do mundo, mas me irrita. Toda vez. Se eu deixar, esse simples percalço no processo pode definir toda a minha experiência de cliente com a American Airlines.

NEGÓCIOS E TECNOLOGIA

IDEIA 34 A experiência do cliente não diz respeito só ao site ou ao aplicativo. A experiência do cliente é a vida toda do ciclo de seu cliente nos cenários envolvendo seu produto ou serviço, mas não é limitada a seu produto ou serviço. Construa métricas especialmente para medir a experiência do cliente. Mergulhe fundo e entenda os detalhes de como seus clientes se sentem e reagem em toda a sua experiência. Você vai ganhar ideias para melhorias e mais: vai ganhar ideias para inovação e expansão.

Um conhecido seguro de saúde que me pediu para fazer uma apresentação para eles recentemente quis 1500 cópias autografadas do meu livro anterior. Eu encomendei os livros no CreateSpace (fácil!), assinei (minha mão trabalhou bastante!), e então enviei quinze caixas da minha casa para o evento. Usei uma das grandes transportadoras e logo descobri que não podia agendar pelo site a retirada na minha casa de tantas caixas. Liguei para eles, fiquei na linha por dez minutos e então descobri que precisaria estar em casa para a retirada "entre oito da manhã e cinco da tarde". Está brincando? Quem tem uma vida assim? Mesmo que eu estivesse em casa o dia todo, não ficaria ao dispor da empresa para atender ao motorista da retirada. Acabei fazendo três viagens para o escritório da transportadora para deixar os livros. Outra falta de comodidade operacional.

O botão da comodidade

No fim das contas, o que a maioria de nós quer é o botãozinho da "comodidade". O que ele faz? Para mim, o botão da comodidade permite que o negócio seja do meu jeito, por meio do meu canal de escolha. Está conectado por todos os canais, com flexibilidade, atualizações proativas e respeito demonstrado para meu bem mais preciso: tempo. O botão da comodidade também pode significar garantias, "resultados" e acordos de serviço cumpridos à risca, em vez de comprar um produto ou serviço e apenas esperar receber o resultado pretendido.

Muitas empresas fazem um excelente trabalho com isso. A Netflix transmite conteúdo sem interrupções com o toque de um botão. O

Dropbox e o WeTransfer enviam arquivos grandes num piscar de olhos. O Facebook torna a conexão com amigos e família fácil e rápida. Ainda assim, para empresas como essas, o desafio é continuar permitindo novas experiências ao cliente e mirando a perfeição na experiência do cliente.

Recentemente, lidei com uma empresa líder de serviços financeiros que me fez imprimir, assinar e enviar por fax um documento em vez de viabilizar uma assinatura eletrônica. Eu nem sabia que máquinas de fax ainda existiam.

Comprar um item on-line, pedir para entregar em casa e não ser capaz de devolver para a loja; ouvir, no balcão de uma companhia aérea, "O sistema fica sempre lento assim às sextas" são exemplos de empresas sem integração e sem o botão da comodidade.

Como Jello Biafra, um artista punk, uma vez disse: "Me dê conveniência ou me dê minha morte". Sim, isso foi originalmente dito com ironia, mas agora é verdade, goste você ou não. O cliente moderno não vai cooperar com a falta de comodidade operacional. Num mundo sem atrito, seria como uma morte por apedrejamento. Nós todos passamos por muitas experiências como clientes e não nos satisfazemos mais com as experiências medíocres de antigamente. Às vezes as aceitamos porque precisamos, mas não ficamos felizes com a experiência. Não quero parecer um disco riscado, mas vale a pena ouvir de novo, porque é importante: muitas empresas precisam repensar, recauchutar e atualizar significativamente a experiência do cliente.

O iPhone acabou com todos nós

Na minha estimativa, nada mudou tanto a expectativa do cliente quanto o iPhone. Já ouvi se referirem a ele como "controle remoto da vida". Nós queremos aplicativos para tudo, com a promessa não declarada de que eles vão ser modernos, intuitivos (sem manual de uso), rápidos, facilmente encontrados no iTunes, seguros e confiáveis. Enquanto muitos não alcançam esse nível, isso não muda o fato de que nossas expectativas são calibradas para uma grande experiência em telefonia móvel. E o que é resultado direto de expectativas não realizadas? Ressentimentos.

Obviamente, o site e a experiência móvel precisam oferecer grandes atributos, mas isso é só o começo, a base da experiência do cliente. Esta também inclui a descoberta e a experiência da compra, a precificação e a negociação, o processo de entrega, o treinamento, o uso, a manutenção, a lealdade, as devoluções, o serviço de atendimento, a cobrança e a nota, a experiência operacional e de qualidade, a integração com outros recursos, a atualização e a experiência final. Em outras palavras, o ciclo todo. Como resultado, não deveria ser surpreendente que a experiência do cliente possa afetar o modelo de negócio.

Crie métricas para a experiência do cliente

Reveja as métricas da experiência do cliente em seu negócio. Na minha experiência, a maioria das métricas que temos são focadas em métricas financeiras, operações e processos alinhados com a estrutura organizacional. E, cara, nós trabalhamos para otimizá-los. Um líder da Alvarez and Marsal gostava de dizer: "Me mostre seu P&L e vou mostrar a disfunção de sua empresa".

Para ele, a necessidade de relatórios financeiro e operacional, junto à maioria das estruturas de compensação executivas e o traço competitivo natural na maioria de nós, nos leva a focar e otimizar no P&L, que é tipicamente nossa estrutura organizacional. Seus clientes se importam com sua estrutura organizacional? Não! Mas, com muita frequência, nós o deixamos ciente dela e o fazemos lidar com ela.

Complementar suas métricas típicas com métricas da experiência do cliente vai melhorar sua obsessão pelo cliente, ajudar todos a quebrar barreiras organizacionais e seguir para a excelência operacional – em outras palavras: perfeição. Quer exemplos de métricas criadas para a experiência do cliente?

Porcentagem de pedido perfeito: o indicador POP na Amazon

Como já estabelecemos firmemente, satisfação do cliente está no centro do modelo de negócio da Amazon. Para determinar quão bem seus vendedores estão indo, a Amazon usa certos indicadores de desempenho, incluindo o *Perfect Order Percentage* [POP, ou porcentagem de pedido perfeito]. Resumindo, isso localiza a quantidade de pedidos perfeitamente aceitos e entregues.

Aos olhos da Amazon, o pedido perfeito é inteiramente desprovido de problemas operacionais. Não há solicitações de Garantia de A a Z (a garantia de satisfação da Amazon), feedbacks negativos, novas cobranças, cancelamentos, atrasos, reembolsos ou mensagens do comprador.

A Amazon "recomenda" que uma métrica POP do varejo esteja acima dos 95%. "Recomendar" significa que a Amazon vai cair em cima se um vendedor permitir que a métrica caia abaixo desses objetivos: diminuição na taxa de pedido maior que 1%, taxa de cancelamento maior que 2,5% e entrega atrasada maior que 4%.

Para permanecer em 95% ou acima, vendedores precisam otimizar listas assim como as melhores opções de atendimento e serviços aos clientes oferecidos. Significa identificar os produtos com o pior desempenho e eliminá-los (Figura 34.1).

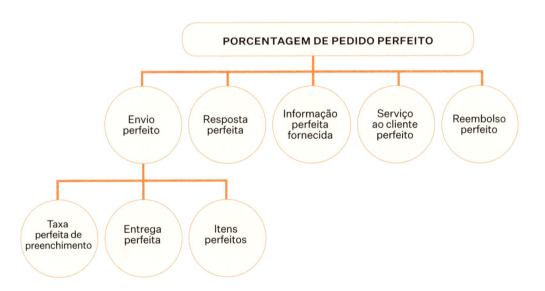

FIGURA 34.1: Porcentagem de Pedido Perfeito (POP) – Porcentagem de pedidos que são perfeitamente aceitos, processados e atendidos

O sistema de indicadores POP geralmente elimina listas imprecisas, entregas atrasadas, falta de informações de rastreamento e pedidos cancelados no ecossistema da Amazon. É notável.

Concentre-se em formas de estabelecer e medir a experiência do cliente. Reserve um tempo para descobrir como medir todas as interações reais e colherá todos os tipos de benefícios desses esforços. Descubra o que "fácil" e "perfeito" significam para seus clientes.

Questões a considerar

1 Como você mede a experiência do cliente em seu negócio?

2 Você tem medidas reais ou são substitutas, como pesquisas?

3 Há padrões estabelecidos para o que a experiência do cliente precisa ser?

4 Como você definiria e mediria a experiência perfeita do cliente em seu negócio?

IDEIA 35
QUAL É SUA TECNOLOGIA *JUST WALK OUT?*

Use a Internet das Coisas para reinventar as experiências do cliente

Qualquer tecnologia suficientemente avançada é indistinguível de mágica.
Arthur C. Clarke

Já ouviu falar do Dash Wand da Amazon? Provavelmente não. Lançado em 2014, o Dash Wand não fez sucesso na época. Criado para uso na cozinha e despensa, esse dispositivo permite que o cliente escaneie um código universal de produto (*Universal Product Code*, ou UPC), tire uma foto do item ou fale com o dispositivo para ter informação do produto ou encomendá-lo novamente. O Dash Wand nunca esteve amplamente disponível.

Após um lançamento limitado, ele se transformou depressa no Amazon Dash Buttons, pequenos equipamentos eletrônicos colocados pela casa e programados para pedir produtos alimentícios. Também gerou o Amazon Dash Replenishment Service, que permitia que fabricantes acrescentassem um botão físico ou recurso de autodetecção em seus equipamentos para possibilitar que clientes encomendassem novamente suprimentos da Amazon, quando necessário. Em 2018, uma versão com Alexa do Dash Wand se tornou um brinde para os membros Prime depois que a Amazon adquiriu a Whole Foods.

IDEIA 35 Usando sensores e a Internet das Coisas, você pode aperfeiçoar bastante a habilidade de compreender sua experiência de cliente, para testar novas ideias e realizar experimentos e para fazer seu motor de inovação funcionar.

Das muitas lições a serem aprendidas com o humilde Amazon Dash Wand, a primeira é: o que podemos ver como um fracasso em algumas empresas é apenas um passo na jornada de inovação de outras ideias na Amazon. Segunda: às vezes você só precisa ser paciente. Alguns conceitos requerem uma geração ou duas para ter sucesso. Às vezes, o produto precisa avançar, às vezes, o mercado precisa amadurecer, ou outra combinação precisa acontecer. Porém, a grande lição é que a Internet das Coisas fornece um novo paradigma para melhorar sua experiência com o cliente e fazer seu negócio inovar e crescer.

Amazon Go

"Sem filas, sem carrinhos de compra, sem registros... Bem-vindo à Amazon Go." Essa é a promessa e o slogan das novas lojas revolucionárias da Amazon, que literalmente tornam a compra mais fácil que o roubo. Verifique com uma passada rápida em seu aplicativo Amazon Go e comece a comprar. Tudo o que você pega da prateleira é automaticamente acrescentado a seu carrinho virtual; colocando de volta, é excluído.

Como funciona? Um vídeo promocional curto vai informar que se trata de uma combinação de visão de computador, algoritmos de aprendizado profundo e uma fusão de sensores, "muito parecido com o que você vai encontrar em carros autônomos."[2] Por motivos óbvios, a Amazon se recusa a entrar em mais detalhes sobre a tecnologia. Porém, eles patentearam esse potente coquetel de internet, a tecnologia *Just Walk Out*. Como o nome sugere, quando termina de comprar, você simplesmente vai embora. *Voilà*! Como eu disse, é mais fácil que roubar. Na verdade, roubar é bem difícil com a Amazon Go. A primeira Amazon Go, com seiscentos metros quadrados, abriu em Seattle em janeiro de 2018. O *New York Times* a descreveu como uma loja de conveniência que também traz um pouco dos alimentos geralmente encontrados na Whole Foods.[3] A experiência foi descrita como fluida. Os únicos sinais da tecnologia *Just Walk Out* são os conjuntos de pequenas câmeras posicionados sobre as prateleiras e portas giratórias com sensores, como no metrô.

Como o *New York Times* aponta de forma apropriada, a verdadeira pergunta é o que Jeff Bezos planeja fazer com essa tecnologia agora que ela existe. Enquanto mais lojas estão sendo construídas e mais de 2 mil lojas Amazon Go são planejadas, alguns suspeitam que a tecnologia *Just Walk Out* pode logo aparecer no Whole Foods. Talvez a divisão AWS da Amazon embale os recursos para vender os serviços para outras empresas, "assim como ela vende seus serviços de nuvem para outras empresas".[4] O ponto é que a Amazon Go é apenas mais uma parada num roteiro potencialmente enorme para o futuro do varejo.

Obsessão pelo cliente

A Internet das Coisas não vai levá-lo a lugar nenhum a não ser que você esteja obcecado por seus clientes e suas experiências e pelos mecanismos conectados que podem resolver os problemas deles. Você já deve ter experimentado em sua própria vida momentos em que a Internet das Coisas foi usada de modo errado e pode ter sido bem assustador. Lembra aquela boneca alemã conectada à internet, My Friend Cayla? Feita pela Genesis Toys, Cayla continha um microfone interno que hackers podiam usar para escutar seus filhos – e até falar com eles. É para ter pesadelos.[5]

Então como a Amazon faz um projeto revolucionário e altamente ambicioso como o Amazon Go funcionar? Começando com vários pequenos Amazon Dash Wands. Obcecar-se pelo cliente significa tentar coisas novas, e muitas delas não funcionam. Significa manter o que funciona ou o que pode funcionar em vez de se distrair com o frenesi de uma oportunidade mais reluzente e lucrativa no curto prazo. Ignore as antigas tradições e suposições de como o varejo funciona, foque no cliente e trabalhe a partir daí.

Resenha de clientes, frete grátis todo dia, pedido num clique, olhe dentro do livro, Prime, AutoRip – cada uma dessas inovações foi controversa ou percebida de forma negativa pelos conservadores quando foi lançada. Os pessimistas não entendiam a estratégia de longo prazo da Amazon: obcecar-se por uma melhor experiência de consumidor para construir uma confiança de longo prazo. Por causa dessa estratégia, muitas dessas inovações agora são o padrão pelo qual os clientes medem todas as experiências de compras on-line.

Fazendo funcionar para seus clientes

"Tudo isso soa muito bem", você pode estar pensando, "mas eu não sou Jeff Bezos. Meus clientes precisam de coisas bem diferentes e temos de gerar lucro durante o percurso".

De certa forma, você pode estar certo – acertar o próximo Kindle ou Dash Button para seu ramo não vai ser fácil. Mas é exatamente por isso que a Internet das Coisas se tornou uma mudança no jogo para aqueles dispostos a se obcecar pelos clientes. A tecnologia e os componentes de solução são acessíveis a todas as equipes, o custo básico melhora muito, e você pode testar pequenos experimentos sem ter de arriscar tudo. As tecnologias-chave da Internet das Coisas muitas vezes incluem sensores, conectividade, armazenamento em nuvem e processamento, análises e *machine learning*.

Encontrar um único grande sucesso requer muita experimentação. Muitos desses experimentos provavelmente vão fracassar, assim como o Fire Phone ou o investimento da Amazon na pets.com, uma das maiores piadas da era ".com". Há oportunidades quase ilimitadas de melhorar a experiência do cliente alavancando mecanismos conectados. Qual é o caminho?

Comece pelo cliente

Caminhe um dia inteiro na vida de seu cliente. Não apenas com seu produto ou serviço, mas ampla e profundamente. Como mecanismos profundamente conectados mudam a forma como seu produto ou serviço se encaixa naquele dia?

Obsessão profunda pelo cliente é uma cultura enraizada da empresa. Uma forma de começar a construir isso é por meio de um programa para coletar as opiniões do cliente (VoC, na sigla em inglês). Mantenha em mente que retornos bem-sucedidos dos clientes não se limitam a um produto ou canal. Eles incluem toda a operação e um mecanismo ativo deliberado para coletar dados sobre seus clientes (uma pesquisa não é o suficiente). A boa notícia é que, num mundo de mecanismos conectados, isso está ficando cada vez mais fácil.

A parte mais dura e mais importante do programa será empoderá-lo para criar mudanças pela empresa. Isso vai demandar investimentos e colaboração entre os departamentos.

Remova atritos

Seu próximo passo é identificar e remover pontos de atrito. Quais problemas seus clientes encaram? Por que os clientes o contatam? Quais partes de seu produto ou serviço ao cliente atrapalham na hora de resolver esses problemas? E como um mecanismo conectado pode remover esses pontos de tensão? Quais dados poderiam ser coletados para dar a você ou a seu cliente novas ideias?

Às vezes a melhor forma de criar uma boa experiência do cliente é começar imaginando uma terrível experiência do cliente. Imagine sua avó tentando usar um celular pela primeira vez. Não importa quão intuitivo o processo seja, há boas chances de que algo dê errado. Quando acontecer, ela vai passar 45 minutos no telefone com um bom agente de serviço ao cliente explicando que "os trecos ficam piscando na tela". Se isso fracassar, ela será forçada a dirigir até a loja física do provedor de serviço, ou, mais provavelmente, ela vai guardar o celular numa gaveta até os netos adolescentes irem visitá-la.

Como reinventar essa experiência para uma senhorinha?

Não é surpresa nenhuma, mas a Amazon já tentou isso. O recurso Kindle Fire's May Day permite que agentes do serviço ao consumidor assumam remotamente a tela de um usuário, com sua permissão, para ver e arrumar problemas para eles.

Quando pensar sobre como reduzir o atrito em seu setor, comece recriando uma terrível experiência de consumo, e então pense como a Internet das Coisas ou os mecanismos conectados podem melhorar essa experiência.

Pense de forma ampla

O próximo movimento mais inovador em seu setor pode não envolver diretamente seu produto atual. Pense nos drones da Amazon. A Amazon é uma empresa de e-commerce, mas acontece que o design de sites de vendas e os produtos que oferecem não são mais as grandes preocupações para os clientes. A velocidade e a eficiência da entrega são parte vital da experiência do cliente, e a Amazon percebeu cedo que precisava controlar e inovar, apoiando-se fortemente nos parceiros para execução.

Pense no poder que a Internet das Coisas tem para fornecer uma nova interface com seus clientes. Mecanismos conectados possibilitam aprender mais sobre seus clientes e usar essas ideias mais profundas para construir melhores produtos e serviços para os ambientes nos quais eles são usados.

Quais dados o ajudariam a entender melhor seus clientes e a experiência deles? Como você pode coletar esses dados? E, mais importante, como pode usar esses dados, uma vez coletados, para criar valor e melhorar a experiência de seu cliente?

Integrar esse tipo de pensamento em seu atual planejamento de cliente é a chave para passar de *focado* no cliente a *obcecado* pelo cliente.

Não se comprometa em crescer

Um dos maiores erros que as empresas podem cometer é comprometer-se em alavancar uma nova função ou recurso antes de ele ser totalmente testado e aperfeiçoado. Mantenha novos enfoques num estado beta e para um número limitado de clientes. Estabeleça suas expectativas para serem realistas, dizendo a eles que isso é novo e é um teste. Com frequência, executivos são pressionados ou otimistas demais, e eles se comprometem em crescer e em gerar receita, com um plano que não foi comprovado. Para isso, lançam um novo produto ou serviço que não é fantástico, os clientes reagem de forma negativa, as projeções não são atingidas, a iniciativa não chega à sua visão ou potencial e a operação se torna mais tímida em testar novas coisas.

Empresas como a Amazon fazem testes em novas funções e produtos, às vezes, por anos, antes de aumentá-los. Eles podem até ter um plano para aumentar, mas há certos objetivos a serem alcançados, como marcos e questões que precisam ser resolvidas antes de o plano ser iniciado, orçado e anunciado. Por exemplo, o Amazon Echo teve um lançamento limitado durante meses antes de a Amazon decidir aumentá-lo. Isso é muito bom, mas se você ainda estiver pensando naquela boneca alemã bizarra, Cayla, deixe-me explicar a você por que a segurança da informação precisa morrer.

Questões a considerar

1 Como você está trabalhando para inovar sua experiência do cliente hoje?

2 Você tem uma lista de como a IoT ou outras tecnologias poderiam afetar sua experiência de cliente?

3 Como foi tratado o último fracasso em inovar a experiência do cliente?

4 Ideias e programas promissores ficam comprometidos a crescer ou entregar resultados antes de serem testados? Isso afetou o sucesso final da ideia?

IDEIA 36[*]
A SEGURANÇA DA INFORMAÇÃO PRECISA MORRER

Tornando a segurança um trabalho de todos

Cybersegurança é muito mais
que uma questão de TI.
Stéphane Nappo

Todos gostam de respostas fáceis. Todos gostam de respostas fáceis que atribuem responsabilidade a uma pessoa ou equipe e garantem um bode expiatório claro quando tudo dá errado.

Todos gostam de respostas fáceis que prometem que esse produto tecnológico vai dar esse resultado para nós. E líderes da empresa e da diretoria gostam especialmente de respostas fáceis quando se trata de cybersegurança. Por quê? Porque eles não entendem os riscos e têm medo. Querem desesperadamente acreditar neles. Se eu acabei de descrever você ou sua liderança, me desculpe. Você não vai gostar da resposta que estou prestes a dar a você.

> **IDEIA 36** Segurança não é um papel. Segurança não é eliminar os riscos. Segurança é um desenvolvimento integrado de exigências, pessoas, processos e aceitação de riscos que deve ser incutido em cada equipe.

Larry Hughes construiu os primeiríssimos *firewalls* da Amazon. Ele foi o segundo engenheiro de segurança e o segundo diretor internacional de segurança de web e operações. Desde então, foi líder e consultor

---

[*] Essa ideia foi coescrita com Larry Hughes.

em muitas empresas nos amplos assuntos de risco de operações e de cybersegurança.

Larry e eu trabalhamos juntos pela primeira vez em 2002, quando eu estava conduzindo o lançamento do Marketplace da Amazon. Os pagamentos eram nossa grande área de risco naquele negócio, incidentalmente. Quando discuti as lições que Larry aprendeu por trabalhar na cybersegurança da Amazon, ele notou que o princípio de liderança 2, "Mentalidade de dono", só perde importância quando o assunto é segurança. Como líder de negócios, você não passa a batata quente para outra pessoa. Você fica com ela.

Aqui estão algumas das lições e ideias que Larry aprendeu na Amazon e que ainda influenciam seu trabalho:

1 **Informação justificada aos negócios para o orçamento de segurança**: equipes de negócios e fornecedores internos de serviços precisam tomar as decisões e investimentos para necessidades relacionadas a segurança, assim como fariam com qualquer outro gasto relacionado aos negócios. Por exemplo, a equipe que fornece às operações suas ferramentas de produtividade como, digamos, "precisamos de uma ferramenta contra spam", e as decisões e o orçamento vêm da equipe deles. Por quê? Porque spam tem um efeito operacional adverso na forma mais comum de comunicação dos negócios. Por que deveríamos esperar que a segurança previnisse ou melhorasse as operações em outra equipe? Esse tipo de pensamento traz "inutilidade aprendida", que permanece um dos maiores problemas de segurança de operações.

2 **Mentalidade de dono distribuída**: assim como o orçamento para cybersegurança deve ser alocado nas equipes de negócios, propriedade para segurança fica com o líder e equipes responsáveis pelo serviço. Eles trazem a expertise e os padrões fornecidos pela equipe de segurança, mas as equipes devem ser donas de cada aspecto de seus negócios.

3 **Equipe e papel do *Chief Information Security Officer* (CISO)**: assim como impostos, finanças e jurídico, o CISO é uma prestadora de serviço para equipes de negócios, e seu trabalho é

chegar ao sim (veja ideia 12). O lema da equipe de Larry era "Nós nunca dizemos 'não'!". Às vezes, você precisa fornecer uma rota melhor e restabelecer os requerimentos ou enfoques para as soluções.

4 **Integração**: a equipe do CISO precisa investir um tempo significativo para conhecer e tratar de cada acionista, particularmente seus pontos fracos. Eles precisam ser integrados e envolvidos logo cedo, fornecendo orientação e expertise. Isso elimina qualquer semelhança com uma "torre de marfim" nas decisões de segurança. Feito da forma certa, integrar a segurança no que outras equipes fazem deve tornar sua vida mais fácil, não mais difícil.

5 **Estar seguro quanto ao design**: não há um checklist ou um processo de transição para estar seguro. A segurança é como qualquer outro conjunto de requerimentos ou competências. Por meio do design e da administração de uma competência, as exigências de segurança, os cenários e os riscos precisam ser considerados e articulados.

6 **Riscos**: o CISO ajuda equipes de negócios a modelar e a avaliar os riscos. Segurança é conhecer seus riscos e quantificar a propensão de ocorrência de riscos com o valor dos dados ou bens. O risco em cybersegurança é como qualquer tipo de risco de negócios administrado na empresa. Você precisa categorizar dolorosamente os dados e os bens de sua operação. Ninguém gosta de fazer isso, mas é necessário. Se você não sabe quais são os bens, ou se não tem noção do valor dos dados, como pode tomar as devidas decisões no negócio?

7 **Defendendo os dados**: uma administração sem equívocos de todos os dados críticos ao negócio precisa ser estabelecida. Os diretores devem assumir total responsabilidade por todos os aspectos dos dados sob sua supervisão, incluindo sua segurança.

8 **Avaliação de segurança e processo de implementação e estrutura**: o CISO fornece o processo e a estrutura para discussão e avaliação de segurança. Empresas como o National Institute of Standards and Technology (NIST) do Departamento de Comércio estão desenvolvendo as estruturas, os modelos e os processos-padrão que o CISO pode usar para levar à adoção dentro da operação.

9   **Apenas outro defeito**: o toque final é pensar sobre o problema de segurança como apenas mais outro defeito. Ninguém cria um sistema com má segurança. Quando surge um problema com segurança, ele precisa ser extirpado com o mesmo rigor que os defeitos são.

Seguro pelo design

O enfoque do seguro (ou segurança) pelo design (*secure by design*, ou SBD) é a mentalidade e a tática que "significa que o software (ou sistema) foi criado desde o início para ser seguro. Práticas maliciosas são tomadas como naturais, e o cuidado é tomado para minimizar o impacto quando uma vulnerabilidade de segurança é descoberta ou num *input* de usuário inválido".[6] Esse enfoque de supor o pior e ter segurança no centro das exigências e do desenvolvimento, em vez de um exame e inspeção, é crítico. Ter uma equipe de segurança forte participando, definindo padrões e contribuindo com expertise, mas tendo as equipes de negócios e técnicas possuindo a segurança para seus negócios e sistema, apoia a natureza descentralizada e proativa da SBD.

Um dos acidentes de cybersegurança mais famosos aconteceu em dezembro de 2013, quando a Target foi hackeada e a informação pessoal e financeira de quase 110 milhões de clientes foi roubada. Uma análise profunda foi feita e é uma leitura fascinante.[7] Um especialista resumiu o *Target Kill Chain Report* da seguinte forma:

1   Ataques, defesas e oportunidades perdidas são descritas em inglês claro, com detalhes técnicos mínimos para tornar disruptiva a apresentação.
2   Conforme a história se desdobra, fica claro que a segurança da TI não pode ser obtida e verificada. É um esforço contínuo que requer que uma liderança de CEO e de diretoria movam-se da simples conformidade para a verdadeira gestão de risco.
3   Os autores colocam uma ênfase apropriada na importância da defesa em profundidade, um componente-chave da cyberdefesa moderna. Comece com um *firewall* para manter afastada a maioria das ameaças, mas também use programas de monitoramento dinâmico,

barreiras internas entre sistemas e outros controles para detectar e derrotar *malwares* que atravessem a primeira linha de defesa.[8]

Segurança, compreensão e quantificação de riscos e participação da discussão e em *trade-offs* são o trabalho da diretoria e dos cargos de primeiro escalão. Enquanto molda discussão e parcerias, seu CIO ou CISO não pode se responsabilizar pela maioria das perspectivas. "A segurança da informação deve morrer", mas a gestão de risco e de segurança, incutida em seus designs, processos, treinamento e pensamento, deve ganhar vida. Segurança deve se tornar um hábito.

Questões a considerar

1 Você tem uma lista priorizada de seus dados e dos riscos de cybersegurança em relação a eles?

2 A cybersegurança está integrada ao design e ao processo de gestão ou é apenas mais um item do seu checklist?

3 A responsabilidade com riscos relacionados à cybersegurança está na liderança do negócio?

IDEIA 37[*]
OP1
O doloroso processo de planejar

Festina lente. (Apressem-se, lentamente.)
Imperador Augusto

De onde vêm todas as ideias da Amazon para alavancar processos, serviços inovadores e melhoria da experiência do cliente e racionalizar onde colocar seu pessoal e recursos? Quando dizem sim ou não para todas as grandes ideias que eles têm para crescer ou inovar nos negócios? Como tudo isso acontece? Ouço muitas variações dessa pergunta, e não há uma única resposta. Porém, há um tempo e lugar específicos no universo da Amazon onde esses elementos são avaliados e decididos: o planejamento anual de processos, conhecido em geral como *Operating Plan 1* (OP1).

Mas vamos parar por um segundo. Esse não é um processo simples, limpo e eficiente, nem acelera imediatamente a organização. O OP1 é bagunçado, frustrante, doloroso e imperfeito. É um clássico exemplo do "vá devagar para ir rápido" nos negócios. Ainda que seja frustrante de doer às vezes, o processo OP1 ajuda a empresa a coletar, explicar e racionalizar as melhores ideias, ajuda a equipe executiva a tomar as melhores decisões sobre no que ir em frente e o que não financiar e ajuda a empresa a ganhar clareza quando as decisões são tomadas.

IDEIA 37 Defina um processo de planejamento que faça as perguntas: "Como nos saímos?", "Qual é o plano do próximo ano?", "Quais de nossas ideias vão melhorar o negócio?" e "Quais ideias de inovação devemos se-

---

[*] Essa ideia foi coescrita com Clifford Cancelosi.

guir?". Conecte as respostas com o *headcount* e outras despesas necessárias. Em sua discussão, inclua o tipo de negócio e a chave operacional e as métricas de experiência do cliente e dos objetivos. Passe o tempo que for necessário discutindo esses documentos em desenvolvimento para então ler, debater e decidir em nível executivo. Seja claro e anuncie para a empresa quais ideias e iniciativas estão sendo aprovadas (um "sim") ou não aprovadas ou financiadas (um "não" ou um "não agora").

Plano de Operação 1 (OP1)

O verão em Seattle é precioso. Tendo aguentado o peso de oito meses frios e úmidos, todos com uma sucessão infinita de dias curtos e cinza, o verão de repente aparece por volta de 4 de julho e o Noroeste Pacífico se torna o lugar mais bonito do planeta. Ah, mas se trabalha na Amazon, você basicamente perde isso. Porque nos meses de julho, agosto e setembro, enquanto se prepara para o pico da época de vendas, você passa seu tempo em reuniões e debates ou escrevendo e revisando seus planos operacionais do próximo ano, além de ideias para aumentar e inovar. Isso mesmo, o verão e o começo do outono são a estação do OP1.

Enquanto há múltiplas oportunidades para analisar e discutir ideias, planos, distribuir recursos e críticas dos negócios durante o ano, o OP1 é o guarda-chuva sob o qual todas as disciplinas e estratégias da Amazon se reúnem anualmente. Apesar de ser estruturado, o OP1 é bagunçado. O tempo e o esforço necessários são difíceis de prever. O OP1 simplesmente fica pronto quando fica pronto. Gênios requerem toneladas de anotações, papéis amarrotados e tempo "desperdiçado". E todo ano esse processo gera não apenas ideias para invenções, como também cimenta decisões e compromissos claros.

A estrutura básica do OP1

1 Equipes começam a analisar os resultados de seus negócios. Elas identificam os objetivos para os próximos anos e os orçamentos e recursos necessários para atingi-los.
2 Além disso, a equipe executiva entrega objetivos de negócios estratégicos detalhados que todas as equipes e negócios devem estar

preparados para dizer como vão apoiar. Os objetivos são detalhados bem o suficiente para permitir que as equipes entendam as especificidades de como seus negócios ou serviços vão precisar responder (por exemplo, o varejo vai crescer em 35% brutos, resultando em 7,8 milhões de dólares em pedidos enviados a mais).

3 Muitos desses objetivos são multifuncionais, requerendo equipes por toda a empresa trabalhando juntas para conquistá-los.

4 Ideias para recursos novos ou incrementados são capturadas.

5 O processo encoraja pensamento amplo e profundo.

6 Planos são escritos (veja ideias 44, 45, 46 e 47) de várias maneiras.

7 Com frequência, reuniões começam com silêncio, permitindo que seus participantes leiam e "ruminem" os planos.

8 O processo cria alinhamento logo cedo no negócio em relação a prioridades, tempo de entregas, limitações, e por aí vai.

9 O processo é criado para garantir que as pessoas e os projetos sejam atados à estratégia como um todo.

10 Encoraja a mentalidade de dono, reforçando articulação de medidas detalhadas e objetivas do progresso, que pode ser rastreado e relatado.

11 Permite que executivos entendam melhor no que seus pares estão trabalhando, para evitar redundâncias e permitir planejamento.

Como eu disse, é uma estrutura bagunçada, mas o processo OP1 permite uma visão holística do valor do negócio ou serviço de cada equipe e seu encaixe geral dentro da estratégia da empresa. Também força todas as equipes a pensarem profundamente e delinearem o roteiro necessário para apoiar os objetivos de crescimento geral da empresa.

O enfoque vai de baixo para cima. Cada equipe na empresa prepara seus próprios documentos. Os vice-presidentes seniores juntam os aspectos mais críticos desses planos e o impacto fiscal completo de todos os pedidos, então um sumário do OP1 para toda a área de operação fica sob a supervisão individual deles.

Esses planos são combinados em uma revisão extensa e detalhada pelos vice-presidentes seniores, que dura uma semana inteira. Os VPs e SVPs de outras áreas de operação são convidados a rever e a partici-

NEGÓCIOS E TECNOLOGIA

par dessas sessões para fornecer ideias e críticas, assim como garantir investimentos e aprovação das equipes dependentes. Em alguns casos, os líderes dessas equipes dependentes não podem se comprometer com o trabalho, criando uma oportunidade para avaliar a importância do pedido e considerar alavancá-lo para uma visão mais ampla.

A reunião de revisão geralmente tem quatro horas de duração. Todos passam a primeira hora da reunião lendo o documento inteiro. Isso é imediatamente seguido por três horas de interrogatório. Espera-se que os analistas deem feedbacks duros, mas construtivos. Eles fazem seus próprios cálculos ou suposições financeiras, métricas, e por aí vai. Os erros são atacados vigorosamente. O processo garante que o pensamento ao redor do plano seja tão completo quanto possível.

A claridade dos comprometimentos é igualmente importante para a clareza do pensamento. Concorda-se com objetivos, entregas são estimadas e fecha-se um compromisso, e orçamentos podem ser revistos e incrementados. Claro, há sempre mais ideias que podem ser seguidas do que as que podem ser financiadas. Claramente dizer sim para iniciativas aprovadas significa dizer "não" ou "depois" para a maioria das ideias. É melhor se comprometer a executar algumas ideias cruciais do que diluir seus esforços por todas as ideias.

Um antigo gerente de produto da Amazon dividiu seus pensamentos sobre o processo anual de planejamento da Amazon:

Todo ano na Amazon equipes são forçadas a criar e a analisar um documento com a equipe executiva, que delineia em detalhes dolorosos o desempenho deles no ano anterior e seus planos para o ano seguinte, incluindo pedidos de recursos. O Plano de Operação 1 (OP1) normalmente é uma narrativa de seis páginas (com montanhas de apêndices) que analisa cada ângulo do negócio, e pode ser a diferença entre sua equipe ter vários novos recursos ou ser relegada ao esquecimento (Bezos e sua equipe não têm pudores em eliminar equipes que não têm bom desempenho). Eu costumava me queixar sobre a quantidade de nosso tempo que esse processo sugava, mas a realidade é que é provável que esse tipo de avaliação rigorosa seja uma das razões pelas quais a Amazon é capaz de ser tão focada em seus investimentos e de crescer em negócios com margens relativamente pequenas.[9]

Sua versão é necessária

Não é segredo que a competição aumenta em todos os ramos, e o ritmo da mudança cresce cada vez mais rápido. Você realinhou ou definiu como vai responder *todos os anos* a essa realidade? Não é uma atividade para ser feita uma vez só. Todo ano há um conjunto todo novo de circunstâncias. Essa é apenas umas das razões pelas quais a Amazon sacrifica seu verão e o começo do outono todo ano para o OP1. Nenhum processo é perfeito, mas dar ao gerente sênior a oportunidade de impor limitações e objetivos nos negócios do topo, pegando ideias e envolvendo toda a organização, alavancando o melhor do pensamento de todos para então reunir tudo, resulta em clareza e boas decisões. Esse deveria ser o objetivo de qualquer processo de planejamento. Melhor você ir atrás do seu!

Questões a considerar

1 Qual é seu processo para construir e analisar todos os projetos em potencial e os investimentos que poderia fazer?

2 No seu processo de planejamento são tomadas decisões boas e claras?

3 Você está dedicando tempo suficiente para planejar iniciativas de inovação em seu negócio?

4 Ideias podem vir de qualquer lugar na empresa? Como são coletadas e examinadas?

IDEIA 38
PLANEJAMENTO ESTRATÉGICO DE *HEADCOUNT*
Crescendo e inovando por meio da alocação de pessoal

*Oportunidades são perdidas pela maioria
das pessoas porque elas usam macacão
e parecem trabalho.*
Thomas Edison

Na Amazon, costumávamos brincar que Jeff Bezos era como o Mágico de Oz, puxando alavancas por trás de uma grande cortina para operar seu império. E como o Grande Oz, se Bezos pudesse, permaneceria sozinho atrás da cortina, livre para manipular o mecanismo todo, sem interferência ou disrupção. Ah, mas empresas do tamanho da Amazon não funcionam assim! Como uma das maiores empregadoras nos Estados Unidos, o sonho de uma empresa totalmente automatizada não é diferente da aventura da Dorothy: é apenas um sonho. Porém, a pressão para escalonar, automatizar e inovar na Amazon é a realidade.

Escalonar e inovar não são tarefas simples. Ainda assim, a maioria dos líderes despreza uma ferramenta crítica à sua disposição: planejamento de *headcount* e alocação.

IDEIA 38 Defina e considere os talentos e o *headcount* que "tocam o negócio" em vez dos talentos e do *headcount* que ajudam a "escalonar e inovar" o negócio, normalmente por intermédio de tecnologia e sócios. Como parte de seu processo de planejamento e tomada de decisões, seja deliberado em como você aloca e move o *headcount* de "escalonar e inovar" e invista para conquistar nesse aspecto.

Headcount direto *versus* indireto na Amazon

Na Amazon, funcionários corporativos são basicamente categorizados em um dos dois tipos de *headcount*: direto ou indireto. *Headcount direto* são talentos e gente que ajuda a alavancar o negócio ou a construir novas competências. Isso inclui talentos técnicos e de desenvolvimento de software, talentos de arquiteturas de processos e de desenvolvimento corporativo, assim como gerentes de produto e gente que negocia contratos. *Headcount indireto* são todos os outros: gerência, operações, serviços ao cliente – basicamente tudo o que não foi automatizado, aperfeiçoado ou terceirizado.

Ideias sobre como alavancar processos ou inovar são delineadas durante o processo de plano de operação 1 (ideia 37). As melhores ideias são alocadas no *headcount* direto, com engenheiros, arquitetos e gerentes de produto para desenvolvimento. O *headcount* indireto é subsequentemente melhorado ou eliminado para justificar a alocação e para demonstrar comprometimento com o projeto.

Então o que acontece quando decisões estratégicas são tomadas anualmente para realocar talentos de modo a construir processos e tecnologia para escalonar o negócio? Com o tempo, o negócio fica mais e mais definido, digital e capaz de crescer.

Robôs de distribuição

Como o *New York Times* apontou em 2017, nenhuma empresa incorpora as ansiedades e esperanças ao redor da automação melhor que a Amazon.[10] Enquanto a empresa cresce em saltos, contrata milhares de norte-americanos a mais a cada mês. Ainda assim, Jeff Bezos percebeu há muito que os quase setecentos centros de distribuição da Amazon pelo globo representam um obstáculo potencialmente desastroso para o crescimento.

Em 2012, a Amazon comprou a Kiva Systems por 775 milhões de dólares e a rebatizou de Amazon Robotics. Dois anos depois, robôs desenvolvidos pela Kiva entraram na força de trabalho da Amazon em seus depósitos. Em 2017, a Amazon tinha mais de 100 mil robôs em ação ao redor do mundo e não parou de usá-los.[11]

Além de entregarem uma promessa radicalmente ambiciosa de entrega em dois dias, os robôs também aliviam a monotonia dos humanos

NEGÓCIOS E TECNOLOGIA

realizando os trabalhos mais entediantes e deixando as tarefas de competência mental para seus colegas de carne e osso. Os robôs da Kiva demitiram trabalhadores? Não, de acordo com a Amazon, que disse ao *New York Times* que contratou mais 80 mil funcionários nos depósitos dos Estados Unidos desde que colocou os robôs Kiva, para um total de mais de 125 mil colaboradores nos depósitos.[12] No site da Amazon Robotics, você será recebido pelo slogan: "*We Reimagine Now*" [Nós reimaginamos o agora], seguido por convites para treinar no campo da robótica e para juntar-se a um concurso para encorajar mais inovações nessa área.

O tubarão

Há anos, muitos concorrentes compararam a Amazon a um tubarão. É uma alegoria justa, no sentido de que o tubarão nunca para de se mover. Na jornada de crescimento sem precedentes da Amazon, Bezos e sua equipe perceberam os gargalos vindo anos antes. Nunca há tempo para descansar nas glórias e aproveitar os louros. Quando todo dia é Dia 1, não há fim à vista.

Quanto à sua organização, escolha cuidadosamente os processos em que você investe. Certifique-se de que eles são o verdadeiro fator crítico ou limitante. Com sorte, haverá muitas ideias, mas você só pode se dar ao luxo de algumas. Afinal, você não quer se programar para construir uma casa de quarto e sala e terminar com a Winchester Mystery House.

Questões a considerar

1 Como o crescimento é administrado em sua empresa?

2 O planejamento de *headcount* é usado como uma ferramenta para ajudar a digitalizar e inovar?

3 O *headcount* pode ser alocado e movido para encaixar-se nas prioridades do negócio?

IDEIA 39
A ARQUITETURA É A ESTRATÉGIA DO NEGÓCIO
Vença por meio da tecnologia e da arquitetura

*Arquitetura não é um negócio de inspiração,
é um procedimento bem racional para fazer
coisas sensatas e, com sorte, belas;
só isso.*
Harry Seidler

A Winchester Mystery House, localizada em San Jose, Califórnia, foi construída pela viúva de William Winchester, fundador da empresa de armas de fogo. Apesar de ter aproximadamente 160 quartos, faltava algo crítico: uma planta. A casa foi construída sem um arquiteto; a viúva Winchester continuou aumentando a construção de forma desordenada. Como resultado, a construção contém inúmeras estranhezas, como portas e escadas que não dão em lugar algum, janelas que dão em outros quartos e escadas com degraus de tamanhos estranhos.[13] Isso parece sua arquitetura de tecnologia e dados?

Trabalhei com muitas empresas na intersecção de estratégia de negócios e recursos de tecnologia. O desafio por trás e a frustração da maioria dos CEOs é que "leva muito tempo e custa muito caro" fazer pequenas mudanças que agreguem valor ao negócio. A maior parte do orçamento de TI é voltado a manter os atuais sistemas funcionando, não para construir novos recursos. Com frequência, eu me refiro à arquitetura de TI deles como a "Winchester Mystery House" – muitos aplicativos, muitas interfaces, mas nenhuma planta central ou arquitetura. Quando quer fazer mudanças rapidamente, acrescentar traços ou escalonar, você percebe quão rígido e feio está.

IDEIA 39 Como seu negócio cria, constrói e opera sua arquitetura de tecnologia e dados é importante e vai afetar o valor dele. A arquitetura define quão ágil você pode ser e quais tipos de riscos você corre. Você precisa certificar-se de que está profundamente envolvido nessas considerações. Não invista mal seu tempo, seus talentos ou seu orçamento.

Como se trata normalmente de uma solução ou design? Primeiro, entenda qual é o propósito da solução e o problema para o qual a solução foi criada. Liste os "requerimentos". Então, descubra a forma mais rápida para entregar a solução, também conhecida como "solução de ponta".

Essa é uma forma conveniente, mas potencialmente limitada de construir sua tecnologia. Com tantas necessidades para atender, é fácil compreender a tentação de pegar o caminho mais rápido. O pessoal de tecnologia às vezes é exaltado por táticas rápidas e "espertinhas". Mas arquitetura da tecnologia – design de dados, interfaces de software, APIs, networking e infraestrutura – é diferente. Se construir apenas para a solução pontual, você vai apenas construir outro quarto na Winchester Mystery House, sem se atentar ao design. E, sem essa visão, há duas coisas bem importantes para as quais você não vai estar preparado: coisas que podem dar errado e o dia de amanhã.

O essencial para sua arquitetura

Paul Tearnen, um amigo e antigo colega na Alvarez and Marsal, é uma das melhores mentes de tecnologia na área de negócios que eu conheço. Ele me disse que sua arquitetura de tecnologia precisa entregar as "-idades". Como é? O sufixo "-idade" significa "que denota uma qualidade ou condição". Quais são as qualidades ou condições – as "-idades" – que a arquitetura de dados e tecnologia idealmente leva em consideração?

- **Escalonabilidade**: a habilidade de rapidamente aumentar ou diminuir o resultado ou a capacidade do sistema.

- **Seguridade:** manter fora o que você quer manter fora; manter dentro o que você quer manter dentro. Isso não é seguridade? O assunto foi tratado na ideia 36.
- **Flexibilidade:** multipropósitos e adaptável para diferentes usos, diferentes geografias, necessidades similares com requerimentos variáveis ou condicionais de processo.
- **Interoperabilidade:** integração e interações com outros tipos de tecnologia, em particular diferentes ramos de tecnologia e sistemas externos. APIs são uma forma de criar interoperabilidade para dados e processos numa operação ou operações.
- **Mensurabilidade:** o recurso de instrumentação e monitoramento do sistema; ser capaz de identificar, relatar e até prever quão bem as coisas estão correndo e onde os desafios e falhas podem estar. Isso pode ajudar tanto as operações de TI quanto os processos de negócios dependentes de indicadores, como compra de materiais e faturamento.
- **Utilidade:** a interação fácil e intuitiva entre tecnologia e usuários. É a interface ergonômica e máquina-mecanismo da tecnologia. Utilidade também se trata da adequação ambiental da tecnologia para as condições empresa.
- **Rastreabilidade:** a habilidade de rastrear, auditar ou explicar como transações, decisões e processos de sistemas ocorreram. "Reconciliação" não é sexy, mas com Sarbanes-Oxley e outros requerimentos legais, a habilidade de mostrar como os passos ocorreram ao longo de toda a operação, frequentemente de uma perspectiva *cash to cash*, a habilidade de demonstrar que todas as transações ocorreram como deveriam ter ocorrido, é a essência de "controle". Conforme mais automação e *machine learning* são utilizados, criando transparência e demonstrando como decisões são tomadas, o aspecto de rastreabilidade aumenta.
- **Extensibilidade:** a qualidade essencial de ser capaz de satisfazer eficientemente futuras necessidades de negócios com o mínimo de custo, tempo e esforço possíveis.
- **Reutilidade:** um elemento da extensibilidade, a qualidade de usar a mesma tecnologia para vários propósitos. Modularidade, design

orientado para o objeto e apropriada abstração são todos táticas para criar reutilidade.

- **Integridade**: em arquiteturas distribuídas, onde dados e tecnologia passam por vários *data centers*, múltiplas zonas de nuvens e amplas geografias e locações, a qualidade de ter consistência e autenticidade confiável, especialmente com dados que precisam estar corretos e ter autoridade. O exemplo tradicional de "transação atômica" na qual ou todos os aspectos de uma transação se ligam ao banco de dados distribuído, ou a transação se reverte, é uma chave agora incrementada com o conceito de "consistência eventual", na qual o caso válido para os dados é eventualmente feito por todas as versões distribuídas dos dados.
- **Modularidade**: criar funções de recursos discretas, bem definidas e separadas nos softwares. Uma solução típica integra múltiplos módulos de serviço juntos. Uma importante noção estratégica na Amazon é que serviços modulares precisam ser autogerenciáveis, isto é, o cliente não precisa falar com você para usar seus recursos, criar, testar, usar e operar seu serviço. Isso ajuda não apenas a escalonar a tecnologia, mas toda a organização.
- **Qualidade**: a noção de um sistema fazendo o que é esperado. Na tecnologia, capacitores cruciais incluem a facilidade de ser capaz de testar e verificar, posicionar, gerenciar versões e efetivamente lidar com bugs do software.
- **Estabilidade**: a habilidade de lidar com novos requerimentos e dinâmicas sem afetar a arquitetura por trás. A devida abstração no design da arquitetura é chave para conquistar estabilidade. No ambiente físico de computadores, redes e *data centers*, estabilidade também se reflete em redundância, *failover* e cenários de recuperação de desastres.
- **Disponibilidade**: a habilidade de responder imediatamente. Os analistas de futebol americano da ESPN costumam dizer sobre atletas e lesões que "a melhor habilidade é a disponibilidade". No varejo, se um item não está disponível, você perde um pedido e frequentemente perde um cliente. Em tecnologia, não é diferente. Sistemas devem estar disponíveis e entregar os tempos de resposta

necessários para o usuário e negócios. Sistemas de "tempo quase real" (*Near-Real-Time*, ou NRT), , nos quais há uma mínima espera, são noções críticas de arquitetura (nem baratos nem fáceis) que possibilitam muitas experiências digitais.

Me ajude a ajudá-lo

Quem se lembra da cena clássica de *Jerry Maguire* em que o agente esportivo tem uma conversa sincera com seu jogador, Rody Sterling, no vestiário depois do jogo? O agente está implorando para que o jogador faça algumas coisas diferentes, para tornar mais fácil para a equipe oferecer uma extensão de seu contrato. "Me ajude a te ajudar!", Maguire implora. Com qual frequência empreendedores simplesmente se viram para sua equipe de tecnologia e dizem: "Isso é problema de vocês, nerds"? Se você quer ganhar na era digital, ser um parceiro melhor nos negócios e colaborar com sua equipe de tecnologia é fundamental. (E se referir a eles como "nerds" provavelmente não ajuda também, caso você os chame assim mesmo.)

Qual é seu papel como parceiro de negócios em sua equipe de tecnologia? Primeiro, preocupe-se com esses elementos e trabalhe para articular os indicadores necessários e como medi-los sob uma perspectiva de negócios. Passe por todos os casos de uso, e especifique exatamente como precisam funcionar. Seja curioso sobre como esses cenários são sustentados e faça muitas perguntas de cada vez. Segundo, foque no longo prazo. Você precisa estar disposto a financiar a construção dessas qualidades e recursos de base. E terceiro – aqui é onde sua arquitetura se torna sua estratégia –, vá para o ataque.

Saiba como as "-idades" serão arquitetadas e entenda as negociações. Descubra como usar essas "-idades" como elementos competitivos para vender para seus clientes e diferenciar-se da concorrência. Se puder articular para o mercado que você é melhor do que seu concorrente nessas qualidades e demonstrar por que importa para seus clientes, então financiar as "-idades" pode sair da coluna de "custos de despesas gerais" e ir para "custos diretos". Custos diretos, também conhecidos como "custos de venda de mercadorias" (*Costs of Goods Sold*, ou COGS), são custos associados diretamente à produção de receita. A arquitetura agora está se tornando o negócio!

Manifesto API de Bezos

Eu estava presente durante uma grande reviravolta na Amazon. Em 1999, a *Barron's* publicou sua agora clássica matéria de capa: "Amazon.bomb", que previa que as ações da Amazon iriam seguir as de pets.com e drugstore.com.[14] Mas, em vez de tornar-se um desastre, a Amazon virou a esquina de um ponto de partida confiante no mercado e cresceu para tornar-se um dos "Quatro Cavaleiros da Tecnologia".[15] Não demorou depois da matéria da *Barron's* para começarmos a reconhecer que a Amazon era, de fato, dois tipos de negócio.

Primeiro, é claro, era uma ampla varejista multicategorias de e-commerce. Na época, eu cuidava do Marketplace, ou como nos referíamos, o negócio de "Merchants @". O M@ foi crítico para criar a "loja de tudo". Usando a plataforma M@, nós abrimos mais de catorze categorias, como vestuário, equipamentos esportivos, instrumentos musicais, gastronomia e joalheria.

Porém, foi por volta dessa época que a Amazon começou a se ver como uma empresa de plataforma, servindo a muitas outras empresas além de ser a Amazon varejista. Nós decidimos que todos os sistemas precisavam operar em conjunto, interna e externamente, por meio de APIs. Esses APIs precisavam ter interfaces duras, o que significava que eles fossem bem arquitetados, não sujeitos a mudanças repentinas, e compatíveis com o que viesse. APIs precisam ter medidas SLAs contra um conjunto de padrões de desempenho para velocidade e disponibilidade. E SLAs precisam ser tolerantes com falhas – isto é, eles precisam supor que outros recursos podem falhar ou se degradar. Independentemente disso, os APIs tinham de processar graciosamente numa situação na qual outros componentes do sistema não estavam operando como deviam.

Como qualquer grande mudança, a tecnologia era difícil, mas tornar as pessoas cientes e comprometidas e manter todas elas indo na mesma direção era a grande dificuldade. No clássico estilo de comunicação clara de Bezos, seu memorando de 2002 continha os dez mandamentos do topo da montanha.

Steve Yegge, um antigo engenheiro da Amazon, lembra-se do memorando neste clássico post em seu blog:

Seu Grande Mandato foi mais ou menos assim:

1. Todas as equipes irão de agora em diante expor seus dados e funcionalidade por meio de interfaces de serviço.
2. As equipes devem se comunicar umas com as outras por meio dessas interfaces.
3. Não haverá outra forma de processo interno permitido: nenhum link direto, nenhuma leitura direta do banco de dados de outra equipe, nenhum modelo de memória compartilhada, nenhum tipo de backdoor. *A única comunicação permitida é por meio das chamadas interface do serviço pela rede.*
4. Não importa quais tecnologias eles usem: HTTP, *Corba, Pubsub, protocolos padrão, não importa. Bezos não liga.*
5. Todas as interfaces de serviço, sem exceção, devem ser criadas desde a base para serem externáveis. Isto é, a equipe precisa planejar e criar para ser capaz de expor a interface para desenvolvedores no mundo externo. Sem exceções.
6. Qualquer um que não fizer isso será demitido.
7. Obrigado; tenham um bom dia!

Rá, rá! Os 150 ex-funcionários da Amazon por aí vão, é claro, perceber de cara que o número 7 foi uma pequena piada que coloquei, porque Bezos definitivamente não dá a mínima para o seu dia. Porém, o número 6 é bem real, então as pessoas foram trabalhar. Bezos selecionou uns Chefes Bulldogs para supervisionar a ação e garantir o progresso, encabeçados pelo Uber-Chefe Urso Bulldog Rick Dalzell. Rick é um ex-oficial do exército, formado na West Point Academy, ex-boxeador, ex-chefe torturador barra CIO no Walmart, e é um homem grande, genioso, assustador que usa muito a palavra "interface endurecida". Rick era uma interface endurecida ambulante e falante em si, então não é preciso dizer que todo mundo fez muito progresso e se certificou de que Rick soubesse disso.[16]

NEGÓCIOS E TECNOLOGIA

Por meio da arquitetura, a Amazon se preparou para alavancar tanto sua organização interna quanto seu modelo de negócio. Hoje, a Amazon tem centenas de APIs públicos, tudo desde APIs relacionados a produtos a APIs de AWS, APIs de Echo e APIs na rede de atendimento por meio do Fulfillment by Amazon.

Invista mais em software personalizado

Os anos 1980 até o começo dos 2000 foram dominados pelas guerras de ERP. Empresas correram para implementar SP, Oracle, PeopleSoft ou outras soluções prontas em software que eram excelentes para processos centrais do negócio, como fabricação, gestão de pedidos, RH ou financeiro. Enquanto ajudavam a alavancar e levar melhorias aos processos, esses sistemas não mudavam a essência do modelo de negócio para as empresas.

Agora, conforme tecnologia, produtos digitais, serviços e experiências se tornam tão importantes, pensar bem sobre construir um software próprio é uma das decisões mais importantes tomadas por uma operação. Não deixe o CIO tomar essa decisão. Deixe que o CIO participe da decisão. O *Wall Street Journal* observa que:

> (...) novos dados sugerem que o segredo para o sucesso dos Amazons, Googles e Facebooks do mundo – isso sem mencionar os Walmarts, CVSes e UPSes antes deles – é muito como eles investem em sua própria tecnologia... Gastar com TI, que significa contratar desenvolvedores e criar software próprio e usado exclusivamente por uma empresa, é uma vantagem competitiva crucial. É diferente de nossa compreensão-padrão de R&D já que esse software é usado exclusivamente pela empresa e não é parte de produtos desenvolvidos para seus clientes.

Sua arquitetura é composta de muitos tipos de tecnologia, mas o software é onde a lógica do negócio e a experiência do consumidor são possibilitadas e requerem um conjunto crucial de decisões estratégicas, particularmente sobre em que ponto mais desenvolvimento é necessário.

O trabalho é agora – dedique tempo

Provavelmente você não é o arquiteto técnico, o desenvolvedor de software ou o CTO da empresa. Como líder do negócio, com a responsabilidade de conduzi-lo, você precisa ser curioso e atualizar-se nesses conceitos cruciais de tecnologia. Todos precisam aumentar a compreensão da tecnologia por trás de tornar-se digital. Discuta o que é importante para você com sua equipe de tecnologia. Certifique-se de que há indicadores e SLAs para que você saiba que está obtendo o desempenho pretendido.

Diminua as separações entre "discussão de negócios" e "discussão de tecnologia" na empresa, e você vai estabelecer um curso para se tornar digital. Quando tiver uma discussão, um ótimo lugar para começar é com as perguntas que faz.

Questões a considerar

1 Sua arquitetura de tecnologia e dados está bem documentada e você a entende?

2 Você é dependente demais de softwares prontos para seus recursos centrais? Software próprio em alguns recursos selecionados seria uma diferenciação estratégica para você?

3 Sua arquitetura de tecnologia tem um plano alinhado à sua estratégia de negócio digital?

IDEIA 40
AS PERGUNTAS QUE VOCÊ FAZ

Pergunte ao seu CIO para
o benefício de todos

Eu nunca aprendo nada falando.
Eu só aprendo quando faço perguntas.
Lou Holtz

Tornar-se um negócio digital e um líder digital coloca um fardo a mais na empresa para entregar novos recursos, captar e usar dados de novas formas e colaborar tanto interna quanto externamente com velocidade e agilidade. Tirar o melhor de sua tecnologia, orçamento limitado e equipe tecnológica é crucial. Fazer com que o ambiente seja um grande lugar para equipes de tecnologia trabalharem é crucial para recrutar e reter.

Como parte de seu processo de planejamento, pense em novas questões para seu líder de tecnologia, que ajudarão a pensar bem sobre o que é necessário para competir e ganhar.

> **IDEIA 40** Faça a seu líder de tecnologia e equipe perguntas que possam forçar a discussão, mudança e comprometimento bem além do CIO. Deixe-o encarregado de desenvolver as respostas e planos, mas trate do trabalho como uma colaboração em todo o negócio.

Por que perguntas?

Um cliente que é CIO num grande varejista de moda anteriormente foi executivo de uma rede de fornecimentos na empresa por anos. Muitas pessoas se perguntavam se ele seria eficaz em melhorar a função de tecnologia já que não era um líder de TI de carreira. O que eu vi nos meses seguintes foi a diretoria, a equipe executiva e a liderança de TI fazendo uma série de perguntas diferentes das que em geral faziam, como uma forma de iluminar quais seriam suas estratégias e expectativas. Eram perguntas do tipo: "Como mensuramos eficiência e produtividade?". Às vezes, não há respostas satisfatórias para essas perguntas, mas os processos de enfrentá-las resultam em ideias e considerações.

Aqui está um conjunto de perguntas para considerar fazer a seu líder de tecnologia que nós perguntaríamos às equipes de tecnologia na Amazon:

1   Quais são seus recursos tecnológicos cruciais (prioritários), propriedade intelectual e dados que formam os bens da empresa? Como medimos seu valor e saúde?
2   Quais são os riscos de sua tecnologia prioritária? Como avaliamos os riscos? Qual é o plano de atenuação, aceitação e resposta para cada risco?
3   Como nos posicionamos diante de nossos pares como uma empresa de tecnologia para se trabalhar? O que podemos fazer para melhorar?
4   Quais são as ideias cruciais abastecidas pelo digital e pela tecnologia que a equipe tecnológica tem para cada linha de negócio?
5   Quais recursos e considerações de tecnologia precisam ser centralizados?
6   Quais recursos e considerações de tecnologia podem ser incutidos no negócio?
7   Como medimos nossos riscos de segurança cibernética e tecnológica?
8   Quais funções operamos hoje com a TI que deveríamos considerar arrumar parceiros ou terceirizar?
9   Como você mede a produtividade de nossa equipe de TI? Estamos melhorando?
10   Se o negócio dobrar de tamanho, quais recursos de TI estamos prontos para aumentar e por quê? Quais recursos de TI não estamos prontos para aumentar e por quê?

11 Se os dados são um bem de nossa empresa, qual é a qualidade de nosso banco de dados (por tipo), e como a medimos? A qualidade melhorou?

12 Quais funções de negócios estamos desempenhando manualmente hoje que você acha que podemos ou devemos automatizar?

13 Quais são as megatendências em tecnologia de que devemos tirar vantagem nos próximos 5 anos? Quais são os usos específicos a ser considerados (*machine learning*, IoT, robótica, *block chain* ou outros)?

14 Avalie cada unidade de negócio como uma "parceira eficiente para a TI". O que (especificamente) cada uma pode fazer para melhorar a parceria?

15 Quais são os serviços fornecidos pela TI para o negócio? Eles são bem definidos e medidos?

16 Qual tecnologia devemos produzir para nosso negócio? Como vamos nos diferenciar nessa tecnologia?

17 Qual tecnologia deve ser um software já pronto para nosso negócio? Estamos preparados para facilmente tirar proveito desses novos traços e vantagens?

18 Qual é nosso modelo de inovação tecnológica? Como podemos apoiar experimentação com novas tecnologias e recursos? Por meio de quais caminhos elas são "formalizadas" em recursos "centrais" do negócio?

19 Quais são as atuais oportunidades tecnológicas? Existem novas tecnologias que devemos colocar em nosso mapa? Quais problemas elas podem resolver? Quais vantagens elas podem criar?

20 Como é a parceria da TI com fornecedores de serviços e software? Como isso é arquitetado num todo coerente?

Tenha um plano

O presidente Dwight Eisenhower disse: "O plano não é nada; planejar é tudo". Um plano escrito é uma função forçada para o esforço de planejamento. Comece delineando as questões que devem ser dirigidas. Com frequência, uma jornada em conjunto pode ajudar, uma que o leve a explorar questões conforme avance e o ajude a chegar ao acordo sobre o próximo conjunto de perguntas.

Planejamento de TI é crucial, e deve significar participação profunda, revisão e compreensão por todos os líderes do negócio. A oportunidade para a maioria das empresas é tanto melhorar as competências tecnológicas, quanto ser um melhor parceiro da equipe de tecnologia. Os tipos precedentes de questões e engajamento vão ajudar para que os dois aconteçam.

Questões a considerar

1 Como você mede e avalia a eficácia de seu orçamento de tecnologia?

2 O planejamento estratégico e de tecnologia é de posse primária de seu grupo tecnológico?

3 Quais poderiam ser as novas perguntas para sua equipe de liderança para conseguir mais inovações e tecnologia?

IDEIA 41
O FIM DA INTELIGÊNCIA ARTIFICIAL ARTIFICIAL

Prepare-se para um futuro
de *machine learning*

*Inteligência é a habilidade
de adaptar-se a mudanças.*
Stephen Hawking

No começo dos anos 2000, a Amazon lançou o Mechanical Turk, uma ferramenta anunciada como "inteligência artificial artificial". O Mechanical Turk foi construído como uma plataforma para terceirizar pequenas tarefas, chamada *Human Intelligence Tasks* (HITs) [tarefas de inteligência humana], para pessoas ao redor do mundo que tipicamente fariam pequenas tarefas. Desde então, foi utilizado para alavancar o tipo de trabalho que é difícil para computadores realizarem, como avaliar a qualidade de conteúdo escrito ou imagens.

Porém, IA e *machine learning* estão progredindo num ritmo rápido – exponencialmente, se pudermos acreditar em Elon Musk.[17] Independentemente de qual seja de fato esse ritmo revolucionário, IA e *machine learning* podem cuidar de uma gama cada vez maior de tarefas, incluindo aquelas com frequência desempenhadas pelo Mechanical Turk. O poder e o impacto em potencial são tais que Jeff Bezos incluiu um alerta especial (ou encorajamento?) em sua carta de 2017 para acionistas, na qual ele aconselha seu público a "abraçar tendências externas". "Estamos no meio de uma tendência óbvia agora: *machine learning* e inteligência artificial", ele alertou. Quando Bezos se dedica a dar um aviso específico, eu recomendo a você sentar-se e prestar atenção.

IDEIA 41 *Machine learning* será uma competência aplicada de modo restrito e concentrado a como melhorar decisões de gestão específicas e criar amplos novos recursos e modelos de negócios – mudando a dinâmica por todos os ramos. Líderes precisam preparar a si e a suas empresas para tirar vantagem. No mínimo, você precisa ser curioso e aprender sobre *machine learning* e buscar ativamente a expertise e outras histórias em seu ramo de negócio. Prepare sua empresa criando serviços, instrumentação e melhores regras de decisão em seu processo crucial.

Está conectado

Não é coincidência que muitas das ideias que discutimos nestes capítulos estejam criando terreno para serem capazes de aproveitar a era do *machine learning*. Coletar vários dados sobre a experiência de seus clientes, seus processos, seu ambiente? Vital. Definir seus processos de forma deliberada e detalhada, descobrir como torná-los serviços, "fazer as contas" e tentar criar regras e fórmulas para seu trabalho e decisões? Fundamental. Entender seus princípios, como tomar decisões e os padrões de sua lógica? Essencial. Esses tipos de engenharia deliberada e introspecção são a pedra fundamental de que os algoritmos precisam para automatizar o processo.

A Amazon está bem situada para tirar total vantagem desses recursos porque construíram essas bases. E eles reconhecem a necessidade, então começam a aprender e a experimentar. "No começo desta década, a Amazon ainda tinha de tocar de forma significativa esses avanços, mas ela reconheceu que a necessidade era urgente. A competição mais crítica desta era seria em IA – Google, Facebook, Apple e Microsoft estão apostando suas fichas nisso –, e a Amazon estava ficando para trás. Nós fomos atrás de cada líder [de equipe] para basicamente dizer 'Como você pode usar essas técnicas e adotá-las em seus próprios negócios?'", diz David Limp, VP de mecanismos e serviços da Amazon.[18]

Princípios

"Tudo acontece seguidamente", explicou Ray Dalio, fundador da Bridgewater Associates. "Princípios são uma forma de olhar para as coisas para que tudo seja visto como 'outro desses', e quando outro desses vem, como eu lido bem com isso?" Dalio construiu um sistema de tomada de decisões anotando o critério de cada questão que encontrou. Esse sistema permitiu que ele categorizasse questões, desenvolvesse critérios e identificasse facilmente o sinal de ruído. Além disso, ele podia sincronizar com outros e converter muitas dessas questões em algoritmos.[19]

No *2018 Artificial Intelligence Innovation Report* [Relatório de inovação em inteligência artificial de 2018], a turma da Deloitte caracterizou o futuro da IA em tomada de decisões executivas como "uma parceria" – na qual humanos definem as questões e têm a palavra final com a melhor resposta para seus negócios, enquanto a IA analisa terabytes de dados para fornecer a base da decisão.[20]

Dalio compara a relação perfeita entre humano e máquina com jogar xadrez lado a lado com um computador. "Então, você faz o movimento, ele faz o movimento", ele disse. "Você compara seus movimentos e pensa neles, então os refina."[21] Não é preciso dizer, Dalio continua, que pode ser difícil de entender causa e efeito num modelo complexo de caixa-preta.

Nós podemos alavancar essa tática para tirar vantagem do *machine learning* para nossas táticas centrais de gestão. Especificamente, podemos adotar a clareza e a meticulosa atenção dela aos detalhes em relação a pensar os padrões em nossos negócios, criando regras para administrá-los, anotando-os para que outros possam usar e aproveitar e fazendo modelos de computador deles.

Qual é o mínimo que um executivo ou diretoria deveria estar fazendo em relação a *machine learning*? Aprender de forma ativa, entrevistar e prestar atenção em como está afetando o setor e as funções em que sua empresa está. Você deveria estar constantemente sondando "como e quando" para começar a encontrar formas de fazer pequenos pilotos. Uma empresa precisa construir experiência e o recurso de experimentar com inovações se quiser ser capaz de confiar nesses recursos mais tarde.

Esteja preparado

"O mundo externo pode te empurrar para o Dia 2 se você não puder ou não quiser abraçar rapidamente tendências poderosas", Bezos escreveu na carta de 2016 para seus acionistas. "Se você lutar contra isso, provavelmente estará lutando contra o futuro. Abrace e terá impulso. Essas grandes tendências não são tão difíceis de avistar (fala-se e escreve-se muito sobre elas), mas elas podem ser estranhamente duras para grandes empresas adotarem. Estamos no meio de uma óbvia agora: '*machine learning* e IA'." [22]

Olhando para trás, é fácil identificar as ondas do progresso tecnológico – a imprensa, a luz elétrica, o automóvel, o transistor –, que levaram os negócios e a sociedade a eras totalmente novas. Todas essas invenções tiveram impactos (principalmente) positivos na sociedade, mas suas aplicações sociais totais e adoções não deixaram de gerar medo e tiveram de ser aprendidas.

Em seu livro *Hit Refresh: The Quest to Rediscover Microsoft's Soul and Imagine a Better Future for Everyone* [Aperte refresh: a busca por redescobrir a alma da Microsoft e imaginar um futuro melhor para todos], Satya Nadella, CEO da Microsoft, escreveu: "Hoje não pensamos na aviação como 'voo artificial', é simplesmente um voo. Da mesma forma não deveríamos pensar em inteligência tecnológica como artificial, mas como uma inteligência que serve para potencializar as competências e os recursos humanos". [23] Da mesma forma que o "e-commerce" está para se tornar apenas *commerce*, na próxima década, "inteligência artificial" vai se tornar apenas parte de nossa inteligência de gestão, integrada aos processos e decisões de todos.

A gestão deve ser profundamente curiosa, não apenas "prestar atenção". Descubra como surfar na onda em vez de ser derrubado por ela. Como discutiremos no próximo capítulo, precisamos nos preparar e preparar nossas equipes para tomar boas decisões.

Questões a considerar

1 O *machine learning* está afetando seu ramo?

2 Você está estudando sobre *machine learning* e pensando onde ele pode ter impacto?

3 Onde você poderia fazer um pequeno experimento para começar a construir experiência organizacional usando *machine learning*?

Notas

IDEIA 32 [p. 172]

1 Jeff Bezos, "2017 Letter to Shareholders". Amazon.com.

IDEIA 35 [p. 189]

2 "Introducing Amazon Go and the World's Most Advanced Shopping Technology". *Amazon*, vídeo do YouTube, 5 dez. 2016. Disponível em: <youtube.com/watch?v=NrmMk1Myrxc&t=11s>. Acesso em: 25 jan. 2020.

3 Nick Wingfield, "Inside Amazon Go: A Store of the Future". *New York Times*, 21 jan. 2018. Disponível em: <nytimes.com/2018/01/21/technology/inside-amazon-go-a-store-of-the-future.html>. Acesso em: 25 jan. 2020.

4 Ibid.

5 Elisabeth Leamy, "The Danger of Giving Your Child 'Smart Toys'". *Washington Post*, 29 set. 2017.

IDEIA 36 [p. 196]

6 "Secure by Design". *Wikipedia*. Disponível em: <en.wikipedia.org/wiki/Secure_by_design>. Acesso em: 25 jan. 2020.

7 House Committee on Commerce, Science and Transportation, "A 'Kill Chain' Analysis of the 2013 Target Data Breach". 26 mar. 2014.

8 Rick Dakin, "Target Kill Chain Analysis". *Coalfire* blog, 7 de maio de 2014. Disponível em: <coalfire.com/The-Coalfire-Blog/May-2014/Target-Kill-Chain-Analysis>. Acesso em: 25 jan. 2020.

IDEIA 37 [p. 201]

9 Samir Lakhani, "Things I Liked About Amazon". *Medium*, 27 ago. 2017.

IDEIA 38 [p. 206]

10 Nick Wingfield, "As Amazon Pushes Forward with Robots, Workers Find NewRoles". *The New York Times*, 10 set. 2017.

11 Ibid.

12 Ibid.

IDEIA 39 [p. 209]

13 "Winchester Mystery House". *Wikipedia*. Disponível em: <en.wikipedia.org/wiki/Winchester_Mystery_House>. Acesso em: 25 jan. 2020.

14 Jacqueline Doherty, "Amazon.bomb". *Barron's*, 31 maio 1999.

15 Christian Sarkar, "The Four Horsemen: An Interview with Scott Galloway". *Marketing Journal*, 20 out. 2017.

16 Steve Yegge, "Stevey's Google Platforms Rant". 12 out 2011. Disponível em: <plus.google.com/+RipRowan/posts/eVeouesvaVX>. Acesso em: 25 jan. 2020.

IDEIA 41 [p. 222]

17 James Cook, "Elon Musk: You Have No Idea How Close We Are to Killer Robots". *Business Insider*, 7 nov. 2014.

18 Steven Levy, "Inside Amazon's Artificial Intelligence Flywheel". *Wired*, 1º fev. 2018. Disponível em: <wired.com/story/amazon-artificial-intelligence-flywheel/>. Acesso em: 25 jan. 2020.

19 Ray Dalio, Alex Rampell e Sonal Chokshi, "Principles and Algorithms for Work and Life". *a16z Podcast*, 21 abr. 2018. Disponível em: <https://a16z.com/2018/04/21/principles-dalio/>. Acesso em: 25 jan. 2020.

20 Deloitte, *Artificial Intelligence Innovation Report 2018*. Disponível em: <deloitte.com/content/

dam/Deloitte/ie/Documents/
aboutdeloitte/ie-Artificial-
Intelligence-Report-Deloitte.pdf>.
Acesso em: 25 jan. 2020.

21 Richard Feloni, "The World's Largest
Hedge Fund Is Developing an
Automated 'Coach' That Acts Like a
Personal GPS for Decision-Making".
Business Insider, 25 set. 2017.

22 Jeff Bezos, "2016 Letter to
Shareholders". *Amazon Dayone
Blog*, 17 abr. de 2017. Disponível em:
<blog.aboutamazon.com/company-
news/2016-letter-to-shareholders>.
Acesso em: 25 jan. 2020.

23 Satya Nadella e Greg Shaw, *Hit
Refresh: The Quest to Rediscover
Microsoft's Soul and Imagine a Better
Future for Everyone*. Nova York:
Harper Business, 2017, p. 210.

TÁTICA E EXECUÇÃO

50 IDEIAS E ½ PARA SE TORNAR UM LÍDER DE MERCADO

pense como a
amazon

TÁTICA E EXECUÇÃO

50 IDEIAS E ½ PARA SE TORNAR UM LÍDER DE MERCADO

pense como a
amazon

TÁTICA E EXECUÇÃO

IDEIA 42
UMA PORTA DE MÃO ÚNICA OU DUPLA?
Tome decisões melhores e mais rápidas

Sempre que você vir um negócio de sucesso,
alguém tomou uma decisão corajosa.
Peter Drucker

Como você toma uma grande decisão na vida? No verão de 2016, nós encaramos uma como família. Tivemos a oportunidade de sair de Seattle, Washington, e nos mudar para o sul da Califórnia. Na época, meu filho AJ estava indo para seu segundo ano do ensino médio. Ele joga polo aquático e viu o potencial que melhor treinamento, competição e exposição teriam em suas perspectivas de faculdade, mas ele não queria deixar seus amigos ou escola. Foi uma grande decisão. Uma simples lista de prós e contras não bastaria.

> **IDEIA 42** Treine a si mesmo e a sua equipe para entender como tomar decisões. Na maioria dos casos, você precisa acelerar esse processo. Desenvolva uma cultura na qual a obsessão pelo cliente e pelos dados leve ao debate, mas que o direito de tomar decisões seja respeitado. Quando uma decisão for tomada, anuncie e espere que todos sigam em frente.

A moldura de minimização de arrependimentos

Em vez da tática dos velhos "prós e contras", eu contei a AJ como Jeff Bezos decidiu deixar um trabalho lucrativo no fundo de cobertura D.E. Shaw e se mudou para Seattle para começar a Amazon em 1994.[1]

TÁTICA E EXECUÇÃO   **229**

Bezos tinha 26 anos quando chegou à D.E. Shaw. Apesar de saltar de um emprego a outro antes de se juntar àquela empresa, Bezos se tornou vice-presidente em apenas 4 anos. Em seu papel, ele pesquisava oportunidades de negócios na internet, que ainda era novidade, considerada uma potencial mina de ouro no começo dos anos 1990, se alguém descobrisse um plano de negócios que não parecesse absurdamente arriscado.

De acordo com o *Business Insider*, Bezos criou uma lista de vinte produtos que podia vender on-line e decidiu que livros eram a opção mais viável. O problema? D.E. Shaw, seu patrão, discordava. Ele não achava que funcionaria. Quando Bezos insistiu em partir, Shaw o aconselhou a pensar por 48 horas antes de tomar a decisão final. Então foi o que ele fez. E encarando isso – em retrospecto, iria se revelar uma decisão que mudaria o mundo –, o jovem Bezos recorreu a um processo que chamou de "moldura de minimização de arrependimentos". Anos depois, ele explicaria numa entrevista:

Eu queria me projetar para os 80 anos de idade e dizer: "O.k., agora estou olhando para trás na minha vida. Quero minimizar o número de arrependimentos que tenho". Eu sabia que quando eu tivesse 80 anos eu não teria me arrependido por tentar isso. Eu não iria me arrepender de ter tentado participar dessa coisa chamada internet, que eu achei que seria algo grande. Eu sabia que, se fracassasse, eu não me arrependeria disso, mas sabia que poderia me arrepender de não ter tentado. Eu sabia que aquilo iria me assombrar todos os dias, então, quando pensei nisso dessa forma, foi uma decisão incrivelmente fácil. E acho que é muito bom. Se você puder se projetar para os 80 anos de idade e pensar: "O que vou pensar dessa época?", isso te afasta das peças diárias de confusão. Sabe, eu deixei essa empresa de Wall Street no meio do ano. Quando faz isso, você abre mão de seu bônus anual. É o tipo de coisa que no curto prazo pode confundi-lo, mas, se pensar no longo prazo, então você pode mesmo tomar boas decisões na vida de que não se arrependerá depois. [2]

É um clássico do Bezos. Pense no longo prazo. Esqueça a emoção de depositar seu bônus de Wall Street de 1994 na sua conta bancária. Como vai sentir-se em relação a isso daqui a 50 anos? Quando fundou a Amazon, Bezos iria extrapolar isso ainda mais, considerando as ramificações de não apenas décadas, mas até séculos e milênios no futuro. Quando se trata de pensar à frente, Bezos não brinca em serviço.

Ótimo, você diz. Essa moldura pode ser útil para alguma grande decisão na vida, como largar um grande emprego, mudar-se e lançar uma start-up de risco, mas e quanto a decisões do dia a dia nos negócios?

Olha a porta

Um dos motivos pelos quais pequenas empresas podem se mover tão mais rápido do que grandes é a velocidade com que tomam decisões. De fato, decisões não são apenas tomadas mais rápido, mas seus efeitos no negócio têm mais impacto. Enquanto a Amazon crescia aos saltos, Bezos dedicou muito tempo e energia para garantir que seus líderes tomavam boas decisões rápido.

"Para manter a energia e o dinamismo do Dia 1, você precisa, de certa forma, tomar decisões de alta qualidade e alta velocidade", Bezos disse. "É fácil para start-ups e bem desafiador para empresas grandes. A equipe sênior da Amazon está determinada a manter alta a velocidade de nossa tomada de decisões. A velocidade importa nos negócios – além disso, um ambiente de decisões rápidas é mais divertido também."[3]

Espera-se que líderes da Amazon estejam certos, e muito. Na verdade, é um princípio básico. Como? Eles precisam ter um forte julgamento, mas também precisam trabalhar ativamente para desmentir suas crenças e para evitar as armadilhas de "viés de confirmação". Humanos buscam dados e pontos que confirmem nossa opinião inicial. (É por isso que o Facebook é tão popular. Os Estados Unidos estão tão polarizados politicamente e ninguém mais parece ter um argumento civilizado em público. As pessoas esperam ter suas próprias opiniões refletidas a elas.) Porém, se buscarmos ativamente perspectivas e dados alternativos, nós tomamos decisões melhores. Isso não é uma opinião, é um fato. Jim Collins diz que até os negócios mais bem-sucedidos tomam aquele primeiro passo em direção ao declínio quando um líder é cercado por gente que baixa a cabeça. Excesso de confiança é a semente da ruína.

Ainda assim, como você pode tomar *depressa* decisões rápidas, imparciais e boas? Você escolhe aquelas que são reversíveis. Para manter uma velocidade alta de tomada de decisões, você precisa, primeiro, considerar suas implicações. O resultado da decisão pode ser testado e revertido ou é permanente e, assim, pouco testável? Na Amazon, nós usamos a analogia binária de "porta de sentido único *versus* porta de mão dupla".

"A porta de sentido único é um lugar com uma decisão se você passa por ela, e se não gostar do que vê do outro lado, não pode voltar atrás. Não se pode voltar ao estado inicial", explicou Jeff Wilke, CEO do Worldwide Consumer Business da Amazon. "Numa porta de mão dupla, você pode passar para ver o que encontra, e, se não gostar, consegue retroceder pela porta e voltar ao estado de antes. Nós pensamos que essas decisões de via dupla são reversíveis, e queremos encorajar nossos colaboradores a tomá-las. Por que precisaríamos de algo além do peso mais leve de processo de aprovação para aquelas portas de mão dupla?"[4]

Com propósito

Por baixo desses dois exemplos de moldura para tomada de decisões, está a compreensão crucial de que a forma como você toma decisões é um talento e uma estratégia corporativos. Descobrir o que pode ser feito rapidamente – ao contrário das decisões que requerem mais debate e uma discussão cuidadosa – deve ser um aspecto central de suas habilidades e de como seu negócio opera. Faça com propósito e fale sobre como você toma uma decisão e como esse enfoque pode ser usado em outras circunstâncias. Se praticar o suficiente, você vai desenvolver as ferramentas certas, a experiência e o tempo para sua organização. Ser digital oferece uma recompensa por tomar decisões mais rápidas, então avalie como incorporar tomadas de decisões mais rápidas em sua jornada digital.

Porém, algumas decisões não devem ser tomadas rapidamente. Em seguida, vamos discutir um tipo de decisão que não se deve apressar.

Questões a considerar

1 Há uma grande tática de tomada de decisões ou prevenção em sua empresa?

2 Decisões rápidas são importantes para competir? Você tem isso?

3 O pessoal está pensando sobre as conversas e as decisões que precisam ser alavancadas?

IDEIA 43
ELEVE O PADRÃO
Evite os maiores erros nas contratações

Seja rápido, mas não se apresse.
John Wooden

Se você está no negócio há tanto tempo quanto eu, sem dúvida já cometeu alguns erros. Olhando para trás, quais são as maiores gafes da minha carreira? Essa é difícil, mas acho que a verdadeira resposta é contratação. O verdadeiro custo de um erro de contratação é difícil de calcular: tempo perdido, cultura perdida, negócio perdido, oportunidade perdida, confiança perdida.

Se eu cavar em busca da causa da maioria dos meus erros de contratação, o denominador comum muitas vezes é o tempo. A empresa tem um posto que precisa ser preenchido para ontem, e o processo é acelerado. Por causa dessa noção de urgência, o gerente de contratações se compromete e aceita um candidato que pode resolver a necessidade de hoje, mas não se encaixa por outros motivos. Inevitavelmente, essa contratação acaba se tornando um passivo em vez de um ativo. Como evitamos esse erro? Criamos um processo de contratação que sistematicamente evita isso. O da Amazon é chamado de Bar Raiser [elevador de padrão].

> **IDEIA 43** Crie um processo de contratação que sistematicamente ajude a evitar a causa central da maioria dos erros de contratação. Garanta que esse processo seja definido, mensurado e sistemático no enfoque. Não contrate apenas para o trabalho de hoje. Contrate para crescimento e adaptabilidade e uma orientação para mudança.

Elevando o padrão

O processo de entrevista na Amazon é rigoroso. Eu fui entrevistado por 23 pessoas durante dois meses. Apesar de essa não ser a norma, isso demonstra quão seriamente a Amazon encara a contratação. Há papéis e objetivos específicos para cada entrevista. Notas detalhadas são feitas e compartilhadas por cada entrevistador. Interrogatórios são rápidos e imperativos. Decisões de consenso são tomadas. É um processo, o que significa que é definido, medido e sistemático em seu enfoque.

"Não há uma empresa que se atenha a seu processo como a Amazon", disse Valerie Frederickson, cuja consultoria de recursos humanos em Menlo Park, Califórnia, trabalha com empresas do Vale do Silício, incluindo Facebook e Twitter. "Eles não apenas contratam os melhores que encontram; eles estão dispostos a continuar procurando o talento certo."[5]

O chamado "elevador de padrão" é uma pessoa especialmente treinada, independente do time de contratação. "Independente" significa que ela não é parte da empresa que faz a contratação, então não é influenciada pela urgência que produz erros durante a contratação. O primeiro objetivo da pessoa responsável por "elevar o padrão" é avaliar se o candidato é flexível, isto é, se ele é capaz de se expandir em novos papéis e novas áreas do negócio. Se não puder ser útil em vários papéis, então a flexibilidade futura fica comprometida. Segundo, a elevação do padrão eleva o parâmetro dentro da classificação geral do cargo. Bezos notoriamente colocou desta forma: 5 anos após um funcionário ter sido contratado, ele disse, esse funcionário deve pensar: "Fico feliz por ter sido contratado quando fui, porque não seria contratado agora".

"Você precisa de alguém que possa se adaptar aos novos papéis da empresa, não que possa apenas preencher uma vaga", disse John Vlastelica, que agora administra a consultoria de RH Recruiting Toolbox, e tem a Amazon entre seus antigos clientes. "Pode ser um processo caro, porque leva mais tempo, mas pense em quão caro é contratar a pessoa errada."[6]

O "elevador de padrão" participa do processo de entrevista, ouvindo o retorno e o voto de todos (que só pode ser sim ou não). É mesmo uma parceria entre o gerente de contratações, o "elevador de padrão" e outros membros da equipe de contratação. É um teste de consenso, mas o "elevador de padrão" tem um veto claro. Se todos disserem sim, mas o elevador de padrão disser não, é um não.

Eleve o padrão

É uma honra ser chamado de "elevador de padrão". A nomeação é baseada no sucesso e na retenção de contratações que você já fez. Ainda assim, ao ter um veto na contratação, a pessoa fica em direta oposição ao gerente que contrata. Como uma voz de fora, seu trabalho é ser uma força independente, livre da pressão das exigências de trabalho que, às vezes, levam equipes de contratação a tomar decisões apressadas ou limitadas.

Gregory Rutty era um "elevador de padrão" da Amazon que começou sua carreira como editor numa editora de livros de Nova York. Numa entrevista em 2016 ao *Puget Sound Business Journal,* ele admitiu que seus talentos de editor não pareciam se encaixar naturalmente no trabalho da Amazon Books para o qual ele fora inicialmente entrevistado, mas que foi contratado mesmo assim.

"Eu não era o típico funcionário da Amazon", Rutty disse. "Eu nem sabia como usar o Excel, mas a Amazon – acima de tudo – procura gente talentosa, ambiciosa e motivada. Junte o que você fez anteriormente com o que pode ser aplicado num papel futuro."[7]

Os entrevistadores da Amazon avaliaram Rutty em sua aderência aos princípios de liderança da empresa, valores como mentalidade de dono, liderança, viés para ação e obsessão pelo cliente. Eles também avaliaram o potencial de Rutty para crescer dentro da empresa e agregar valor mais para a frente. Claramente decidiram por Rutty porque ele mesmo se tornou um "elevador de padrão".

"É importante compreender quais são os exemplos dessas lideranças e ser capaz de confiar em suas experiências anteriores", Rutty disse. "Quando penso nas entrevistas em geral, as coisas mais importantes são exemplos claros que demonstram quem você é como profissional e como funcionário. Acho que muita gente perde essa chance sem querer."[8]

Mesmo se você não for um elevador de padrão, seu papel no processo de contratação é vital. Na Amazon, compreendeu-se que a carreira de todo candidato bem-sucedido está intrinsecamente ligada à sua própria. E isso é, sem dúvida, a função forçada mais efetiva para excelência.

Mostre seu trabalho

Para apoiar o rigoroso processo de entrevistas, a Amazon construiu um aplicativo chamado Matt Round Tool (MRT), uma ferramenta que recebeu o nome de Matt Round, que a criou. Uma das funções da MRT é que outros membros da equipe de entrevistas podem dar a seus colegas de equipe retornos sobre o enfoque de entrevista e trazer observações para ajudar.

O processo de recrutamento personalizado da Amazon força todo entrevistador a fornecer uma análise longa e narrativa ao candidato e uma recomendação de "sim ou não". Nenhuma opção de "talvez" estava disponível. Com frequência eu sentia que precisava ser um jornalista de tribunal. Eu me considero uma pessoa sucinta, mas o processo enfatizou que sou capaz de escrever resenhas realmente profundas sobre o que a conversa abrangeu e como o candidato reagiu.

Para evitar a subjetividade inerente à maioria dos processos de entrevista, a Amazon fazia perguntas bem reais sobre resolver problemas. Afinal, a melhor forma de manter uma perspectiva objetiva é simplesmente perguntar a um candidato: "Como você resolveria esse problema?".

Por exemplo, entrevistadores podiam ter perguntado ao candidato um problema clássico de elevador, tipo: "Como você otimizaria o número de pisos ou paradas que um elevador faria, dado um conjunto de circunstâncias, explicando qual seria a lógica?". Outro perguntaria: "Como você analisaria um conjunto de códigos para contar o número de palavras e o número de letras num parágrafo ou documento?".[9]

Como entrevistador, esperava-se que suas anotações fossem detalhadas o suficiente para justificar sua resposta. O questionário pós-entrevista podia ser quase tão intenso e exaustivo para o entrevistador quanto para o entrevistado. Os dados então eram imediatamente processados e aplicados na próxima rodada de entrevistas. O processo era tão eficiente que o próximo grupo de entrevistadores frequentemente adaptava suas perguntas para pressionar os candidatos em direções sugeridas pelas respostas que forneceram uma ou duas horas antes. Como entrevistador, eu às vezes me esquecia de escutar as respostas do entrevistado porque eu estava tão ocupado direcionando minha linha de questões para me encaixar nos dados do entrevistador anterior ou anotando loucamente para registrar tudo o que era dito. Depois que as entrevistas estavam finalizadas, o gerente de contratações e o "elevador de padrão" avaliavam as anotações e os votos de cada entrevista. Se um interrogatório fosse necessário, era obrigatório que todos participassem. E, é claro, o "elevador de padrão" podia vetar a contratação sem questionamento, não importa o que o grupo ou o gerente de contratação pensasse.

Não há nada igual na vida. Há algo de bom nesse processo, mas cruzando certo limite de bom senso, pode se tornar uma ridícula e absurda paródia do processo de contratação. Há uma linha tênue. É um processo rigoroso, que seria considerado loucamente excessivo em praticamente qualquer outra empresa.

Comprometimento inabalável

Como os padrões são tão altos, contratações podem ser problemáticas. O que muitas pessoas não sabem é que a Amazon quase saiu do mercado em 2000. Não havia renda suficiente e havia custos demais. As ações despencaram de 100 dólares para 44 dólares, então para 20 dólares, chegando até abaixo de 5 dólares. A empresa fechou o atendimento ao cliente e foram feitas demissões em massa. Nos anos seguintes, foi bastante difícil contratar os melhores porque a Amazon não pagava salários competitivos e as ações estavam longe de ser atraentes. Havia muito risco e nós basicamente esperávamos que as pessoas aceitassem um corte no salário para se juntar a nós.

Ainda assim, o comprometimento incrível de contratar apenas os melhores permaneceu inabalável. Um colega meu demorou mais de dois meses para preencher uma vaga; então ela apenas foi cortada, e disseram a ele que se não era capaz de contratar, obviamente não precisava de alguém ali.

A nota de corte é "A"

A sentença de morte da Amazon era a fama que crescia de ser um lugar "bacana". Embora essa parecesse uma descrição perfeitamente aceitável para qualquer outra empresa, a percepção de Jeff era diferente. Para ele, todo mundo na Amazon tinha sorte de estar lá. As pessoas que não se sobressaíam em seus cargos deixavam de contribuir apropriadamente, montando em cima da gente. Como líderes, esperavam que trabalhásse-mos com retardatários como esses para melhorar seus desempenhos para o nível A+ ou encontrar uma forma de incentivar essas pessoas a saírem.

Como resultado, a Amazon passou por uma reviravolta sistemática e significativa durante meus anos lá. Jeff nos disse para focar nosso reforço positivo em nosso pessoal A+; ele estava confortável com um grande grau de rotatividade abaixo desse padrão.

Essa estratégia era distintamente sublinhada pela política de com-pensação. Na Amazon, a maioria das ações ia para os funcionários A+; as migalhas iam para os B e C. E como os salários eram bem baixos, re-lativamente falando, a grande maioria da compensação vinha em forma de participações. Então ser um B significava uma perda significativa nas participações e oportunidades de promoção. Era tudo parte da forma como Jeff instigava a noção de mentalidade de dono na empresa; nosso sucesso financeiro estava diretamente ligado ao sucesso da empresa.

Se você realmente acredita que seus funcionários fazem a sua empre-sa, precisa investir tempo e esforço para identificar e contratar apenas os melhores. Seu negócio tem um processo autêntico para avaliar novos talentos? Seus erros de contratação estão afetando seu desempenho no negócio? Qual é a raiz do problema dos erros de contratação? Você pode criar um método que ajude a evitar essa causa? Como elevar o padrão para recrutar talentos?

Questões a considerar

1 Entrevistar e contratar é um processo rigoroso na sua empresa?

2 Decisões de contratação são feitas apressadamente ou com perspec-tivas limitadas?

3 As pessoas, de fato, entrevistam os candidatos de uma maneira signi-ficativa ou apenas têm conversas com os interessados?

IDEIA 44
UMA NARRATIVA SOBRE NARRATIVAS
Abandone o PowerPoint
e ganhe clareza

O maior problema em comunicação
é a ilusão de que ela aconteceu.
George Bernard Shaw

A Amazon Web Services (AWS) é a maior empresa de computação em nuvem do mundo. Em 2017, gerou uma renda anual de 20,4 bilhões de dólares. Para colocar em perspectiva, a AWS foi responsável por toda a receita de operação da Amazon daquele ano. O crescimento dos negócios da AWS está na taxa de mais de 18 bilhões de dólares ao ano, crescendo 42%.[10] De acordo com Gartner, a AWS é maior do que os próximos catorze provedores de nuvem juntos.[11]

Embora seu tamanho e seu crescimento sejam impressionantes, o número de novos produtos e grandes desenvolvimentos em recursos – o ritmo de inovação – é o que realmente sobressai. Ano após ano, a AWS lançou mais de 1.100 grandes novos serviços e recursos em sua plataforma global em nuvem, de acordo com o CEO, Andy Jassy. Isso manteve a AWS como líder indiscutível em computação de nuvem em termos de serviços, recursos e funcionalidade. Ultrapassa de longe outras empresas de tecnologia.

Como a Amazon gerencia esse grau de intensidade e inovação? Como os líderes da Amazon decidem o que fazer e o que não fazer? Como eles desenvolvem ideias e as racionalizam? É muito semelhante à forma como contratam as melhores pessoas. Eles usam processos de narrativa para responder a essas perguntas, capturar e explicar as ideias. Enquanto "escrever" parece ser um processo contraintuitivo para criar inovações do século XXI, Bezos provou que, às vezes, as velhas ideias são as melhores.

> **IDEIA 44** Escrever ideias e propostas em narrativas completas resulta em melhores ideias, mais clareza e melhores conversas sobre essas ideias. Você vai tomar decisões melhores sobre o que fazer e como fazer. As narrativas serão menores e menos arriscadas. Escrever narrativas é duro, leva um longo tempo e é um talento adquirido para a empresa. São necessários altos padrões e uma apreciação por construir essa competência com o tempo.

O que é inovação?

Eu tive um conselheiro na Gates Foundation que havia sido líder de tecnologia da Microsoft, e ele sempre enfatizava que "os únicos recursos que importam são aqueles que enviamos pelo correio". Enquanto essa declaração é um pequeno anacronismo hoje em dia (obviamente ninguém está enviando software por correio para nenhum lugar), ele estava 100% correto. Inovações não são ideias nem tentativas de protótipos. Inovações consistem em novos recursos que são enviados. Em outras palavras, são recursos que afetam clientes e geram renda, melhoram a qualidade ou diminuem custos.

Líderes e empresas com frequência confundem inovação com criatividade. Ser criativo tem um papel na inovação, mas decidir quais ideias seguir é o primeiro passo em direção a criar competências que afetem os clientes e gerem nova receita. Vamos chamar esse processo de "racionalização de portfólio de inovação" ou criação de estratégia.

O segundo passo básico é executar ou entregar esse recurso da forma mais rápida, acessível, inteligente e, principalmente, previsível possível.

O traço matador: clareza

Michael Porter, professor de estratégia de Harvard, declarou que "estratégia não é questão de fazer escolhas, negociar; é questão de escolher conscientemente ser diferente".[12] Ao desenvolver clareza e simplicidade no que está fazendo e no que não está fazendo, você está melhorando as ideias, tomando decisões deliberadas e ganhando compreensão compartilhada na empresa. O erro fundamental que líderes cometem ao desenvolver estratégias digitais é não buscar clareza, especialmente em se tratando da experiência do cliente. O que irá deixar o cliente feliz? Quais modelos operacionais apoiam essa experiência? Quais dados e tecnologia apoiam o modelo operacional? Como medimos?

Conquistar clareza pode ser desconfortável. Pode perturbar. As pessoas tendem a querer evitar conflitos, são colaborativas e basicamente aceitam todas as ideias e toda a falação. Esse enfoque não exige o melhor pensamento e evita os assuntos sensíveis no sentido de "ficar na boa". Uma narrativa bem escrita, por outro lado, exige rigor nas palavras exatas, leva ao cerne dos riscos e dos assuntos sensíveis que precisam ser tratados para atingir o objetivo e requer linguagem direta e simples para garantir que todos entendam os pontos-chave. Uma narrativa bem escrita e o processo de escrever vão forçar as equipes a ir além da simples educação e chegar a novas ideias.

O princípio de liderança 3 da Amazon é "Inventar e simplificar". Ir em direção à clareza de pensamento por meio de uma narrativa escrita é um enfoque operacional crucial para ter tanto invenção quanto simplificação. "Quase toda reunião que envolve tomar decisões de negócios é conduzida por um documento", diz Llew Mason, um dos vice-presidentes da Amazon. "Uma das maiores questões sobre um documento escrito é que ele leva a muita clareza no processo."[13] Ah, clareza no pensamento. Clareza no que você decide fazer. Clareza em como a ideia vai afetar os usuários e o negócio. Um parceiro de negócios de muito tempo, que trabalhou comigo antes e depois da Amazon, disse-me muitas vezes que o que ele me vê fazendo com meus clientes, que ele acha tremendamente útil, é que eu estou sempre pensando em simplificar e clarear a comunicação. Aprendi isso na Amazon.

O que é uma narrativa?

Na Amazon, líderes escrevem narrativas para todos os planos, propostas, serviços e investimentos. PowerPoint não é usado (aplausos, por favor). Muito foi escrito sobre como o PowerPoint imbeciliza uma empresa. Em sua carta de 2017 para os acionistas, Bezos escreveu: "Não usamos PowerPoint (ou qualquer outra apresentação baseada em slide) na Amazon.

Escrevemos memorandos estruturados em narrativas de seis páginas". Bezos continua: "Silenciosamente lemos no começo de cada reunião, num tipo de 'sala de estudos'. Não é de surpreender que a qualidade desses memorandos varia loucamente. Alguns têm a clareza de anjos cantando. São brilhantes e reflexivos e preparam a reunião para uma discussão de alta qualidade. Às vezes, eles vão para o outro lado do espectro".[14]

Narrativas na Amazon são documentos de duas a seis páginas escritas com frases completas. Uma narrativa deve ser expressamente ajustada ao tópico, o timing tem de estar na iniciativa e no público. Deve fluir de uma forma que faça sentido para o assunto e para o público. É proibido colocar tópicos excessivos ou slides na narrativa. Dados, gráficos e diagramas podem ser incluídos, mas devem ser explicados no texto. Material de apêndice também é permitido. Acredito que a disciplina de escrever ideias é o cerne do processo de inovação da Amazon e pode ser replicada com o mesmo efeito. Como explicado por Greg Satell:

> *No cerne de como a Amazon inova está seu memorando de seis páginas, que abre tudo o que a empresa faz. Executivos precisam escrever um* press release *completo com reações hipotéticas dos clientes para o lançamento do produto. Isso é seguido de uma série de FAQs, antecipando perguntas dos clientes, assim como dos acionistas. Executivos da empresa enfatizaram para mim como o processo os força a pensar bem nas coisas. Não se pode embelezar problemas ou se esconder atrás da complexidade. Você de fato precisa resolver as coisas. Tudo isso acontece antes da primeira reunião. É um nível de rigor que poucas outras empresas experimentam, quanto mais são capazes de atingir.[15]*

O processo de uma narrativa

Por que programas e projetos demoram demais, estouram o orçamento, ficam inchados e deixam de entregar de acordo com as expectativas? A técnica de execução e gestão de projetos pode ser o motivo, mas a maior causa é deixar de definir exatamente o estado final desde o começo. Equipes querem lançar depressa e começam a desenhar, construir e testar.

Dedicar tempo para escrever uma narrativa vai melhorar drasticamente a definição do que precisa ser feito, além de torná-lo tão enxuto e conciso quanto possível para que possa ser feito mais rápido, mais barato e com mais agilidade. Mas narrativas escritas levam tempo. É difícil prever quanto tempo vai levar e quanto esforço será necessário. É completamente razoável determinar um prazo. "Você tem uma semana para escrever uma narrativa" pode ser apropriado.

Narrativas podem ser escritas por uma pessoa, mas geralmente é um trabalho em grupo, porque várias pessoas e equipes contribuem para a ideia. Forçar pessoas a serem donas conjuntas da narrativa tem grandes benefícios tanto em colocar as melhores ideias no papel, quanto em construir uma compreensão compartilhada e relacionamentos por meio da autoria. Parte da prática da Amazon em narrativas é não incluir o nome do autor ou os nomes das narrativas. Isso passa a mensagem de que a narrativa é uma atividade comunitária.

Quando a narrativa estiver pronta, repense as reuniões de análise e o processo de tomada de decisões. Quem precisa compreender profundamente e concordar com a narrativa antes de a decisão ser tomada? Quem são os tomadores de decisão? Na Amazon, reuniões de revisão tendem a durar sessenta minutos. Começam com dez ou quinze minutos de silêncio para uma leitura profunda ou *"grok"* da proposta e da visão. Isso é seguido de uma discussão, debatendo os méritos, as opções, os próximos passos apropriados e as decisões.

O processo de preparação, análise e decisão deve ser considerado cuidadosamente. Deve ser rigoroso. Deve levar tempo e esforço. Fica pronto no seu tempo. O que autores de narrativa fazem de errado? Eles não dedicam tempo suficiente à escrita. Como Bezos escreveu:

> *Eles erroneamente acreditam que um memorando de alto padrão, com seis páginas, pode ser escrito em um ou dois dias ou mesmo algumas horas, quando na verdade leva uma semana ou mais!... Grandes memorandos são escritos e reescritos, compartilhados com colegas pedindo para melhorar o trabalho, deixados de lado por alguns dias, então editados de novo com a cabeça fresca. O ponto-chave aqui é que você pode melhorar os resultados por meio de*

um simples ato de aprendizado. Que um grande memorando deve levar uma semana ou mais. [16]

A estrutura de uma narrativa

Uma narrativa deve ser constituída de pensamentos completos, parágrafos completos, frases completas. Além disso, não há regras na estrutura, e a estrutura que os autores escolhem depende do assunto, do timing no ciclo de discussão e do público.

As primeiras partes da narrativa são tipicamente focadas no cliente. "Quem são os clientes? Que benefícios estamos oferecendo a eles? Quais problemas estamos resolvendo para eles? Por que essa ideia os fará felizes?" As partes depois dessas devem incluir qual seria a experiência do cliente, as limitações ou os requerimentos, as métricas para medir o sucesso, um *case* e os riscos básicos.

Uma narrativa de exemplo

Se está buscando um exemplo, não precisa procurar além deste capítulo. Você estava lendo uma narrativa. Agora você, o público-alvo, com sorte vai entender a importância de escrever ideias de forma clara e completa. Para seus projetos, investimentos, estratégias e tópicos executivos, abandone as apresentações de PowerPoint e force as equipes a colocar suas ideias e planos na escrita. Reuniões começam com dez a quinze minutos de silêncio lendo a narrativa. Telefones e computadores ficam do lado de fora. Então debata os méritos da narrativa. Não tenha medo de pedir que a narrativa seja melhorada ou de escrever uma narrativa depois dessa.

Não se engane, criar narrativas exige talento, experiência, comprometimento e paciência. Não se pode apressar grandes narrativas porque não se pode apressar grandes pensamentos e comunicações.

Requer prática. Escrever é menos um exercício artístico e mais um talento praticado. É menos uma combustão espontânea e mais uma construção metódica, como construir e reconstruir a casa de pássaro perfeita. Você tem disciplina e comprometimento para escrever com clareza suas

TÁTICA E EXECUÇÃO

ideias e propostas mais importantes? Outros executivos e grandes empresas estão reconhecendo que escrever como uma função forçada para criar clareza é uma chave para inovação. JPMorgan Chase, com quem tive a chance de conversar sobre muitas dessas ideias, está usando narrativas como uma das formas de tentar ser literário, mais como a Amazon. "O sr. Bezos notoriamente baniu apresentações de slide para manter a Amazon em modo start-up conforme crescia, em vez de pedir que os funcionários criassem documentos de seis páginas completos com *press release* e FAQs. Por mais de dezoito meses, JPMorgan começou uma prática similar em seus negócios de consumo sob gestão de Gordon Smith, copresidente do banco e cochefe de operações."[17] Você é capaz e está disposto a se comprometer com hábitos firmes como escrever narrativas para mudar cultura, velocidade, ritmo e inovação?

Agora que falamos sobre narrativas, vamos às próximas três ideias fundamentais na alma do processo de inovação da Amazon – continuando a colocar no papel com clareza e simplicidade e tendo um debate rigoroso como características fundamentais.

Questões a considerar

1 Ideias e planos sofrem devido a pensamentos incompletos?

2 Os projetos ficam inchados devido a tamanho e complexidade desnecessários?

3 Executivos entendem e influenciam o bastante os detalhes de uma proposta para tomar uma decisão bem embasada?

IDEIA 45
PRESS RELEASE FUTURO
Defina o futuro e coloque equipes a bordo

O futuro não é o que costumava ser.
Yogi Berra

Quando se trata de inovação, raramente há uma linha reta de A para B. Por quê? Geralmente criamos apenas um vago esboço do objetivo conforme seguimos, um processo que custa tempo, dinheiro e, às vezes, o próprio sucesso do negócio. Ou nós todos temos várias definições do objetivo.

Mas e se você enxergasse o futuro e visualizasse exatamente seu produto final antes de lançar um projeto? Parece bom? Bem, não há nada no seu caminho. Na Amazon isso é feito todos os dias. É um exercício em nome da clareza que é chamado de "*press release* futuro". Ele não apenas pode definir o futuro como também evita que sua estrutura organizacional se transforme num ninho de ratos burocrático (veja ideia 13) e empodera um líder para conduzir a iniciativa por múltiplas equipes.

> **IDEIA 45** Comece projetos importantes ou mudanças com um anúncio. Seja claro sobre qual é o "traço matador" dessa competência futura. Entregue-a a um líder para que a perspectiva seja propagada na empresa. Todos trabalham juntos para transformar a perspectiva em realidade.

Imagine o futuro

A maioria das inovações e iniciativas de mudanças requer trabalho e uma verdadeira mentalidade de dono de várias equipes e líderes. Enquanto narrativas longas (veja ideia 44) são ótimas para desenvolver uma compreensão profunda, às vezes uma tática breve, de mais impacto, é necessária para provocar e motivar uma gama maior de pessoas.

Jeff Bezos é famoso por exigir que equipes criem *press releases* futuros antes de lançar um novo produto, passar por qualquer tipo de transformação ou entrar num novo mercado. O processo de criar um anúncio de produto simples, mas específico clareia a visão original. Age como uma função forçada para examinar profundamente os traços cruciais, a adoção e o caminho provável de seu projeto para o sucesso. Comprometer-se com um *press release*, por mais especulativo que seja, também ajuda a liderança a expressar com clareza para acionistas importantes o mapa para o sucesso.

As regras para o *press release* futuro

O *press release* futuro é uma ótima tática para definir metas claras e elevadas, exigências, objetivos e para construir uma compreensão maior do começo de um programa ou mudança de projeto. Porém, há regras para tornar essa tática efetiva:

Regra 1: O objetivo deve ser declarado num tempo futuro no qual o sucesso foi conquistado e realizado. *Press releases* no lançamento são bons, mas um melhor situa-se um pouco depois do lançamento, onde o verdadeiro sucesso pode ser discutido.

Regra 2: Comece pelo cliente. Use o *press release* para explicar por que o produto é importante para clientes (ou outros acionistas). Como a experiência do cliente melhorou? Por que os clientes se importam? O que *alegra* os clientes nesse novo serviço? Então, discuta outros motivos pelos quais ele é importante e seus objetivos são cruciais.

Regra 3: Estabeleça um objetivo audacioso e definido. Articule sobre resultados claros e mensuráveis, incluindo resultados financeiros, operacionais e de mercado.

Regra 4: Delineie os princípios usados que o levaram ao sucesso. Isso é o aspecto mais traiçoeiro e mais importante do *press release* futuro. Identifique as conquistas difíceis, as decisões importantes e os princípios de design que resultaram em sucesso. Discuta as questões que precisam ser debatidas para se chegar ao sucesso. Deixar as questões "traiçoeiras" expostas logo no começo ajuda todos a entenderem a verdadeira natureza das mudanças necessárias. Não se preocupe em como resolver essas questões. Você ainda tem tempo de descobrir isso.

A função forçada

Quando você tiver criado o *press release* futuro, o líder de projeto precisa ser fortalecido para fazer essas mudanças acontecerem. Foque em criar um plano de comunicação orientado num *press release* futuro que ajude o líder de projeto a encontrar o sucesso na empresa.

Lembre-se de que o *press release* futuro é um tipo de função forçada. Quando ele for analisado e aprovado, as equipes devem ter muita dificuldade para manter os comprometimentos que fizeram. Um líder pode tratar de partes do *press release* e usá-las para lembrar e manter a equipe responsável. Pinte um retrato claro para galvanizar a compreensão e o comprometimento. É um contrato.

A figura 45.1 é um exemplo de *press release* futuro, datado de 1º de dezembro de 2022. Note como o parágrafo de abertura claramente delineia o objetivo, neste caso: "*Consumer Reports* deu a Acme Co. o prêmio de Marca de Ferramenta Doméstica Mais Admirada". Quando o objetivo cobiçado e o limite de tempo forem estabelecidos, o *press release* futuro vai esclarecer por que o prêmio foi apresentado e ilustrar como a Acme Co. iniciou a partir de um conjunto diferente de perguntas, disposta a construir e colaborar com um ecossistema de parceiros, incluindo concorrentes tradicionais. Conclui com uma série de marcos específicos que podem ser usados pela empresa, como um roteiro dali em diante.

Com a narrativa (ideia 44), nós exploramos uma compreensão maior de um projeto interno. Com o *press release* futuro, nós criamos uma definição de sucesso para levar engajamento, clareza e entusiasmo para o projeto. Em 2002, escrevi *press release* futuro para o Amazon Marketplace. Houve uma frase que foi crítica: "Um vendedor, no meio da noite, pode se registrar, listar um item, receber um pedido e alegrar um cliente como se a varejista Amazon tivesse feito isso". Frase bem simples, mas impôs requerimentos tremendos tanto à Amazon quanto a nossos vendedores. Por exemplo, só para fazer o autorregistro, mais de vinte sistemas diferentes tiveram de ser integrados. Eu usei esse *press release* como uma função forçada para pressionar todas essas equipes, nenhuma das quais se reportava diretamente para mim, para realizar esse trabalho duro.

TÁTICA E EXECUÇÃO

Nós evitamos a burocracia e lançamos depressa porque fomos capazes de agir com rapidez e evitar que a estrutura organizacional da nossa empresa focasse na iniciativa. O *press release* futuro, dado para um líder da empresa, é um dos métodos que a Amazon usa para conseguir seus resultados.

Mas e quanto a nossos usuários? Como desenvolvemos empatia e visões para nossos clientes? A Amazon, é claro, também pensou nisso. Eu te dou as FAQs.

1º de dezembro de 2022

Exclusivo: *Consumer Reporter* dá a Acme Co. seu prêmio de Marca de Itens Domésticos Mais Admirada

Palo Alto, 1º de dezembro de 2022: A *Consumer Reports* nomeou a Acme Co. como A Marca de Itens Domésticos Mais Admirada. A *Consumer Reports* ressaltou a confiabilidade líder do ramo, a segurança e a experiência conectada com o cliente como marcos para o reconhecimento.

"Os itens da Acme vão além do esperado na tradicional experiência do cliente. A habilidade de personalizar cada aspecto do desempenho, ter a manutenção preventiva administrada por clientes e otimizar os custos de energia e operação para o cliente distinguem os itens domésticos da Acme", notou Hal Greenberg, CEO da *Consumer Reports*.

Ao discutir o aceite do prêmio pela Acme, o CEO da empresa notou que "em 2018 nós começamos uma jornada para reinventar a compra, a propriedade e a operação na experiência dos itens. Nós adotamos um conjunto diferente de perguntas para levar nossa estratégia e disposição para inovar. Essas perguntas abriram oportunidade para a Acme e outros".

Ao fazer um conjunto diferente de perguntas e estar disposto a construir um ecossistema colaborativo com parceiros que incluíam tradicionais concorrentes, todos acabaram ganhando. Exemplos cruciais do melhor da Acme vêm a seguir:

- Programas de manutenção preventiva como um serviço de garantia que economizou 10% da energia usada.
- Monitoramento de ambientes e usos perigosos que economizou o seguro dos clientes, e mais importante: evitou uma estimativa de dez incêndios domésticos só este ano.
- Controle de voz completo e atualizações tanto diretamente no item ou por meio do aplicativo de voz favorito do cliente, como Amazon Echo ou Google Home.
- Programas de compartilhamento de itens, permitindo o uso em negócios como Airbnb.
- Otimização inteligente do uso de energia, permitindo que proprietários economizassem uma estimativa de 20% anualmente por meio de gestão dinâmica de carga.

A maior inovação são os dados profundos que a Acme combina com outros ambientes de dados domésticos e dos itens para otimizar a experiência do cliente.

"Tivemos de romper muitas tradições tanto aqui na Acme quanto na indústria para criar esse tipo de inovação."

Criar uma plataforma de padrões de dados de itens domésticos foi um avanço. A Acme é agora a líder de mercado nos Estados Unidos, tanto na satisfação do cliente quanto na fatia de mercado.

As ações da Acme fecharam o dia num recorde de 198 dólares, um aumento de 25% em relação a um ano atrás.

FIGURA 45.1: Exemplo de um *press release* futuro

Questões a considerar

1 Suas iniciativas começam com uma definição ou visão que pode ser compartilhada pela empresa?

2 Sua estrutura organizacional atrapalha a conquista de uma entrega multifuncional e o sucesso nas iniciativas de mudança?

3 Os líderes que são responsáveis por entregar iniciativas de mudanças têm liberdade para trabalhar celeremente pela empresa?

IDEIA 46
FAQs

Respostas às perguntas dos outros
para seu benefício

Julgue um homem por suas perguntas
mais que por suas respostas.
Voltaire

No começo da minha carreira numa empresa de consultoria, eu trabalhei num projeto para a Boeing numa fábrica de mísseis no Tennessee. Estávamos implementando um programa de controle de chão de fábrica na área de produção. Meu colega treinava parte da equipe sobre a nova tecnologia com que trabalhamos tão duro por meses. Estávamos confiantes de que o sistema era perfeito. A equipe do cliente tinha apelidado carinhosamente meu colega de "Aveia" por seu comportamento sadio. Como eu, ele era um engenheiro industrial com mentalidade nova, e esse projeto era um dos nossos primeiros. Conforme o operador trabalhava para colocar informação na ordem de trabalho no sistema, ele gritava pela sala: "Aveia! Qual é a tecla 'qualquer'?". As instruções do sistema diziam ao operador: "Aperte qualquer tecla para continuar".

Eu havia escrito aquela interface de instrução e do usuário. Esse não era um problema do operador. Era problema meu. Eu não fui curioso ou solidário o suficiente quanto à perspectiva do usuário para reconhecer quão potencialmente confusas eram as instruções. Eu havia escrito o documento apenas para o meu contexto e pela minha orientação, não pelo ponto de vista do público-alvo. Se tivesse escrito um conjunto de perguntas frequentemente formuladas (FAQs), eu poderia ter previsto essa confusão do usuário.

TÁTICA E EXECUÇÃO

IDEIA 46 Desenvolva visão e empatia por seu usuário e por outras partes envolvidas escrevendo FAQs. Torne-as disponíveis para todos na empresa ou os envolvidos na iniciativa tanto para ler, quanto para contribuir. Faça isso antes de começar a desenvolver e mantenha atualizado. Seja extenso. A única pergunta idiota é aquela que não foi formulada.

Escrevendo FAQs como forma de antecipar questões cruciais sobre seu produto

Quando você tiver escrito a narrativa e o *press release*, poderá prever algumas das questões que está prestes a receber sobre seu produto ou negócio numa lista de perguntas formuladas com frequência (FAQs). O propósito das FAQs é acrescentar mais detalhes ao *press release* e responder a outras questões de negócios e execução necessárias para um lançamento. Isso pode ser ou um documento separado ou um apêndice no seu *press release* futuro.

Escrever ativamente um documento de FAQ faz com que você se force a pensar sobre seu produto guiando-se por perguntas-chave e ajude a pré--responder questões importantes que seus acionistas podem ter.

Um bom conjunto de FAQs permite que o documento de *press release* permaneça curto e focado no que o cliente recebe. Ele deve incluir resoluções, questões e respostas para perguntas que surgem quando você está escrevendo o *press release*. Também deve abordar questões que surgem pelo processo de socializar o *press release*. Um bom documento de FAQs inclui questões que definem no que o produto é bom, como será alavancado pelo cliente e por que vai alegrar o cliente.

Construir o documento de FAQ o força a colocar-se no papel dos clientes que usam o produto e a considerar todos os desafios ou confusões que eles podem ter. Também fornece inspiração para criar uma abordagem totalmente autogerenciável, livre de confusões.

Um exemplo de FAQs

Uma das empresas com que tive a sorte de trabalhar como consultor foi uma start-up chamada Modjoul (modjoul.com). Modjoul faz um cinto com sensores usado por trabalhadores para evitar acidentes de trabalho e condutas de riscos. Tem oito sensores e coleta mais de 56 medidas. Eu encorajei a equipe da Modjoul a escrever o seguinte conjunto de FAQs, que eles acharam úteis para dimensionar e treinar sua equipe crescente. Eles mantiveram as FAQs na intranet e continuaram a acrescentar e atualizar. Nós começamos com uma questão (Q), uma resposta (R) e uma discussão (D). As seguintes questões e respostas são o conjunto de FAQs da Modjoul, dividido em seções para o trabalhador, o supervisor direto e o gerente de risco, e depois a TI, o jurídico e o departamento financeiro. Prepare-se.

Este é um conjunto longo de perguntas e respostas, como tem de ser. O exercício captura todos os tipos diferentes de perguntas que podem surgir, para que a equipe possa evitá-las ou estar preparada para respondê-las. A extensão desse exemplo demonstra o tamanho completo apropriado para FAQs. Escrevemos esse documento com o propósito de ser capaz de treinar novas equipes de vendas na Modjoul. Melhoramos acrescentando uma discussão (denotada por D) para muitas das perguntas e respostas.

Para o trabalhador

Q1: *Como colocar o cinto? (Tudo sobre qual é o lado que fica para cima, se o cinto passa pelos passantes ou sobre eles)*

R1: O Modjoul SmartBelt é usado como um cinto comum, por meio dos passantes de cintos de sua calça. O lado com o botão de ligar/desligar, ponto de carregamento e botão de alerta/SOS é o lado de baixo, e não deve ser visível para o usuário, quando vestido corretamente.

D1: As perguntas sobre o devido uso do cinto nos levaram a criar guias rápidos sobre o assunto. A Modjoul tinha guias rápidos do usuário sobre como instalar painéis e conectar ao Wi-Fi, mas às vezes, quando cria um produto, você se acostuma tanto com os detalhezinhos que se esquece de que tem de começar com o básico – a tarefa básica de colocar corretamente o cinto.

Q2: *Como uso o cinto?*

R2: O cinto é usado como qualquer outro cinto. É criado para se encaixar nos passantes e manter suas calças firmes. A maior diferença é o botão de ligar/desligar. Quando usar o cinto, certifique-se de que está ligado, para que possa coletar dados.

D2: Esta é uma resposta simples. Muitas lições foram aprendidas com essa pergunta numa tentativa de tornar a experiência do usuário a mais simples possível.

Q3: *Como eu recarrego o cinto?*

R3: Recarregar o cinto é simples. Plugue o cabo micro USB num adaptador de parede, então ligue o adaptador na tomada. O botão de LED ao lado do ponto de recarregamento vai ficar azul enquanto o cinto estiver carregando.

D3: Algo a se observar nisso foi a decisão de seguir com os padrões de conexão do setor. Todos sabem o que é um micro USB. Foi uma escolha de design simples para se ater ao conceito de uso, que dá preferência ao que as pessoas já conhecem e com que estão familiarizadas.

Q4: *O que as diferentes cores do LED indicam?*

R4: **LED de cima:** *Vermelho* – O cinto está recarregado, mas não conectado ao Wi-Fi; *Verde* – O cinto está carregado e conectado ao Wi-Fi; *Azul* – O cinto está ligado e conectado ao Wi-Fi e conectado ao GPS. **LED de baixo:** (aplica-se apenas enquanto o cinto está no carregador) *Azul* – O cinto está recarregando; *Nada* – O cinto foi recarregado.

D4: Indicadores podem ajudar o usuário quanto ao estado do equipamento e com solução de problemas, além de levar a muitas perguntas. Creio que os indicadores precisam ser simples e servir como uma verificação rápida sobre o estado do equipamento.

Q5: *E se eu usar o cinto em casa?*

R5: Não precisa se preocupar com isso. Desligue o cinto, plugue usando qualquer carregador micro USB e lembre-se de levar para o trabalho no dia seguinte.

D5: Sinceramente, ficamos felizes em ouvir essa pergunta. Isso nos assegurou de que o cinto era algo de que as pessoas podiam se esquecer que estavam usando. Um dos objetivos de qualquer mecanismo de segurança, qualquer mecanismo que se possa vestir, é não ser incômodo. Para que haja adoção, bom caimento e funcionalidade, deve, novamente, estar alinhado àquilo com que as pessoas estão acostumadas. Essa questão foi um indicador de que o cinto se parecia com qualquer outro cinto e os funcionários podiam mesmo esquecer que estavam usando um adereço do trabalho.

Q6: *Que tipo de atividades o cinto monitora?*

R6: Localização humana, movimento e ambiente. Há oito sensores e um GPS no cinto. Esses indicadores do sensor são processados e colocados numa das sete atividades, então divididos num de quase cinquenta indicadores associados.

D6: Na minha opinião, o que se tira de importante desta pergunta é quantas vezes ela é feita de forma direta ou indireta. As pessoas querem saber o que o cinto faz e que tipo de informação coleta. Essa informação é uma enorme motivadora de nossos modelos de dados e de novos recursos que são tirados.

Q7: *Qual é o objetivo final?*

R7: O objetivo final é tornar o local de trabalho mais seguro. As pessoas deveriam sair do trabalho no mesmo estado em que chegaram. Seja usando dados agregados de um grupo para perceber um processo que precisa ser melhorado; seja para validar a compra de um equipamento novo, mais seguro; ou para identificar qual indivíduo é mais propenso a se machucar, o cinto é uma ferramenta para acessar dados que nunca foram facilmente obtidos antes.

D7: Transparência e confiança também são importantes ao responder a essa questão. É uma pergunta comum que recebemos dos funcionários. Pode ser feita de formas diferentes, mas ficam curiosos sobre o sentido de usar o cinto. Às vezes eles entendem as respostas mais imediatas (melhorar contagens de inclinação semana após semana, por exemplo), mas às vezes eles perguntam com um objetivo final maior em mente. Por exemplo, se a empresa compraria elevador a vácuo ou algum mecanismo de ajuda de elevação para ajudar com cargas que precisam ser entregues ou recebidas.

Q8: *Por quanto tempo preciso usar o cinto?*

R8: A resposta varia em razão do uso, mas, em geral, quanto mais tempo melhor. Usar o cinto o máximo de tempo possível vai fornecer dados sólidos para determinado objetivo ou um número a ser melhorado. As linhas de tendência de um funcionário podem registrar o progresso por todos os indicadores.

D8: Temos dois tipos de clientes: (1) a empresa que quer que se use o cinto por alguns meses como uma ferramenta de treinamento ou para a melhoria dos processos e/ou validação e (2) a empresa que está num processo de longo prazo e quer monitorar continuamente a segurança de seus funcionários.

Q9: *Por que o cinto zumbe (ou vibra)?*

R9: A vibração do cinto é um parâmetro de configuração para fornecer ao usuário um retorno instantâneo de um movimento que pode ser considerado arriscado pela empresa.

D9: Tivemos muitos retornos bons sobre isso. Começamos vibrando o cinto apenas uma vez a cada cinco minutos para uma inclinação de mais de sessenta graus porque não queríamos ser "invasivos" demais. Porém, foi levantada a questão algumas vezes de que, se estávamos usando para fornecer retorno em tempo real para os funcionários, sobre um evento que devia ser tratado com atenção, o cinto deveria zumbir todas as vezes. O funcionário vai acabar tomando consciência disso e vai tentar eliminar esses movimentos do seu dia de trabalho.

Q10: *Podemos pendurar ferramentas no cinto?*

R10: Sim, todo o lado direito do cinto é uma alça de náilon. As ferramentas podem ser presas lá.

Q11: *Como sei que o cinto é o meu?*

R11: Tem um espaço para o nome atrás do cinto. O funcionário também pode ser criativo com ele, se o código de vestimenta permitir. Vimos alguns funcionários colocarem uma fita colorida na fivela como um identificador rápido.

D11: Este é um ponto que estamos sempre procurando melhorar. Pensamos em faixas coloridas industriais costuradas no náilon para ajudar a identificar qual é o seu.

Q12: *Eu preciso usar o mesmo cinto todo dia?*

R12: Sim. Um cinto por pessoa.

D12: Cintos podem ser transferidos para novos usuários, mas não se deve encorajar isso diariamente. As perguntas sobre isso acabaram levando a uma melhor flexibilidade para administrar os usuários e horários de turnos. No fim das contas, a Modjoul acredita que se algo é tedioso ou leva tempo para mudar, o usuário vai se cansar de usar. A experiência do usuário (o cinto e sua montagem/configuração) precisa ser fácil e indolor.

Para o supervisor diário

Q16: *Como posso ver os dados?*

R16: Como supervisor, você tem acesso ao painel de supervisão, onde pode ver todos os seus funcionários e os indicadores deles num nível de visão agregada.

D16: Há três visões diferentes pelas quais se pode ver os dados dentro da empresa. A primeira é a visão do funcionário (uma visão individual dos dados). A segunda é a visão do supervisor (uma visão de nível agregado dos dados para determinada equipe). A terceira é a visão do gerente de risco (uma visão agregada de diferentes supervisores, locações e papéis). Levando essa pergunta um passo além, creio que haja um elemento de simplicidade que está também dentro dessa questão. Todos estão fazendo um trabalho de tempo integral. A habilidade de ver os dados é importante.

Q17: *Que tipos de dados são coletados?*

R17: Veja a pergunta Q6.

Q18: *Posso ver os dados da minha equipe de forma holística?*

R18: Sim. Veja a R16.

D18: A Modjoul acredita que um dos maiores benefícios do cinto vem quando o grupo de colaboradores é observado ao mesmo tempo. Quando olhamos grupos de colaboradores, nós rapidamente podemos ver as pessoas atípicas numa determinada função. Se o atípico está alto comparado ao grupo (conta-se inclinação de mais de sessenta graus, como exemplo), ele é considerado um indicador *pré-perda*. O conceito de um indicador pré-perda é que o funcionário ainda não se machucou, mas se esses métodos forem mantidos, essa pessoa tem mais propensão a se ferir do que o restante do grupo.

Q19: *Posso exportar os dados para fora do painel?*

R19: Sim. Os dados podem ser exportados para um arquivo .csv do painel ou é acessível via um API.

D19: Para o pessoal técnico e de programação, um API faz sentido, mas supervisores em geral não vão nem saber o que é um API. A Modjoul dedica muito tempo e trabalho ao design da interface do painel do usuário (UI) para certificar-se de que satisfaz o máximo de usuários que puder. Infelizmente, nós sabemos que algumas pessoas vão surgir com novos pedidos isolados, então nosso objetivo é tornar os dados disponíveis até para o supervisor com pouquíssima expertise técnica. Há um botão de exportação no painel para que todos os indicadores possam ser exportados numa planilha.

Q20: *Posso imprimir os painéis que são criados on-line?*

R20: Sim, todos os gráficos do painel podem ser impressos.

D20: Essa foi uma grande ideia que de fato foi trazida a nós por um supervisor de um de nossos clientes. O cliente já tinha um painel de segurança no escritório onde a empresa colocava todas as informações relevantes de segurança. A habilidade de imprimir os relatórios para a equipe não apenas ajudou com a familiaridade do SmartBelt para os usuários, como também levou a uma exposição maior do mecanismo para a empresa como um todo.

Q21: *Alguma ideia sobre como lidar com a resistência de funcionários?*

R21: No final, a resposta varia de empresa para empresa.

D21: Minha opinião pessoal é de que a exclusividade do cinto dentro de uma equipe pode realmente ajudar a construir uma cultura ao redor do produto. Se todos estiveram usando o cinto, todos estão no mesmo nível. Nós aprendemos isso num dos projetos pilotos em curso com uma grande empresa aérea. O projeto começou com dois cintos, passou para dez e agora tem perto de setenta com duas equipes. Quando todos na equipe estão usando o cinto, todos ficam de olho uns nos outros e mantêm uns aos outros responsáveis, mas se poucos estão usando, eles sempre perguntam: "Por que essa gente não está usando o cinto enquanto eu preciso usar?". Outra forma de lidar com a resistência dos funcionários é incorporar o cinto num programa amplo de segurança e transformar os dados num jogo, com uma competição. A Modjoul aprendeu muito com isso, e trabalhamos com esses aprendizados em nossa "chave para um piloto de sucesso".

Q22: *O cinto é o único produto disponível?*

R22: Sim, por enquanto.

Para o gerente de risco (VP de segurança)

Q28: *Como esses dados podem ser transformados em ideias práticas?*

R28: Alguns itens fazem parte dessa resposta. O primeiro são painéis personalizados e alertas baseados nas atividades para que seu negócio está realmente interessado em olhar. O segundo é o engajamento ativo entre supervisor e funcionário para realmente entender os dados e o que aquela pessoa está fazendo. O terceiro é que o cinto vai dar ao usuário retorno tátil em tempo real num indicador configurável.

D28: Esta é uma pergunta relativamente incomum para receber diretamente agora, mas acreditamos que seja importante. Acho que vamos encontrar mais conforme mudarmos do cinto piloto 10-25, ou prova de conceito, para pedidos maiores. O cinto precisa levar a mudanças e ser usado como uma ferramenta, trazendo melhorias na segurança. Com todos os indicadores diferentes para olhar, uma empresa precisa começar pequeno, e, honestamente, precisa começar em algum ponto, quando olha para os dados. Dados em demasia podem ser opressores. Usar ativamente supervisores engajados, profissionais da segurança, ergonomistas e o retorno tátil no cinto em si permite que os usuários sejam alertados de um movimento arriscado e permite que os supervisores se envolvam com o negócio para entender melhor o risco e fazer mudanças. Essa pergunta é algo que sempre tentamos manter em mente enquanto criamos painéis e construímos o UI. É fácil avistar problemas, mas podemos levar os dados um passo além e tentar apontar minimamente os problemas, ou podemos usar como um ponto de partida para eventualmente chegar a ações corretivas.

Q29: *A informação pode ser usada para casos de pré e pós-perda?*
R29: Sim, pode ser usada para ambos. Um caso de uso *pré-perda* seria similar ao exemplo usado no D18. Um caso de uso *pós-perda* seria uma situação de retorno ao trabalho quando o funcionário usa o cinto para validar ou provar que ele está seguindo as indicações do médico.

Para a área de TI
Q32: *Como o mecanismo funciona?*
R32: Vindo de uma pessoa de TI, essa pergunta é mais sobre como o mecanismo envia os dados. A resposta curta e simples é que se comunica via Wi-Fi. A resposta mais longa envolve armazenar dados no cartão do mecanismo (SD) quando o mecanismo está fora do alcance do Wi-Fi e transmitir o grosso dos dados depois que os turnos são terminados.

D32: Nos cintos 10-20 isso ainda não foi uma grande questão. Porém, as discussões com o pessoal de TI já foram bem valiosas em ajudar a criar a próxima geração de produtos e para garantir que nosso produto possa funcionar com uma grande variedade de padrões e redes de Wi-Fi. A lição para a Modjoul sobre isso foi que fomos levados pelos recursos de Wi-Fi que temos agora, mas nosso retorno dos clientes sobre esse assunto nos levou a focar realmente em conectividade no futuro.

Q33: *Como os dados são enviados para a nuvem?*
R33: Por meio da porta MQTT (8883), criptografada e padrão do setor.
D33: A parte da resposta que os caras de TI querem mesmo ouvir é que os dados são criptografados enquanto estão em trânsito e quando estão parados. Ajuda usar protocolos-padrão do setor porque cria confiança quando é um protocolo reconhecido.

Q34: *Os dados são criptografados em trânsito e quando parados?*
R34: Sim.
D34: Não há muito a discutir sobre a criptografia. Nossos clientes só querem se certificar de que tudo está sendo enviado e armazenado e que é criptografado.

Q35: *Que tipo de criptografia é usada?*
R35: Vários métodos de criptografia são usados por vários estágios em que os dados passam.

Q36: *Onde os dados são armazenados?*
R36: Na instalação AWS, na Virgínia.
D36: A lição interessante que a Modjoul aprendeu aqui foi que alguns de nossos clientes têm regras contra armazenar dados internacionalmente.

Q37: *Como os equipamentos são feitos* onboard *para se conectar à rede?*
R37: Há algumas formas com que o equipamento pode ser deixado *onboard*. Para montagem inicial, os dois métodos são ou por meio

do processo de instalação do painel de web ou por meio de uma codificação no *firmware*. Após a instalação inicial ter sido feita, as credenciais de Wi-Fi podem ser enviadas diretamente do cinto para o painel.

D37: Este é um aprendizado contínuo e um processo de melhorias para nós. Com um cinto, podemos nos permitir levar alguns minutos para configurá-lo. Porém, trabalhando com milhares de cintos, não podemos nos dar ao luxo de demorar. Velocidade de configuração e facilidade de uso são duas áreas em que estamos sempre tentando melhorar.

Q38: *As senhas podem ser mudadas num momento específico?*
R38: As senhas podem ser mudadas quando desejado.

Q39: *Quais são as funções de segurança ao redor das credenciais do usuário?*
R39: Usuários são desconectados depois de cinco tentativas de conectar.
D39: Segurança é o nome do jogo hoje em dia para TI, e preocupações vão de como criptografamos os dados até como nos certificamos de que os usuários são quem dizem que são. Como uma empresa, precisamos apenas compreender isso e nos esforçar ao máximo para proteger os dados de nossos clientes.

Para o jurídico
Q41: *De quem são os dados?*
R41: Os dados são de propriedade conjunta entre o cliente e a Modjoul.
D41: A posse dos dados é um assunto delicado em qualquer negócio. Todos querem possuir os dados. Como empresa, nós usamos os dados para ajudar com nossos modelos. Mais dados levam a melhores modelos.

Para o financeiro
Q42: *Que tipos de dados são coletados?*
R42: Veja R6.

Q43: *Quanto o cinto custa?*

R43: 500 dólares (sujeito a alterações).

Q44: *Você tem um modelo de teste?*

R44: Sim, e custa 20 dólares por cinto por mês.

D44: Temos feito bons progressos com esse modelo. A maioria de nossas empresas quer molhar os pezinhos primeiro antes de saltar num comprometimento total. O modelo de assinatura nos permite ter um fluxo de caixa sem exigir comprometimento demais do cliente em relação a nós.

Q45: *O que está incluído no preço?*

R45: O hardware do cinto, a infraestrutura de internet, modelos de dados e todos os painéis.

Ufa. Como você pode ver pelo modelo, prever perguntas feitas por vários usuários e acionistas pode ser um exercício longo, árduo e surpreendentemente caro. Quando fizemos isso, tivemos várias ideias para melhorar o produto ou esclarecer a operação. Porém, ao se comprometer com um exame completo do ponto de vista do usuário final, você pode evitar sua própria versão de "qualquer tecla". E, como vai descobrir no próximo capítulo, há outro exercício que permite que você mergulhe ainda mais fundo: escrevendo o manual do usuário.

Questões a considerar

1 Você tem um projeto ou situação em que documentos de FAQs podem esclarecer e informar?

2 Você teve projetos onde diferentes perspectivas não foram consideradas e criaram questões?

3 Onde projetos e iniciativas costumam dar errado para você? Como escrever FAQs pode ajudar?

IDEIA 47
ESCREVA O MANUAL DO USUÁRIO
Comece pelo cliente
e vá retrocedendo

Simplicidade é a
derradeira sofisticação.
Leonardo da Vinci

Se você construiu um produto, o derradeiro pulo do gato é não ter de incluir instruções de usuário. O recurso ou produto deve ser tão óbvio e bem criado para as necessidades do usuário que as instruções são supérfluas. Penso na experiência de abrir um produto da Apple. Imbatível em sofisticação. Elon Musk disse: "Qualquer produto que precisa de um manual para funcionar está quebrado". O produto deve ser tão intuitivo que não precisa de um manual do usuário. Isso é poder.

Nós todos deveríamos nos esforçar para entregar produtos e serviços tão óbvios, ergonômicos e intuitivos que nenhum manual de usuário fosse necessário. Ironicamente, uma grande forma de conquistar isso é escrever o manual do usuário no início da criação do produto, entendendo a jornada do cliente antes de começar o desenvolvimento.

IDEIA 47 Se não consegue explicar como seu produto, serviço ou recurso será usado, você não está pronto para construí-lo. Ao desenvolver personas, jornadas de clientes e manuais de usuários antes de construir, você ganhará ideias para tornar seu produto melhor para os clientes. Você fará negociações e julgamentos mais inteligentes durante seu desenvolvimento.

Personas e mapas de jornadas

Design focado no cliente é uma mentalidade e uma tática que coloca o usuário logo no centro dos requerimentos de desenvolvimento de produtos. "Bem, de que outra forma faríamos isso?", você pode perguntar. A tática comum é tornar o conceito ou a tecnologia específica a força motriz, então escolher um mercado e perfil de usuário posteriormente. Não sou especialista em nenhum desses, e o objetivo não é discutir sobre um ou outro, mas se o "fácil" é um objetivo, começar com o usuário é, provavelmente, o melhor caminho para chegar lá.

Parte do kit de ferramentas do design focado no usuário é o desenvolvimento de personas e mapas de jornadas. Uma *persona* é uma articulação profunda, tão rica e ampla quanto possível, do cliente-alvo de seu potencial produto, serviço ou negócio. Você quer conhecer essa pessoa do avesso quando terminar. O *mapa de jornada* usa a persona para desenvolver ideias em eventos, questões e atividades acontecendo na vida da pessoa, durante e depois do envolvimento com seu serviço.

Desenvolver personas de clientes e mapear as jornadas atuais desses clientes são formas incríveis de documentar necessidades específicas que não foram atendidas e identificar pontos-chave de atrito que seus clientes futuros estão vivenciando agora mesmo. Seguir o caminho desde o começo de seu ponto desejado pode ajudá-lo a identificar os detalhes e prioridades que podem, de outra forma, ser encarados num nível bem alto ou desprezados completamente.

O trabalho de criar personas e jornadas de clientes é duro. É provável que você precise de algumas reiterações antes de acertar em cheio. (Frequentemente eu preciso começar de novo mais de uma vez até adquirir uma perspectiva verdadeira.) O maior erro que você pode cometer nisso é construí-los só para aparência em vez de função. Não se preocupe com a beleza do que é entregue nesse ponto. Preocupe-se em ter ideias e conversas com clientes e validar seus achados com outros que podem trazer ideias e desafios pra seu trabalho.

TÁTICA E EXECUÇÃO

Manuais do usuário

Desenvolver um manual do usuário preliminar para seu serviço pode ser uma ferramenta poderosa no início de um projeto. Nós usamos isso na Amazon quando desenvolvemos produtos ou APIs.

Seu manual de usuário deveria tratar de pelos menos dois segmentos cruciais dos clientes – o *usuário final* do mecanismo ou serviço, e, se você estiver desenvolvendo um produto técnico ou serviço, *o programador que desenvolve sua plataforma*:

- **O usuário final do mecanismo ou serviço**: quem é o cliente que instalará, usará, ajustará e receberá retorno de seu produto? Delineie quais são as instruções de abertura, qual é o processo de instalação, como as atualizações vão acontecer, quais serão os termos de privacidade de dados, como usar e ler o mecanismo e como conectá-lo. Pense em todos os grandes passos que os usuários do produto vão precisar dar, e inclua-os num manual do usuário próximo da vida real. Forçar você ou sua equipe a dar esses passos simples vai levar a grandes ideias de produtos, experiências de usuários e designs de tecnologia.
- **O programador desenvolvendo sua plataforma**: se estiver desenvolvendo um produto ou serviço técnico que desenvolvedores irão usar, talvez um produto de internet, ele inclui um API permitindo a desenvolvedores acessar, implementar, integrar e estender seu produto. Você também vai querer criar um manual do usuário para o desenvolvedor. Escreva a interface para o API, quais eventos serão apoiados e os dados a serem enviados e recebidos. Dê amostras de partes de códigos e delineie os tópicos operacionais cruciais tais como a forma como o teste ocorre e como o *status* operacional e as atualizações são facilitados. Esse exercício também poderá ser usado para delinear negócios cruciais e termos de uso. Há custos envolvidos?

Obviamente, isso pode ser estendido a outros papéis cruciais, por exemplo, o vendedor ou agente que representa sua empresa ou a pessoa que faz a manutenção e os reparos.

Só estilo, sem substância

É fácil anunciar: "Somos focados no cliente" ou até "Queremos ser a empresa mais focada no cliente de todos os tempos!". É tudo muito bonito, mas a não ser que você esteja disposto a trabalhar duro, gastar horrores do que pode parecer "tempo improdutivo" escrevendo narrativas, *press releases* futuros, FAQs e manuais do usuário para produtos que não existem, você é apenas mais um caubói passeando pelo digital, com toda a banca, mas nenhum gado. Está se tornando cada vez mais visível que hoje em dia nos Estados Unidos as pessoas podem dizer o que quiserem, independentemente da verdade. Porém, uma hora, você precisa produzir.

John Wooden, o legendário técnico de basquete da UCLA, é creditado por dizer: "O verdadeiro teste do caráter de um homem é o que ele faz quando ninguém está olhando". Você precisa se fazer estas perguntas: "Estou mesmo disposto a começar pelo cliente e trabalhar retrocedendo? Estou disposto a ser obcecado pelo cliente? Estou disposto a fazer o trabalho duro quando ninguém mais estiver olhando?". A única pessoa que pode responder a isso é você. Porém, a resposta vai ser clara para todos, especialmente seus clientes, mais à frente. Não se esqueça disso.

Questões a considerar

1 As personas e os mapas de jornadas desempenham uma parte importante em construir visão de cliente e obsessão?

2 Seu produto ou serviço é tão simples que nenhum manual do usuário é necessário?

3 Existem aspectos em sua liderança nos quais você é só pose, sem substância?

IDEIA 48
VOCÊ É O QUE VOCÊ COME
Crie mudanças por meio da lista de leitura da equipe executiva

*Não se pode queimar
uma dieta ruim no treino.*
Anônimo

Já passei dos 50, mas ainda me alimento como um adolescente. Apesar de eu adorar me exercitar, sou uma formiga na despensa. Biscoitos e balas são meu fraco.

A mente opera sob princípios similares. Apesar de ter delineado um conjunto de exercícios para seu cérebro, você pode não ter consciência de como alimentá-lo. Nutrição mental bem balanceada é de suma importância, e minimizar "guloseimas" (como o onipresente *clickbait*) de internet é necessário para manter seu cérebro em forma.

"Como se não fôssemos ocupados o bastante", você murmura. "Agora esse cara vai recomendar um clube de leitura para minha equipe executiva?" É. Como eu mencionei no decorrer do livro, um roteiro estratégico para a verdadeira transformação inclui criar novos hábitos para si mesmo e sua empresa. Criar novos hábitos é parte de como você trabalha com sua equipe direta. Todo executivo pode vir com o blá-blá-blá de que aprender durante toda a vida é essencial, mas, ainda assim, quantos de nós trapaceamos nisso?

IDEIA 48 Viva o objetivo de liderança de uma vida em aprendizado, o que ajuda sua equipe a criar novos hábitos para competir de forma diferente. Seja um clube do livro, seja uma lista de leitura ou uma série documental, crie mudanças atualizando a qualidade do conteúdo do que você consome. Compartilhe o conteúdo com outros membros de sua equipe.

Melhorar o conteúdo que você digere para levar à mudança da empresa é um grande complemento para todas as outras ferramentas para competir na era digital. Eu me refiro a isso como uma "lista de leitura", mas inclui podcasts. Há muitas maneiras de formular atividades de grupo: encontrem-se uma vez por semana para discutir; faça com que alguém escreva um memorando de impressões de um livro; chame o autor para ir conversar com a equipe; ou apenas compartilhe o conteúdo.

Clube do livro da equipe Amazon

Quando eu estava na Amazon, a equipe S (da qual eu não fazia parte) lia muitos livros diferentes. A empresa de modo geral com frequência "aceitava a dica" e também lia os livros. No excelente livro de Brad Stone, *A loja de tudo*, o apêndice é uma lista de livros que foram parte da lista de leitura de Jeff Bezos. Eu incluí apenas dois desses livros na minha lista (*A meta* e *O mítico homem-mês*).

Livros

- *A meta: Teoria das restrições (TOC) aplicada à indústria*, de Eliyahu Goldratt e Jeff Cox (1984)
  A meta é o livro essencial sobre a teoria de restrições e sobre chegar a compreensões de causas-base. Estilisticamente, influenciou-me em contar histórias pessoais para entregar recomendações de negócios. Se eu ao menos pudesse escrever algo com tanto impacto quanto *A meta*...
- *O mítico homem-mês: Ensaios sobre engenharia de software*, de Frederick Brooks (1975)
  Brooks delineia a complexidade dos grandes projetos de desenvolvimento de software e os princípios aplicáveis a outros grandes projetos. *O mítico homem-mês* vai influenciar sua perspectiva em pequenas equipes e criar serviços em seus negócios.
- *O algoritmo mestre: Como a busca pelo algoritmo de* machine learning *definitivo recriará nosso mundo*, de Pedro Domingos (2015)
  "Pedro Domingos desmistifica o *machine learning* e mostra quão maravilhoso e empolgante o futuro será." – Walter Isaacson

- *Faça Refresh: A redescoberta da alma da Microsoft e a criação de um futuro melhor*, de Satya Nadella e Greg Shaw (2017)
  Essa é uma história de liderança e transformação de empresa.
- *A startup enxuta*, de Eric Ries (2011)
  Ries mistura muitos elementos de melhoria contínua, teste de hipóteses e indicadores que importam.
- *De zero a um*, de Peter Thiel (2014)
  "Uma polêmica extensa contra estagnação, convenção e pensamento sem inspiração. O que Thiel procura é a revitalização da imaginação e invenção como um todo." – *The New Republic*

Podcasts
- *a16z Podcast*
  Ignorando um pouco do esnobismo intelectual que há, a equipe de Andreessen e Horowitz cria uma grande conversa com fundadores e especialistas.
- *Internet History Podcast*
  O apresentador, Brian McCullough, faz uma introdução fantástica e conversa com convidados que moldaram a internet. Pode-se aprender muito sobre modelos de negócios, inovação e história por meio desse podcast. São entrevistas e lições ótimas, mesmo.
- *Recode Decode*
  Kara Swisher recebe grandes convidados e conversa sobre muitos dos desafios de inovação do Vale do Silício.
- *IoT-Inc. Business Show*
  Bruce Sinclair, o autor de *IoT: Como usar a Internet das Coisas para alavancar seus negócios*, recebe grandes convidados discutindo os aspectos técnicos e práticos da internet. Sinclair faz um ótimo trabalho mergulhando em pontos cruciais de custos, valores e outros aspectos práticos.
- *ETL*
  ETL (Entrepreneurial Thought Leaders) [Líderes de pensamento empreendedor] é uma apresentação ao vivo em Stanford que traz fundadores de empresas para conversar com o público.

Qual é sua dieta?

O surfista de grandes ondas e extraordinário barqueiro Laird Hamilton certa vez escreveu: "Batatinhas que entram = batatinhas que saem. Essa é a regra". Em outras palavras, melhore a ingestão para abastecer a atividade. Dividir com os outros e criar um grupo de exercícios amplia o impacto. Sim, leva tempo e comprometimento. Nós todos concordamos que aprender durante toda a vida e desenvolver líderes em nossa empresa é essencial. Aqui está uma forma divertida, barata e de impacto para fazer isso. Agora, onde estão aquelas Pringles?

Questões a considerar

1 Melhorar o conteúdo que você e sua equipe leem teria algum impacto?

2 Teria mais impacto se vocês discutissem o conteúdo juntos?

3 Como você colocaria pensamentos novos e contrários na equipe de gestão?

TÁTICA E EXECUÇÃO

IDEIA 49
FINANÇAS PARA PRINCIPIANTES
Fluxo de caixa livre, contabilidade e mudança

A vida é como contabilidade.
Tudo deve estar equilibrado.
Anônimo

As cartas anuais da Amazon para acionistas são sempre instrutivas. Jeff Bezos usou essas cartas como um supermegafone para suas visões sobre o que é necessário para inovar. A carta de 2004 foi uma das mais quentes. Tratava da contabilidade e do fato de que o fluxo de caixa livre seria a medida financeira para qual a Amazon otimizaria.

"Nossa medida financeira derradeira, aquela que mais queremos levar no longo prazo, é o fluxo de caixa livre por ação", Bezos escreveu. "Por que não focar antes de tudo em rendimentos, rendimentos por participação ou crescimento de rendimentos? A resposta simples é que rendimentos não se traduzem diretamente em fluxo de caixa, e participações só valem o valor presente de seus futuros fluxos de caixa, não o valor presente de seus rendimentos futuros."[18]

Como o princípio de liderança 2 da Amazon sustenta, líderes "pensam longe e não sacrificam valores de longo prazo por resultados imediatos. Tomam atitudes em nome da empresa toda, e não apenas do próprio time". Seja esperto e estratégico sobre criar alinhamento entre o negócio que você quer ser *versus* como seus P&L e contabilidade são definidos.

IDEIA 49 Contabilidade, como os indicadores, pode com frequência ser manipulada. Seja esperto sobre como você alavanca sua contabilidade enquanto faz mudanças em sua empresa. Com frequência seu P&L interno pode ser um inibidor de mudanças.

O básico do fluxo de caixa

Escritor e antigo analista de Wall Street, Henry Blodget respondeu à carta de Bezos num artigo da *Business Insider* de 14 de abril de 2013 que contrastou sua longa visão com o foco míope sobre a linha de base que caracteriza a maioria das empresas hoje:

> *Essa obsessão com lucros de curto prazo ajudou a produzir a situação insalubre e desestabilizante que agora aflige a economia dos Estados Unidos: as margens de lucro das corporações norte-americanas são as menores da história. Enquanto isso, uma porcentagem menor dos adultos da América está trabalhando do que em qualquer outro momento desde o fim dos anos 1970.*[19]

A Amazon nunca colocou lucros de curto prazo na frente de investimentos de longo prazo e criação de valores, uma estratégia que muitos acreditam que tem potencial para alavancar toda a economia norte-americana. Por vezes menosprezado é o fato de que manter margens baixas e abster-se deliberadamente de lucros de curto prazo é uma estratégia brilhante na era tumultuosa da internet.

Preços baixos não levam apenas à lealdade do cliente, mas também desencorajam competição. Se você quiser comprar briga com a Amazon, não pode se equiparar nos preços – você precisa derrotá-los de forma significativa. Mais fácil falar do que fazer. Bezos deixou muito pouco espaço para lutar contra os preços da Amazon, deixando os concorrentes a ver navios.

"Fizemos estudos de elasticidade de preços", Bezos uma vez disse. "E a resposta é sempre que devemos aumentar os preços. Não fazemos isso porque acreditamos – e temos de manter a fé nisso – que mantendo nossos preços bem, bem baixos, nós conquistamos a confiança de nossos clientes com o tempo, e que isso de fato maximiza o fluxo livre de caixa no longo prazo."[20]

TÁTICA E EXECUÇÃO

O conceito fundamental nesse comentário é "fluxo de caixa livre" (*Free Cash Flow*, ou FCF). Bezos voltou ao assunto em 3 de janeiro de 2013, numa entrevista à *Harvard Business Review*: "Margens de porcentagem não são algo que buscamos otimizar. É o completo fluxo de caixa livre por participação que se quer maximizar. Se você puder fazer isso diminuindo suas margens, faça isso. Fluxo livre de caixa é algo com que os investidores podem gastar".

O movimento em direção ao fluxo de caixa livre como medida financeira primária na Amazon começou, na verdade, quando Warren Jenson se tornou CFO em outubro de 1999. A organização financeira se afastou do foco da margem de porcentagem para uma margem de caixa. Bezos adora gargalhar e jogar o axioma: "Porcentagens não pagam a conta de luz – o caixa sim!". Ele então segue com a pergunta: "Você quer ser uma empresa de 200 milhões de dólares com 20% de margem ou uma empresa de 10 bilhões de dólares com uma margem de 5%? Eu sei o que quero ser!".[21] Novamente a gargalhada.

Como explicou em sua carta de 2004 para acionistas, Bezos gosta do modelo FCF porque fornece uma visão mais precisa do caixa real gerado pelas operações da Amazon (primariamente vendas no varejo) que está de fato livre para ser usado de várias maneiras.[22] No modelo da Amazon, gastos de capital são subtraídos do fluxo de caixa bruto. Isso significa que o dinheiro fica disponível para fazer o negócio crescer acrescentando novas categorias, criando novos negócios, alavancando por meio de tecnologia ou pagando dívidas. Claro, o dinheiro extra também pode ser dado de volta aos acionistas na forma de dividendos (opção nunca considerada de verdade) ou de volta aos acionistas por meio da reaquisição de ações (talvez algum dia... não, na verdade não).

Bezos acreditava na época, como acredita agora, que, sem inovação constante, uma empresa fica estagnada. E o ingrediente primário para investimento e inovação é FCF. Essa filosofia e a necessidade de praticá-la com sucesso levaram à criação de outros recursos, como o robusto e extremamente preciso *Unit Economics Model* [modelo de unidade econômica] da Amazon. Essa ferramenta permite que vendedores, analistas de finanças e modeladores de otimização (conhecidos na Amazon como *quant-heads*) entendessem como diferentes decisões de compra, fluxos de processos, caminhos de atendimento e cenários de demanda afetariam o lucro de contribuição de um produto. Isso, por sua vez, dá à Amazon a habilidade de entender como as mudanças nessas variáveis afetariam o FCF. Poucos varejistas têm essa visão financeira profunda de seus produtos, que, por sua vez, tornam difíceis a tomada de decisões e os processos de construção que otimizam a economia. A Amazon usa esse conhecimento para fazer coisas como determinar o número de depósitos de que precisa e onde eles devem ser colocados, rapidamente acessar e responder a vendedores on-line, medir com precisão a margem do estoque, calcular até os centavos do custo de manter uma unidade de estoque por um tempo específico e muito mais.

Enquanto os investidores de curto prazo da Amazon podem se queixar de que a empresa deveria "estar fazendo dinheiro", Bezos continua construindo um dos mais dominantes, duradouros e valiosos impérios do mundo. Enquanto isso, as outras empresas do *boom* da internet comeram poeira, principalmente porque colocaram ênfase demais em lucratividade de curto prazo e deixaram de investir o suficiente em criações de longo prazo.

Bezos explicou desta forma: "Pegue uma visão de longo prazo e os interesses de clientes e acionistas se alinham".[23] É a filosofia que tornou a Amazon tão bem-sucedida.

Sem morrer

Conforme varejistas se agitam para vencer o "efeito Amazon", eles constroem formas de alavancar a presença de suas lojas e criar novos cenários de compras usando recursos de internet, *mobile* e de estoque. Frequentemente citados como *omnichannel*, os cenários cruciais são "peça on-line, pegue na loja", "compre on-line, devolva na loja" e "compre na loja, receba em casa".

Um ex-líder da Amazon que agora é diretor-chefe digital de um grande varejista recentemente me contou que queria lançar um pequeno piloto regional que permitisse que os clientes pedissem alimentos on-line e então passassem para pegar num posto na loja. Perfeito para pais ocupados! Adivinhe o que impediu o piloto de prosseguir? Pensamento de contabilidade, indicadores e armazenagem. Os gerentes e líderes regionais da loja se recusaram a arriscar o impacto negativo para seus lucros e perdas, já que seus bônus e notas eram presos a isso. A dificuldade de convencer grandes empreendimentos é um desafio recorrente. Se você não quer sofrer a "morte darwiniana" de Bezos, não pode deixar seus lucros e perdas internos serem o inimigo. Você tem muitos outros limitadores reais com que lidar. Eu trabalhei para Tom Elsenbrook na Alvarez and Marsal por muitos anos e ele sempre dizia: "Mostre-me seus lucros e perdas organizacionais e eu mostro a você onde começa a disfunção". Amém.

Como a Amazon evita isso? Imagine que você é o líder dos lucros e perdas da Amazon Prime. Se fosse carregar todos os custos de transporte, de conteúdo e de publicidade nos lucros e perdas, você provavelmente teria um resultado terrível. Ainda assim, a Amazon reconhece a importância estratégica da Prime. Consequentemente, eles não estão preocupados em otimizar os lucros e perdas da Prime. Em vez disso, focam em otimizar o fluxo de caixa de longo prazo da Amazon, o empreendimento.

Como eles sabem que essa é a jogada certa?

Isso nos leva à última palavra.

Questões a considerar

1 Sua estrutura de contabilidade leva a um pensamento pobre ou subotimizado?

2 Incentivos ou políticas internas ligados à contabilidade já criaram problemas adicionais na inovação?

3 Como táticas diferentes nas finanças o ajudam a inovar melhor?

IDEIA 50
A ÚLTIMA PALAVRA EM TORNAR-SE DIGITAL

Confiança

*Continue a aprender
com humildade, não arrogância.
Arrogância é um tédio.*
Jimmy Iovine

Por 3 anos inteiros, a pesquisa de reputação corporativa anual Harris Poll colocou a Amazon como número 1. A Amazon foi nomeada para o grupo "mestres" na pesquisa Gartner's Supply Chain, juntando-se à Apple e à P&G. O Drucker Institute nomeou a Amazon a corporação número 1 em seu Management Top 250, avaliando 37 índices. E a Amazon está no topo da categoria ACSI Varejo de Internet na satisfação dos clientes por 8 anos consecutivos. Isso que é estar em alta. E nem mencionei o preço das ações da Amazon.

Em contrapartida, Mark Zuckerberg testemunhou diante do Congresso depois dos desdobramentos do escândalo da Cambridge Analytica. Ele respondeu a perguntas dos políticos em relação à falta de governança de sua empresa e à sua aparente inabilidade em evitar que gente mal-intencionada sequestre sua plataforma. Foi desconfortável de assistir. O pobre homem se contorcia. Mas é difícil sentir pena dele. Não tenho certeza se foi soberba ou ingenuidade que deixou Zuckerberg em maus lençóis. Talvez uma combinação dos dois. Sei que ele cometeu um erro imperdoável: subestimou a confiança de seus clientes. E isso manchou sua marca. Feio.

Quando eu estava na Amazon, não havia nada mais sagrado do que construir e manter a confiança do cliente. O primeiro princípio de liderança aponta: "Líderes [...] trabalham com determinação para conquistar e manter [a confiança do cliente]". Nós entendemos intrinsecamente que a confiança do cliente era a marca e o projeto. Aqui está o obstáculo. A palavra final. O fim do assunto. Você nunca termina de inventar a experiência do cliente, o que inclui manter a promessa de sua marca para ele.

IDEIA 50 Cuidado com a soberba e o otimismo no negócio. Sua marca é sua promessa ao cliente. Certifique-se de que você sabe disso, torne-a (a promessa ao cliente) o centro de tudo o que você faz. Com produtos integrados inteligentes e digitais, você pode criar, manter e medir a confiança de seus clientes.

O que é confiança?

Quando eu estava na Amazon, nós conversávamos sobre "promessa ao cliente" como a essência da confiança dele. "Promessa" significava que o item certo chegaria nas condições certas, no endereço certo, na data certa. Conforme nós lançamos e aumentamos o negócio de marketplace, no qual vendedores independentes fora do centro de atendimento da Amazon eram responsáveis por enviar itens aos clientes, nós sentimos que essa "promessa" também se aplicava lá tanto quanto aos pedidos de varejo da Amazon. Os clientes não se importavam (nem deveriam se importar) se estavam comprando da Amazon, a varejista, ou de um terceiro por meio da Amazon.

Sim, podíamos apenas confiar que nossos vendedores fariam a coisa certa, mas aplicamos a mentalidade de "confie, mas verifique". Nós forçamos nossos vendedores a gerenciar toda a comunicação com o cliente por meio de nós, para que pudéssemos entender os problemas. Obrigamos os vendedores a enviar notificações de envio para nós e rastreávamos quando os pacotes eram enviados e quando eram entregues por meio das transportadoras. Nós monitorávamos os números de reclamações, reembolsos por causa de problemas no item e situações de falta de estoque.

Em outras palavras, todos os componentes da "promessa". Isso tornou a venda na Amazon uma coreografia complicada de transações, um processo bem mais complexo do que vender no eBay. Como resultado, a

TÁTICA E EXECUÇÃO

adoção do Amazon Marketplace entre vendedores foi mais lenta, porque exigíamos mais deles. Finalmente, estendemos a garantia de "A a Z" para todos os pedidos. A princípio, essa política de extensão gerou uma resistência interna feroz por causa das implicações financeiras e processuais em gerenciar dezenas de milhares de vendedores. Mas foi crucial.

A queda de empresas de sucesso: os ABCs

Depois que deixei a Amazon no final de 2005, tornei-me diretor de gestão da Alvarez and Marsal, uma empresa de consultoria e aconselhamento, sediada em Nova York. Alvarez and Marsal é uma das empresas principais de reestruturação. Ela é distinta por ajudar clientes a atravessarem períodos difíceis em ciclos de negócios. Claro, nós também retivemos clientes bem sadios que não estavam em crise. Eu particularmente gosto de trabalhar com clientes que estão se reestruturando e com clientes de capital fechado porque eles, geralmente, são humildes, lutando por uma mudança e não se prendendo ao passado. Essas empresas e equipes de liderança são tipicamente bem comprometidas com a mudança, dispostas a abraçar a dor e o trabalho para fazer um futuro, ávidas para libertar-se de tradições passadas.

De modo inverso, os clientes mais difíceis foram as grandes empresas de sucesso. Elas tipicamente resistiram aos esforços de criar mudanças duradouras e aumentar o valor do empreendimento. É porque, com frequência, elas sofreram o que Warren Buffett chama de "o ABC da decadência empresarial – arrogância, burocracia e complacência".[24] Um sinal de aviso do ABC é quando os resultados da empresa se tornam mais importantes que manter a confiança do cliente. A marca despenca quando os resultados financeiros de curto prazo são priorizados em detrimento de fazer a coisa certa – isto é, implementar controles no negócio para proteger o cliente.

Pegue a enorme invasão de dados da Equifax em 2017. A resposta fraca dos líderes da empresa e a falta de responsabilidade são um dos vários exemplos recentes de empresas grandes sem governança. "Coroando uma semana de incompetência, falhas e um comportamento duvidoso em geral ao responder à sua enorme invasão de dados, Equifax confirmou que os invasores entraram no sistema na metade de maio por meio da vulnerabilidade de um aplicativo que teve uma alteração disponível em março. Em outras palavras, a gigante do mercado de crédito teve mais de dois meses para tomar precauções que teriam defendido os dados de 143 milhões de pessoas de serem expostos. Não o fez", declarou à revista *WIRED*.[25] Além disso, a empresa levou seis semanas para notificar o público sobre a situação. Foi uma aula sobre como perder a confiança do cliente.

Qual é sua promessa?

O que você promete aos clientes? O que sua marca representa? Alta confiabilidade? Custo baixo? Estilo atual? Durabilidade? Serviço personalizado? Design? Há muitos elementos potenciais da marca, mas você deve ser capaz de delinear e priorizar os seus. Essa é sua promessa ao cliente. Mas não pare. Encontre formas de criar sistemas e táticas de medir e gerenciar. Interrogue ativamente os riscos que mais podem afetar clientes, prepare-se para isso e encontre maneiras de monitorá-los ativamente. Isso com frequência requer inovação verdadeira e pode terminar produzindo outros benefícios!

Grandes marcas, grandes empresas e grandes civilizações se perdem quando ganância e complacência afetam a liderança. Eu sei. Em 1999, eu era um jovem sócio na Arthur Andersen. Felizmente, um ano antes de a situação Enron se materializar. Nossa promessa aos clientes era "pense reto, fale reto", o que implicava que nossos conselhos e serviços não seriam autogerenciáveis. Arthur Andersen perdeu o controle dessa promessa. A era digital oferece mais desafios, porém mais táticas e ferramentas para vencê-los.

E agora, o que você estava esperando: a ½ ideia.

Questões a considerar

1 Há sinais de ABCs em sua empresa?

2 O que sua marca representa?

3 Qual é a promessa ao cliente que você fez? Você a mensura de forma ativa?

280 TÁTICA E EXECUÇÃO

IDEIA 50 ½
PRINCÍPIOS NÃO SÃO UM PÔSTER
A busca por velocidade, agilidade e liderança digital

Acho que é importante argumentar primeiro pelos princípios mais que pela analogia. A forma normal de conduzir nossa vida é que nós raciocinamos por analogia. [Com analogia] nós estamos fazendo isso porque é como algo mais que já foi feito, ou é como outras pessoas estão fazendo. [Com os primeiros princípios] você restringe as coisas às verdades mais fundamentais... e então argumenta de lá.
Elon Musk

Como qualquer negócio, o ramo de consultoria tem uma máquina dedicada constantemente a gerar interesse e demanda. O termo "transformação digital" é um desses conceitos concebidos e perpetuados por essa máquina. Conceitualmente, é feito para insinuar que qualquer empresa deveria ser capaz de tornar-se a versão digital de si mesma com as devidas avaliação e implementação.

Ainda assim, enquanto eu trabalhava com executivos para criar estratégias digitais e culturas nos últimos 10 anos, eu me convenci de que competir e vencer na era digital dependia tanto de criar mudanças pessoais em executivos e suas crenças, hábitos e prioridades, como da estratégia geral. Mas adivinha só? A maioria não quer realmente desafiar suas suposições sobre o negócio, mudar seu modelo de operação ou fazer mudanças pessoais. Eles são só estilo sem substância.

TÁTICA E EXECUÇÃO

IDEIA 50½ O único caminho correto para a transformação digital é aquele em que você e sua equipe se conectam e se comprometem e que gera resultados. Mudanças duradouras requerem comprometimento de ambas as partes e mudança organizacional. O que você está disposto a mudar e fazer de forma diferente para tornar-se um líder na era digital? Construir uma série de princípios sobre como diferenciar sua empresa, como vocês vão trabalhar juntos e o que vai priorizar pode ser vital para ter ideias e engajar sua equipe.

A previsão de 10 anos da Amazon

Pode ter certeza de que a Amazon enfrentará os cenários financeiros, de logística, de pessoal e de infraestrutura de 2029. Claro, não temos acesso a isso. Com o risco provável de sermos bem imprecisos ou mesmo totalmente errados, vamos em frente 10 anos pra ver o que a Amazon pode ser.

O sucesso financeiro da Amazon em 2018 foi por volta de 240 bilhões de dólares de receita e tem crescido entre 20% e 40% há anos. Se nos próximos 10 anos a Amazon crescer numa taxa de 20%, a receita será por volta de 1,5 trilhão de dólares em 2029. Dada a amplitude de negócios da Amazon, sua inclinação a expandir em novos e sua habilidade de acompanhar ondas globais, como o e-commerce, eu posso dizer que essa estimativa pode até estar baixa. Uau!

Que projeções eu tenho além de um crescimento econômico astronômico? Aqui está mais uma espiada no futuro.

De certa forma, a Amazon está se tornando uma empresa de infraestrutura. Muito do que você vai ver nos próximos 10 anos trata de construir e otimizar a infraestrutura para fazer a entrega do varejo mais fácil ou o poder da informática mais local por meio do AWS. Em 2029, a Amazon vai operar uma grande frota de transporte de *last mile*, que vai entregar uma fatia considerável (apesar de não majoritária) de suas encomendas a clientes. Muitos desses caminhões serão caminhões de direção autônoma operados por uma só pessoa. Geração sustentável de energia e uso será uma área crescente de inovação na Amazon. Em 2029, a Amazon vai gerar toda a energia necessária para o AWS e toda sua frota de caminhões elétricos, que também será primariamente autônoma. Além disso, a Amazon terá expandido fortemente suas operações de blimp e drone. Como resultado, espero que 50% de todas as entregas da Amazon sejam feitas por um caminhão autônomo ou por drone.

Fabricação sob demanda e adaptável será um recurso e um negócio (fabricação como um negócio) na Amazon. Qual é a melhor forma de dar aos clientes exatamente o que eles querem? Deixe que eles configurem e escolham exatamente o que querem. Qual é a melhor forma de minimizar estoques, devoluções e custos de transporte? Fabrique um item personalizado junto aos consumidores. Como muitos dos negócios lucrativos da Amazon, essa é uma plataforma entrando na fabricação sob demanda tanto para a Amazon quanto para outros, aproveitando o impulso de "movimento de criador" e liberando a criatividade de centenas de milhares de designers e criadores para produtos únicos, como óculos, vestuário e aparelhos. Talvez seja chamado de "Manufacturing by Amazon" (MBA) [Fabricação pela Amazon]. Estou prevendo que a Amazon vai ser a maior fabricante de vestuário no mundo.

Alexa será o maior sistema operacional do mundo em 2029, comandando, como o Windows, uma porcentagem de 75% de todas as interfaces de voz em todos os ramos. Alexa não apenas será uma força nos lares, mas também em configurações de trabalho, com a voz se tornando uma poderosa interface.

Alimentos e produtos de mercado também serão um grande negócio para a Amazon. Em 2029, a empresa terá revolucionado a agricultura, desenvolvendo fazendas de alta tecnologia em grandes áreas urbanas e essas fazendas vão conquistar uma produção cem vezes mais efetiva do que o modelo atual.

A Amazon vai possuir ou dar marca a uma rede de celular 5G e parte da ideia da Prime será um plano de dados 5G, *peerless*, sempre ligado, para seus membros. Isso vai remodelar em grande parte o atual cenário *wireless*, dado que 70% de todas as casas nos Estados Unidos serão de membros Prime e uma maioria vai utilizar o serviço 5G de celular. E o negócio mais lucrativo da Amazon em 2029? Publicidade. O Amazon Advertising é um poderoso competidor do Google, e comanda publicidade digital e de nova geração em todas as propriedades da Amazon e além.

TÁTICA E EXECUÇÃO

A Amazon será uma grande responsável na reforma dos serviços de saúde, mas ainda será cedo na transformação da indústria. A Amazon terá clínicas de "passagem", alavancando recursos de nova geração que permitirão que seus funcionários realizem consultas *on demand*, primariamente de forma remota. A Amazon vai vender remédios genéricos e terá lançado um plano de saúde Prime para seus membros Prime.

Em 2029, Bezos será apenas o presidente da Amazon. Ele vai ter se afastado da posição de CEO para focar seu tempo e fortuna na Blue Origin, que estará se preparando para estabelecer sua primeira colônia permanente no espaço. A Amazon lutará contra o esforço comandado pela Europa para quebrá-la em três empresas separadas: de consumo (varejo), AWS e logística. A Amazon terá criado uma nova tática – dividindo a empresa em mais de quinze empresas, independentes, mas gerenciadas sob um mercado de ações e um acordo de operação transparente. Essa fragmentação vai ajudar a evitar o temido ABC.

Em 2029, o HQ4 estará no processo de ser montado no Brasil, e a Amazon vai ter 700 mil funcionários pelo mundo, que não é tão diferente dos 500 mil de hoje. Por que isso? Como a automação do centro de distribuição vai estar tão generalizada, o crescimento de contratações da Amazon vai diminuir. Além disso, a Amazon vai reinventar muitas técnicas de gestão, incluindo uma baseada no Echo, que participa de todas as reuniões de administração para feedback imediato e validação de fatos e tendências e para capturar decisões e comprometimentos feitos por membros da equipe.

A Amazon vai mudar muito nos próximos 10 anos. Crescimento, novos negócios em que ela não está hoje. A maior empresa no mundo. Então, o que não vai mudar na Amazon? Os princípios de liderança vão continuar a definir suas expectativas para todos os funcionários da Amazon. As cinquenta ideias neste livro serão constantes, e vão permanecer o centro da cultura da Amazon: métricas, excelência operacional, pensar grande, mas apostar pequeno e, é claro, obsessão pelo cliente. Em 2029, eles ainda vão acreditar que é Dia 1, e priorizarão a otimização de longo prazo sobre resultados de curto prazo, inventar e simplificar, criar *accountability* e evitar burocracia. Eles ainda terão padrões ridiculamente altos para os colaboradores e serão vistos como um lugar exigente, mas ótimo para se trabalhar.

Hábitos pessoais

Não é apenas que novos hábitos são difíceis de criar. É que velhos hábitos são difíceis de serem superados. Eu tentei maneirar nas sobremesas este ano. Até agora, tive um sucesso razoável, mas, no final do ano, esse novo hábito estará impregnado ou vou voltar a ser o mesmo adulto viciado em sobremesas que come como um adolescente?

Muitas das ideias da Amazon neste livro requerem comprometimento pessoal. Você precisa se tornar o diretor-chefe de produto. Precisa passar tempo traçando os indicadores certos. Precisa passar tempo escrevendo e editando narrativas. Vai se comprometer com essas coisas? A melhor forma de catalisar esse tipo de mudança é focar em hábitos de grupo seus e de sua equipe de liderança direta. Comprometa-se com eles por pelo menos um ano. Veja o que funciona para você.

Criar mudança em empresas requer um esforço tremendo e, com frequência, é de alto risco. Até chamar o processo de "iniciativa" manda a mensagem de que é um estado temporário. As pessoas com atitudes arraigadas sabem que podem superar o comprometimento com mudança, e vão simplesmente ganhar tempo até todo mundo perder foco e submeter-se à entropia organizacional. Parte do desafio da liderança é ser sincero – de fato acreditar e praticar o comportamento que você está pregando. Não há nada mais tóxico que um *poser.* Se você fala, precisa colocar em prática.

Os princípios de liderança da Amazon funcionam porque são autenticamente da Amazon. Apesar de eles terem pegado muitas ideias de outros, a empresa passou anos martelando e praticando os princípios de liderança antes de serem codificados. Quando eu estava na Amazon, os princípios não estavam nem escritos. Porém, nós os praticávamos todos os dias, em todos os níveis da empresa. Em algum ponto no caminho, a equipe de liderança pegou caneta e papel. Posso imaginar a intensidade dos debates que nasceram dessas frases. Hoje, a Amazon continua a questionar internamente e a refinar esses princípios. É sabido que eles vão precisar evoluir. Afinal, ainda é o Dia 1.

Até líderes inteligentes naturalmente querem estalar os dedos e anunciar: "De agora em diante, é assim que vamos operar". É uma armadilha bastante compreensível. Ainda que dramática, a clássica "mudança por declaração" não funciona. A transformação operacional não é mágica. Não é espontânea. Não é fácil.

As cinquenta ideias neste livro são crenças, estratégias e técnicas autênticas usadas na Amazon para construir e gerenciar o negócio dinâmico que hoje todos nós admiramos ou até tememos. Mas isso não significa que são as ideias certas para você. Reflita bem, seja espontâneo, seja autêntico e tenha paciência ao criar mudanças em seu negócio e em si mesmo para competir na era digital.

Me dê a ½ ideia!

Você leu pacientemente este livro (talvez tenha pulado alguns trechos!) perguntando-se qual é a "meia ideia". Os princípios de liderança da Amazon e como os líderes da empresa os operam, como eles levam à *accountability*, geram operações de excelência e resolvem sistematicamente problemas para chegar à inovação e trazer novas ideias pra novos negócios – essas são as cinquenta ideias com as quais você agora está equipado.

A "meia ideia" é a seguinte pergunta, que só você pode responder:

Como você irá construir os traços de um negócio e de uma cultura de fato digitais para garantir resultados como os da Amazon, para se tornar o melhor negócio digitalmente capacitado que pode ser e não ser atropelado na beira da estrada da disrupção digital?

Qual é a segunda metade dessa ideia? É sua resposta a essa pergunta. Vai nessa!

Notas

IDEIA 42 [p. 229]
1 Emmie Martin, "Jeff Bezos Hasn't Always Had the Golden Touch: Here's What the Amazon Founder Was Doing in His 20s". *CNBC Make It*, 2 ago. 2017.
2 Jeff Bezos, *Regret Minimization Framework*, vídeo do YouTube, 20 dez. 2008. Disponível em: <youtube.com/watch?v=jwG_qR6XmDQ>. Acesso em: 25 jan. 2020.
3 Jeff Bezos, "2016 Letter to Shareholders". *Amazon Dayone Blog*. Disponível em: <blog.aboutamazon.com/working-at-amazon/2016-letter-to-shareholders>. Acesso em: 25 jan. 2020.
4 John Cook, "The Peculiar Traits of Great Amazon Leaders: Frugal, Innovative and Body Odor That Doesn't Smell Like Perfume". *GeekWire*, 13 maio 2015.

IDEIA 43 [p. 234]
5 Greg Bensinger, "Amazon's Current Employees Raise the Bar for New Hires". *The Wall Street Journal*, 7 jan. 2014.
6 Ibid.
7 Ashley Stewart, "Former Amazon 'Bar Raiser' Offers Insight into Hiring Process: What Job Seekers, Companies Can Learn". *Puget Sound Business Journal*, 27 out. 2016.
8 Ibid.
9 Doug Tsuruoka, "Ex-Amazon Exec Details Company's Tough Hiring Policy". *Investor's Business Daily*, 10 fev. 2014.

IDEIA 44 [p. 240]
10 John Furrier, "How Andy Jassy Plans to Keep Amazon Web Services on Top of the Cloud". *Forbes*, 27 nov. 2017.
11 Gartner, "Magic Quadrant for Cloud Infrastructure as a Service, Worldwide". 23 maio 2018.
12 "Michael Porter". *Wikiquote*. Disponível em: <en.wikiquote.org/wiki/Michael_Porter>. Acesso em: 25 jan. 2020.
13 Amazon, "What Is Amazon's Writing Culture?". *LinkedIn*. Disponível em: <linkedin.com/feed/update/urn:li:activity:6423244366495776768>. Acesso em: 25 jan. 2020.

14 Jeff Bezos, "2017 Letter to Shareholders". Amazon.com.
15 Greg Satell, "How IBM, Google and Amazon Innovate Differently". *Inc.*, 14 out. 2018. Disponível em: <inc.com/greg-satell/how-ibm-google-amazon-innovate-differently.html>. Acesso em: 25 jan. 2020.
16 Jeff Bezos, "2017 Letter to Shareholders".
17 Emily Glazer, Laura Stevens, and AnnaMaria Andriotis, "Jeff Bezos and Jamie Dimon: Best of Frenemies". *The Wall Street Journal*, 5 jan. 2019. Disponível em: <wsj.com/articles/jeff-bezos-and-jamie-dimon-best-of-frenemies-11546664451>. Acesso em: 25 jan. 2020.

IDEIA 49 [p. 272]
18 Jeff Bezos, "2004 Letter to Shareholders". Amazon.com, 13 abr. 2004. Disponível em: <sec.gov/Archives/edgar/data/1018724/000119312505070440/dex991.htm>. Acesso em: 25 jan. 2020.
19 Henry Blodget, "Amazon's Letter to Shareholders Should Inspire Every Company in America". *Business Insider*, 14 abr. 2013.
20 Morgan Housel, "The 20 Smartest Things Jeff Bezos Has Ever Said". *Motley Fool*, 9 set. 2013.
21 HBR IdeaCast, "Jeff Bezos on Leading for the Long-Term at Amazon". *HBR Blog Network*, 3 jan. 2013.
22 Jeff Bezos, "2004 Letter to Shareholders". Amazon.com, 13 abr. 2004.
23 Jeff Bezos, "2012 Letter to Shareholders". Amazon.com, 12 abr. 2012.

IDEIA 50 [p. 277]
24 Ian McGugan, "How Buffett Believes Berkshire Can Avoid the ABCs of Business Decay". *Globe and Mail*, 6 mar. 2015, postado em 12 maio 2018. Disponível em: <theglobeandmail.com/globe-investor/investment-ideas/how-buffett-believes-berkshire-can-avoid-business-decay/article23342395/>. Acesso em: 25 jan. 2020.
25 Lily Hay Newman, "Equifax Officially Has No Excuse". *Wired*, 14 set. 2017.

FONTES Untitled, DIN Condensed
PAPEL Paperfect, 90 g/m²
IMPRESSÃO Geográfica